5 Yihe Nursing Homes
|五周年|

生命之歌

上海颐和苑开业五周年纪念

上海社会科学院出版社
SHANGHAI ACADEMY OF SOCIAL SCIENCES PRESS

编委会

封面题字：何顾继德

序

Emil Tang

这是一本充满爱、充满生命活力的书，也是一本有故事、有情怀的书。

当我欣闻颐和苑在开业五周年之际要出一本《生命之歌》的书，我就有一种“先睹为快”的渴望。因为从编者的征稿“提示”中，我获悉全书有“为百年奠基”“青春的脚步”“闪光的人生”“拼搏的年代”和“人生的感悟”五大“编”，每一“编”我都能从“提示”中听到生命音符跳动的声音。从“青春的脚步声”中，我似乎听到了颐和苑青年员工成长的节拍；从“闪光的人生”和“拼搏的年代”中，我似乎又看到了颐和苑长者过去年岁的轨迹。那一篇篇五六百字的“人生的感悟”，更是一笔笔宝贵的人生财富。我打心底里感到，这既是一本厚重的历史画卷，又是一本“有情怀、有故事”，字里行间充满着“人生关怀”的书。她不仅记载了颐和苑开业五周年来成长和生活的轨迹，而且也写下了丹麦执事家园（简称DDH）和上海颐和苑老年服务中心这五年成功合作管理的新篇章。

丹中在养老服务方面的合作交流，这是DDH与颐和苑开创的一次成功尝试。

早在2015年5月，颐和苑在筹建阶段，Henrik和Ulle就代表DDH作为颐和苑的合作伙伴先后来到颐和苑，开始构建一座桥梁，采取严格的国际标准，结合中国国情，将丹麦“幸福养老”的要素，有机地融入到颐和苑，打造出全新的居家式养老和机构养老相结合的“幸福养老”新模式。

我在丹麦执事家园从事养老工作已有多年了。这里有一则座右铭叫“护理有方法”。这是什么意思呢？在日常生活工作中又有什么作用呢？

首先，要求从事养老的人树立一个重要的理念，就是“人应该被珍惜”；作为人，“每一个都是独特的，且是珍贵的”；“一个真正的人，有资格享有也必须享有尊严”。这就是丹麦执事家园工作中心的体现。60多年来，我们在管理工作中，根据这一“座右铭”，一直在提供护理、临终关怀、养老等服务，而且我们在护理过程中

践行这种方法时，情况会变得不一样，我们的护理也会不一样。因为作为人，就“应该被这样珍惜”。

其次，在丹麦执事家园的养老院和护理院，强调人一个最基本的特点，就是“人要有社交”。人就是社交圈的组成部分，准确来说是社交圈成就了人。因此，在丹麦执事家园的养老院和护理院里，我们践行的方法，就是强调“人需要跟别人社交”。

其三，在丹麦执事家园的养老院和护理院，推崇“用整体的眼光关注人”。人包括肉体和精神，人不只是尺寸、重量和可感知的参数。作为人类，我们需要知识和信心两种语言，需要第二种语言是因为它对人的生命有益处。

我们在做护理工作时，会遇到很多很多新的挑战，我们要学会调整自己。当我们面对长者和他人时，情况可能远比我们当下看到的还更多。

幸福养老，让老人愉悦快乐生活，是养老事业的终极追求。颐和苑开业五年来，丹中就“幸福养老”这一核心理念进行了一系列探索与实践，取得了显著成就。我们期盼在今后的发展里，丹中合作管理能将“护理有方法”在颐和苑的日常工作中进一步践行出来，使我们的工作进入一个全新的境界。

（作者系丹麦执事家园总裁）

序曲

我们颐和人的颂歌

姜树林

《生命之歌》——
我们颐和人的颂歌。
片片书页，
飘逸清新的墨香。
字里行间，
闪耀人生历程的光芒。

激情岁月，
终身难忘。
穿越解放战争的烽火，
迎来新中国的黎明。
抗美援朝的战歌，
在胸中回响。
黄河母亲一声呼唤，
好儿女应声背起行囊。
怀着崇高的理想，
为社会主义建设，
奔向祖国最需要的地方。
今生有缘，
跟随着共和国，
一起奋斗成长。
今生有幸，
赶上盛世好年华，
喜见祖国日益繁荣富强。
颐和苑的夕阳，
为什么别样红？
那是创业立功的金色奖状，
在闪闪发光。
夕阳无限好，
怀着永恒的希望，
托起明天的朝阳。

颐和追梦人，
继承光荣的革命传统，
学习先辈好榜样。
唱响青春的歌声，
铿锵有力，
激越在胸膛。
奋发向上，
甘于平凡，
不奢求名和利，
但求为颐和苑添芬芳。
勤勉求进，不负韶华，
为让颐和老人心花怒放。
颐和苑的朝阳，
为什么分外红？
那是朵朵大红花，
开满光荣榜。
那是万千闪光点，
聚变成巨大的正能量。
那是纯真的微笑，
盛开在富有情感的脸庞。
朝阳永远伴护着夕阳，
共享生命之光地久天长。

颐和苑掌舵人，
筑人才高地，
发扬工作团队超前思想。
从一粒铁砂能看到希望，
积少成多，
百炼成钢，
垒成一座理想的殿堂。
这座殿堂，
为什么令人向往？
那是在栋梁上，
镌刻下“非营利”的红章。
那是在桩基上，
烙印下“不变初心”的座右铭。
这就是我们的颐和苑，
充满人文精神的殿堂。
大爱无疆，
安如磐石，
巍然屹立在金山大地上。

当我们读完《生命之歌》，
合卷抚膺，
心情定会久久不能平静。
书中的一字一言，
将会随着颐和苑的脉搏，
一起跳动，
共振共鸣。
歌唱人生，
感悟人生，
享受人生。
怀着一颗感恩的心，
对未来充满希望，
续写《生命之歌》新篇章。

目录

第一编 为百年奠基 01－44

◎ 领军人物

◎ 合作者的心声

◎ “三个服务”新标杆

◎ “幸福养老”引领者

◎ 聚焦颐和文化

第二编　青春的脚步　45－134

第三编　闪光的人生　135－158

第四编 拼搏的年代 159－216

第五编 人生的感悟 217－230

第一编

为百年奠基

◎ 领军人物

心怀故土 情系桑梓

——记全国“敬老爱老助老模范人物”、上海颐和苑老年服务中心理事长周保云

金正扬

今秋十月，颐和苑即将迎来开业五周年的盛典。

五年时光，瞬息而过。然而，在这不太长的岁月里，颐和苑却令人信服地开创了一个比肩国际的“幸福养老”的全新模式——联合丹麦著名养老机构 Danish Deacon Homes（丹麦执事家园）合作管理，引入世界先进养老理念和养老方式，以“家”为目标管理，以田园为生活环境，演奏了一曲曲居家式养老与机构养老有机结合的绿色夕阳交响曲，这不能不令人赞叹！

颐和苑这五年，是一个充满期许、充满温暖、充满爱的故事的五年。如今，在颐和苑，每个老人都能找到自己心底最渴望的生活方式，释放出最美的夕辉，发现更加缤纷多姿的生活新篇章。一位在这里安度晚年、曾经是退伍军人的长者说得好：“我们颐和苑虽没有广西巴马的空气和水，也没有江西宜春温汤带‘硒’的温泉，但我们苑有一种充满‘慈、善、爱’的正能量场，正能量能使我们延年益寿，颐养天年。”

这里的“夕阳”为什么“别样红”？这五年的成绩如此辉煌，靠的是什么？金山区委统战部副部长、金山区归国华侨联合会党组书记戴平先生道出了其中的奥秘：因为这里的当家人——周保云先生，他有一颗慈爱的心。这五年的成绩，靠的是创建人周保云强烈的社会责任感。

于是，记者走近他，先后几次与他相约，同他零距离地进行一次又一次地“心灵对话”——

不忘“乡愁”：
一位“有故事、有情怀”的企业家

周保云，1963 年 12 月出生，是一名土生土长的上海金山人。

1981 年 11 月，他 18 岁那年，应征入伍，离开家乡，先到唐山再赴深圳，在工程兵部队服役。20 岁就地转业后，在当地艰苦创业。三年的军旅生活，使他从一个农民的儿子转变为一个有作为的年轻人。不管是投身餐饮行业，还是转型做房地产项目，他都如鱼得水，成为深圳市改革开放一个典型人物。在那块热土上，他曾被评为“深圳改革开放杰出青年”。

27 岁那年，周保云带着理想，和家人一起移民去了加拿大。在此期间，他开阔了眼界，丰富了思想，也为日后回国发展打下了坚实的基础。

在外近 20 年，周保云一直没有忘记哺育他成长的家乡的水土和亲人。他要感恩，要为父老乡亲们干些实事。2001 年，他怀着一颗“回报社会”“回馈家乡”的“仁爱”之心，回到了上海金山老家新农。

家乡是他人生的起点，也是他成长和发展的源泉。

周保云讲起这段人生，感慨万千。他说：“人生的经历是一笔宝贵的财富。每个人的人生发展，往往可以从他的经历中找到答案。我能有今天的发展，能有今天的成就，追根溯源，其起点还是在家乡，是家乡的父老培育了我。”

“此话怎讲？”在一次采访中，记者禁不住地问道。

周保云望着窗外一片熟悉的农田和厂房，若有所思地说：“小时候，我们家很穷，穷得吃不饱肚子。我的一个姐姐，三岁不到就夭折了。全家兄弟姐妹四个，我是最小的，全靠父母种田过日子。初中，我是在这里的爱国中学读的。初中毕业，我第一志愿报考的是中师，寄希望于将来‘书包’翻身，毕业出来，做一名光荣的人民教师，好早点养家糊口。可谁知‘阴差阳错'，把我'送'进了新农中学，让我去读高中。这对我打击很大！读高中，我一直在想，对我们这样农家的孩子，那还有一段很长的路要走，将来出路何在？茫茫苍天，路在何方？谁也不知道！”

周保云是一个孝子。十六七岁的他，看到年迈的父母还在弯着腰面对黄土，为自己操心卖命，为自己的学费发愁。他越想越不是味儿，他怎么也坐不住了：书是读还是不读？他经常这样地拷问自己。

机遇，终于来了。1980 年，刚考入高中不久，此时正逢村办企业招工，他考虑再三，毅然放弃学业，一脚跨进了工厂的大门。周保云说，这是他人生的第一个“拐点”。

进了工厂，厂长见他头脑灵活，心想不管怎样，高中也读了快半年了，在乡下算是个小知识分子了，就把厂里的经销大权交给了他，让他做起了采购员。

采购员，走南闯北，常驻上海市区。他从闭塞的农村，到繁华的大城市，虽住的是大众旅社，但却让他从此大开眼界：原来外面的世界这么精彩！特别是，做了采购员，接触人多了，各式各样人都有，他不仅学会了与人打交道，而且经商的头脑也就此“发达”起来。周保云回忆说：“没有当初的这一起点，没有这样的实践锻炼，哪有我今后事业上那如鱼得水的发展。”这是周保云在人生的道路上迈向成功的第一步。

1981 年 11 月，周保云光荣应征入伍，在唐山开始了他的军旅生活。

这时，适逢唐山大地震后的重建工作。恰巧，周保云所在的部队是基建工程兵，任务就是造房子。他，这个农民的儿子，从小就养成了吃苦耐劳的品质，在部队这个大熔炉里，他不仅成长很快，当上了连队文书，而且还炼就了一身本领，熟悉了造房子的一道道工序，各个工种、项目，他都干过。周保云说，这也就为我后来搞房地产奠定了基础。

1982 年 10 月，他们这支基建工程兵由唐山转到深圳，来到了改革开放的前沿。在这里，周保云又经过一年多的磨炼，他越来越成熟了，多次受到部队的嘉奖和表彰。

然而不久，形势发生了变化。1983 年 9 月，随着中央“裁军百万”，周保云所在的部队根据军委的指示，集体转业，成立了深圳建设集团，旗下有 10 个公司，任务仍是造房子。不过，周保云的工作有了新的调动，1984 年 8 月，他被调到深圳市京鹏宾馆工作。这是周保云人生道路上的又一个“拐点”。

京鹏宾馆是一家大饭店，是由北京友谊宾馆负责经营管理的。组织上为培养他，特地调他去北京培训了半年。后来，组织上还让他继续在职深造，送他到深圳大学酒店管理系读书。

周保云勤奋好学，部队养成的好思想、好作风在这里得到了充分发挥。他回忆说，在短短的几年里，他从做服务员到做前台部部长，再升任大堂经理。宾馆里的一套管理模式，他都学到了手。

新的形势，新的环境，孕育着新的机遇。此时的中国，正处于社会转型期。改革开放前沿的新思想、新思维，萌发了他自身创业的激情。1987 年 8 月，周保云辞职“下海”，承包了国家轻工业部在深圳的振华大厦餐厅。就此，周保云第一次创业的序幕，徐徐拉开。

成功，伴随着机遇而来。一切天从人愿，周保云的餐饮生意越做越大，利润越来越丰厚。

就这样，经过几年的拼搏，周保云在深圳这块热土上，掘得了宝贵的第一桶金。

回忆起这段人生经历，周保云说，几年的军旅生活，练就了他一身钢筋铁骨，在“商海”中尽管有曲折，他仍奋起拼搏，踏上了成功之途，一步步积累了“资本”，一步步富了起来。

屈指算来，周保云从 1987 年“下海”做餐饮，到 1996 年第二次创业——改做房地产，他在餐饮业整整干了十个春秋。

这十年中，处于改革开放前沿的深圳，吸引了一批又一批来此参观学习的家乡同胞，每来一批，周保云都热情招待。从乡亲们的口中，周保云获悉，自己的家乡——金山，改革开放十多年了，还没有多大变化，还在“靠天吃饭”。这些家乡的领导和父老兄弟，多么希望他这个先富起来的“游子”一起帮助家乡“招商引资”，或者干脆回自己的家乡——金山，投资房地产，或者其他什么的。周保云每每听到这样的诉求和呼声，往往就彻夜难眠，心潮更无比激荡，他那“回归之梦”也就愈来愈强烈。“游子”，怎能置“乡愁”而不顾呢？！他心里一直在暗暗地思考这个问题。

树高千尺，叶落归根。2001年，周保云回归故里，开始了新的征程。

大爱无疆：
一名“有魄力、有爱心”的实干家

回到家乡，干什么？怎么干？

周保云离开家乡已整整二十年了。这次回来，他东走走，西看看，不觉心中一阵酸楚。你看，他那儿时“摸爬滚打”过的新农，一眼望去，仍是那么破旧，他多么想尽快地把家乡的经济搞上去呀！

周保云经过一两个月的摸底调查和走访乡镇领导，决定从两方面着手：一是搞“开发”，为家乡建设助一臂之力；二是尽自己所能，为家乡父老干点实事，做点无偿奉献。

搞“开发”，周保云说，单枪匹马不行，自己也没有那么大的实力。他思虑再三，决定首先筹建“新农镇鸿越工业园区”，招“商”引“资”。他的这一想法，赢得了乡镇领导的一致赞同。于是，他们根据周保云的规划，划出200亩土地，让他一边筹建“工业园区”，一边紧锣密鼓地广迎“天下客”。

有了“天时、地利”，还要“人和”。十多年的在外“打拼”，为周保云积累了丰富的“人脉”，其中有熟悉市场的企业家，有急需寻求投资的合作伙伴，更有不少生意场上的商贾富豪。周保云充分利用这一优势，广为联系沟通。从2003年开始，他仅用不到4年的时间，就圆满地完成了“工业园区”的“建设”和“招商”的两大任务。

搞“开发”，建“工业园区”，这是周保云为家乡建设和发展作出的第一项贡献，也是他在人生新的征途上迈出的坚实一步。

周保云是一个很有思想，同时也善于规划的民营企业家。他在筹建“工业园区”的同时，眼睛已盯上了朱泾镇上的房地产开发。那会儿，朱泾镇的房地产开发，还是一片“空白”，还没有一个开发商在这里“谋划”发展。

机不可失，时不我待。周保云经与各方协商规划，很快在朱泾镇上开发了第一家商住民用楼盘——“鸿越华庭”。

这一项目，尽管还不算大，两期加起来不到6万平方米。但这却为周保云的后续计划——筹建新天鸿名人“高尔夫社区”创造了经验，积累了资本。

周保云说：“房地产开发，周期比较长。作为开发商一定要早有谋划。高尔夫社区是个宏大的计划，这里，就有一个细水长流的过程。这个过程，就隐含着一个人的人生目标。我常对员工们说，赚钱，要靠奋斗。奋斗，赚了钱，有了资本，不是目的，最终还要回馈社会。要会花钱，要设法为家乡父老服务。这就要靠智慧。”

讲到这里，秘书小王走过来，给我们换上了一杯新茶，周保云边品边又深情地回忆说：“我的这一创业的人生理念，不一样的人生情怀和价值观，随着我渐渐步入中年。大概从2005年开始，就有了一个创办非营利性养老机构的想法，就是要真正做一件被社会认可的事。这就是我常对大家说的——不以‘赚钱’为最终目的的‘第三次创业’。”

周保云不愧为农民的儿子，记者在采访中由衷地感到，他的所思所想，所作所为，其显现出来的，恰如戴平先生说的那样——“他有一颗慈爱的心”。

在采访中，周保云告诉记者，他回到家乡做的第一件有价值的大事，就是花了二十多万元，请了一个工程队，为村里的老人重新盖了一间像样的活动室。

周保云所在的村叫慧农村。慧农村的老人，有个喝早茶的老习惯。每天早晨，天还未亮，四五点钟光景，就来到村里活动室，聚在一起，边喝边聊，一直要喝到九点多钟。这个习惯几十年了，风雨无阻，天天如此。

在外闯荡快二十年的周保云，很想见见家乡父老。

有一天早上，东方刚露出鱼肚白，他就随父亲来到了活动室。老人们忙叫阿姨泡茶，搬来凳子让他坐在中间，问长问短。周保云和老人们边聊边环顾四周，不觉一阵心酸。这哪像个活动室？！这些看着他长大的父老乡亲，苦了一辈子，如今还挤在这又土又旧的二十来平方米的房子里，连个像样的台子、椅子都没有，电视机又小又看不清楚。他实在坐不住了，站起身来，深情地说：“我万万没有想到，我们村上的老人，苦了一辈子，到如今连个像样的喝茶、歇脚的地方都没有。我要为你们重新盖个像样的、你们满意的活动室，好不好？”

周理事长请村里老人吃年夜饭和发红包

“好！”周保云话音刚落，满屋子里就响起了热烈的掌声。

一石激起千层浪。慧农村的事很快地传开了。周保云也由村想到乡，想到整个新农镇。于是，在2003年，他又出资近300万元，为新农乡老人盖了个1500平方米的老人活动中心。

周保云对记者说：“人不能忘本。我是一个农民的儿子，富了，要懂得感恩。我这次回来，就是想为家乡父老做点实实在在的事情，做点有价值的事。”

“能具体讲讲吗？”在记者的一再要求下，周保云想了想，粗略地算一算，回乡这十五六年来，他先后为家乡、为灾区无偿捐款1000万元左右。比如：

——他刚回来不久，乡里要建幼儿园，他捐了100万元。

——朱泾镇上东林寺年久失修，要重新规划扩建，他又捐了380万元。

——四川汶川大地震，周保云又毫不犹豫地捐了100万元。

…………

小的、零零碎碎的，如修路、架桥等，这里就不一一列举了。

不过，令村里老人们最为开心的是，除了那像样的活动室，就是每到逢年过节，周保云总是记着他们。新年到了，他不但要请全村六十岁以上老人吃顿年夜饭，给他们拜年，每人还要发上一个大红包，从最初200元，到近几年的每人1000元，老人们笑得合不拢嘴。

别样胸怀：
一个“有思想、有作为”的领军人物

近一年来，记者曾对眼前这位令人尊敬的民营企业家——周保云理事长进行过多次深度采访，一次次走近他，倾听这位从田间走出来的地产商人、一个农民儿子的不一样的心声。

要深度地了解一个人，认识一个人，一定要相互坦诚地展开“心灵对话”，用心去交流。

周保云是个直率的人，仍保留着农民儿子的本真——纯朴。当记者提出，请他围绕以下几个问题，谈谈创办颐和苑前后自己整个“心路历程”时，他爽快地答应了。

——你为什么要做养老产业，而且是选择做“非营利性”的养老产业？

——作为一个商人，做出“不以营利为最终目的”的决定，这是一个非常痛苦的过程。在这点上，你和夫人是怎样看待“财富”的？

——你为什么要选择丹麦DDH公司作为颐和苑的运行商？他们哪方面值得你认同？

…………

这几个问题，看似平常但也很尖锐，因为它直接触及一个地产商人的“投资”意图。

周保云品了一口茶，胸有成竹地说开了：“我2006年去台湾考察时，很荣幸地参观了一家养老院，基于我的直觉性与敏锐度，觉得养老产业是国内下一个有前景的行业之一。据两三年前上海老龄科研中心预测，‘十三五’期间，上海人口老龄化将进一步加快。到2020年，户籍老年人口总数将达到530万人，人口老化率达到36%左右。因此，养老面临着巨大的压力。单靠传统的居家养老，已经越来越不适应社会发展的需要，越来越不适应不同家庭、不同阶层人员的需要。”

周保云越说越激动：“这是个大问题呀，是一个亟待研究和着手解决的迫切问题。后来的几年中，我先后参观考察了美国、日本、加拿大、丹麦和中国香港特区的养老院。同时，我也对上海几家知名的民营养老院及附属于民政局的养老院进行了考察。在考察期间，我发现我们国内的养老院和国外的养老院差距很大，并且出现了政府性养老机构‘等不起’，高端商业性养老‘住不起’的尴尬局面。尤其是中等收入的老年朋友们，就如我们今天入住颐和苑的不少老人，子女在国外，他们就遇到一个怎么养老的问题。这，我觉得是一个被遗忘的群体。因此，当时我下决心要为这一群体做养老服务。”

“中等收入的老年朋友，他们大多是高等知识分子，还有不少人的子女在海外，有一定的经济实力，你又为什么要选择做非营利性的养老产业呢？”记者直截了当地问道。

周保云转过身，从文件袋中取出一份2015年5月他在颐和苑媒体通气会上的讲话稿递给记者，然后说：“我在下决心要做这行业的时候，我曾就该做什么性质的养老院——是商业性的营利养老院还是社会性的非营利养老院，有过一番深入思考。在台湾考察时，王永庆创办的一家养老院院长就说，做养老的责任很大。你做非营利性的，做好了人家也不一定领情。这关键是看你心里‘安’不‘安’。你自己心里‘安’了，别人才会理解你。当时，我就在想，社会需求那么大，总要有人去做吧？我们不去做，谁去做？从小父母就教导我们，要孝敬长辈。因此，对父母不好的朋友，我一直是看不起的。这渗透在骨子里的东西，一直是我做人的原则。”

周理事长在丹麦代表颐和苑与DDH签约，丹麦副首相出席签约仪式

“那你的家人，特别是你的夫人怎么想的？”

“这实质上，是怎样看待财富的问题。”周保云接过记者的话题说，“经过近半年的思考，以及与我夫人多次探讨，最终，我们达成一致：我们应该在我们经验比较丰富、财富还可以的情况下，去探索一条适合我们中国的中等收入的老年朋友们既能承受又能适应的生活方式。至于我们投资非营利的养老机构，有人问：图什么？我说，我是这么看的——这个‘利’，除了普通认为的是物质利益之外，对价值意义的追求所带来的幸福感也是‘利’。其实，人这一辈子能做一件被社会认可的事情，心中充满着幸福，这才是人的最高利益。”

至于“为什么要选择丹麦DDH公司作为颐和苑的运行商”的问题，周保云理事长和盘托出了他的思维过程：“当我决定投资养老产业时，首先要考虑的是怎么去定位养老院，因为我很清楚我所选择的运营公司将决定养老院未来的发展。养老产业是一个非常专业的行业，运营公司要有专业的团队和丰富的经验才能保证养老院正常运营。这个行业，看似简单，但真正运行时是各种细节融合在一起的。因我自身就是酒店管理出身，我部队转业后的第一份工作就是酒店管理，我深知‘专业的事情应该交给专业的人来做’，所以我在决定投资养老产业后，花了两年的时间先后与美国、丹麦的养老院谈判运营的相关事宜。最终，我选择了丹麦DDH公司，因为DDH公司也是一家私人投资的非营利性护理机构，而且在丹麦拥有五十多年的历史，目前在丹麦国内拥有超过 60 家养老院。DDH 的核心价值观是‘尽己所能地为人服务，尊重老年人的精神和物质需求、生活方式和愿望’，这点我非常认同。他们给老人一个家的管理理念，关起房门，老人们就像住在自己家里一样，不会受到任何干扰，甚至可以把陪伴自己一生的物品乃至家具都可以全部带到养老院，走出房门，社区内会提供给老人们所需要的一切服务。所以，我们今天颐和苑的很多设计都是按照他们的要求进行的。”

周保云最后总结说：“‘老有所养’，为老年人提供生活保障，是养老事业的基本目标；‘幸福养老’，让老人愉悦快乐生活，是养老事业的终极追求。颐和苑养老院、养护院从设计、开发到服务管理，从硬件建设到软件配套，都秉承了‘幸福养老’这一核心理念和宗旨。”

“那么如何能让老人幸福呢？”记者在采访颐和苑副总经理周菊贤女士时，她告诉记者：“周理事长经常对我们说，让老人幸福，首先就是让员工幸福，只有员工幸福了，才能把幸福传递给每一位入住的老年朋友。为了达到这个目标，在颐和苑开业不久，他特地聘请了中国幸福研究院院长徐景安教授，为颐和苑量身定制了‘幸福养老’和‘幸福企业’的培训计划，真正把‘幸福’融入到我们颐和苑的企业文化中，让幸福成为我们企业日常生活的一部分。”

为了创建颐和苑“百年老店”的目标，努力提高养老服务质量和水平，周保云在颐和苑开业两周年时，就提出了两个奋斗目标：一是狠抓精细化管理，用制度管人、用流程管事，用员工的“辛苦指数”，换取老人们的“幸福指数”；二是在全苑倡导精神文明建设，努力实现三年内成为区精神文明建设单位、五年内成为市精神文明建设单位、八年内成为全国精神文明建设单位。为了实现这两个奋斗目标，周保云带领全苑员工对过去工作进行了系统的总结和提炼，提出了关于做好养老服务工作的“四个重点”、“三个服务”和“三个底线思维”。他说：“一个全新的养老模式，要靠新思想、新理念去引领。”周保云还有一个更长远的目标，就是将金山打造成老年朋友们颐养天年、幸福养老的品牌和摇篮。同时，通过创新机制，优化服务手段，将“医养结合”特色发展壮大，为更多老年朋友提供高品质养老服务。

几天的采访，一次又一次的“心灵对话”，坐在记者面前的周保云，虽早已是商场的成功人士，但作为一个农民的儿子，仍不失“本质”，保持着一颗“善良”而“真诚”的心。他不无自豪地对记者说：“我这一生工农兵学商都体验过了，上半辈子也凭着自己的努力和运气赚了一点钱，剩下的半辈子就想为这个社会、为养老事业做一些力所能及的事。”

这，我们从周保云获得的各项荣誉就可以看出，多年来，他为家乡、为金山、为这个社会作出了多大的贡献：

——2009 年，荣获“金山区首届优秀中国特色社会主义事业建设者”称号。

——2010—2014 年，五次荣获“上海市侨界杰出人物”殊荣。

——2010 年被评为“上海市归侨侨眷先进个人”称号。

——2013 年荣获“全国侨界先进个人”称号。

——2014 年被评为“上海市光彩之星”。

——2017 年荣获全国第二届“敬老爱老助老模范人物”称号。

…………

周理事长在颐和苑开业典礼上讲话

周保云是一位“有诗、有远方”的追梦人。从他的眼里，我们看到的是真挚；从他的言行举止中，我们能感受到他对国家、对社会、对长者、对小辈的大爱。

颐和苑，是周保云的心血之作，也成了老年朋友颐养天年的幸福家园。

颐和苑的阳光里 有你们播洒的爱

—— 记上海颐和苑老年服务中心副理事长马红兵和她组建的喜乐探访团

周景新

当幸福式养老的颐和苑向来自八方的老人敞开它大门的那一天起，当美丽庭园式的颐和家园张开双臂拥抱每一位向它走来的长者的那一刻起，颐和苑的开拓者、创办者之一的马红兵女士（副理事长），看着不同年龄层次、不同健康状况的老人陆续入住，一个想法让她思考、一项行动在她心中酝酿……

入住颐和苑的每一位长者，都经历了岁月的长河。他们年轻过、精彩过，在曾经的那些岁月里，他们在各行各业中，都为国家作出过贡献。可是如今，流逝的年华让他们衰老了，各种疾病的袭来让他们渐渐失去了生命的活力。

养老区域的老人，尚可尽情享受美丽园林的乐趣，尚可在各种兴趣活动中体现老有所乐，可是在护理区域的老人，或重病卧床，或与轮椅为伴，或拄着拐杖蹒跚前行……

马副理事长的心沉重了，她为这个弱势群体思考着……

她想：不能让无奈与失落、呆滞与沉闷的状态整日伴随着他们，不能让一日三餐与开着的电视机成为他们生命的全部！

她想：进入了暮年的耄耋老人，来到颐和苑生活，这是他们人生中最后一段里程，这个阶段的老人比任何人更需要关爱与帮助、温暖与呵护。

她想：要使单调寂寞的弱势群体感受生命的热度；要使病榻上、轮椅上的老人也有温暖与快乐；要使蹒跚行走的身躯保持活力，延缓衰老；要让每一位走进颐和苑的老人都能沐浴家园的阳光，感受夕阳的暖意。

于是，她带着一支团队，来了！

2016年的10月，满怀着赤热的爱与无私的奉献，他们走进了颐和苑，与颐和苑的“微笑服务、主动服务、情感服务”融为一体，为老年群体的晚年生活添了光，增了热！

他们的称谓是“喜乐探访团”。

他们的成员，从最初的六七个人，历时三年，发展到了几十个人。他们是义工，是志愿者。

只有奉献、不求回报，他们想的是：风烛残年的老人需要的是什么？

风雨无阻、坚持不懈，每个周五的早晨，他们都会准时出现在老人的身边，听老人倾诉，与老人聊天。

“从我们第一次见到这些老人后，他们，就留在了我们的心里！”这是他们发自肺腑的心声。

他们深知，每一位老人都是从年轻走来，历尽沧桑，倾听他们讲述人生，都能让老人重拾记忆，找回曾经的自己，感受到精彩不曾凋谢、人生没有谢幕，给他们的内心送上一份慰藉。

中午，他们会与老人共进午餐。他们说：“我们十分珍惜每周五与老人共进午餐的机会，好像和自己的爷爷、奶奶、父母在一起，一起吃饭，一起话家常，没有距离、只有温馨！”这是他们的真情实感。

阳光灿烂的日子，总能见到他们推着轮椅上的老人，赏花观景晒太阳。

节假日到了，喜乐的天使们，自己掏钱，给老人

马理事长与喜乐探访团

买小礼品。重阳节时，印有“感恩的心”的精致水杯送到老人手上，爱心满满，暖意融融。

除了心灵、情感的交流，喜乐天使又为老人养生定制了多种活动：唱起来、动起来、学起来……

借经典老歌、儿歌或熟悉的戏曲，让大家边唱边活动手指；彩球操、按摩操，多种活动肢体的项目应运而生。每一个相聚的日子，总是热热闹闹，惊喜连连。

呆滞的表情有了舒展，满是皱纹的脸上有了笑容。

手环、香包的制作，插花、绘画的学习，竭尽可能地丰富了这一天的内容。“不能让老人残存的能力在轮椅上消失殆尽！”这是他们的决心，不是誓言，却掷地有声，感人致深。

满足了老人的爱好，活跃了老人的生活，改善了老人的体质！

落落寡欢的暮年，又勃发了生机；沉寂无声的楼宇，又有了欢声笑语。

三年多来，喜乐的天使们，留下的每一个足迹、送出了每一份温暖，已融入了家园幸福的内涵里，深深地铭刻在了老人们的心中。

用爱，驱散生命的黯淡；用情，捂热心灵的冷寂。

无私的奉献，来自一颗颗热忱的心；不懈的坚持，来自满心的牵挂！一种崇高、一种博爱，在颐和苑的蓝天下传递，在家园的时空里延续……

马副理事长，她心系家园、情系老人，她为家园夕阳添彩的初心落实在了点点滴滴的行动中，践行在了日复一日的时空里……

在每一个人的生命里，你一定爱过，也被爱过；在每一个人的记忆里，你一定温暖过他人，也被温暖过。

燃烧自己，点亮他人；付出奉献，收获欢乐！

他们是：爱的天使、暖的使者；是志愿者，又是一群普通人。

他的名字叫：喜乐探访团。

最美的绽放，根植于肥厚的土壤；最丰硕的收获，靠的是锲而不舍的耕耘。

不积小流，无以成江海；不积跬步，何以有千里？

喜乐的天使们：

斗转星移的岁月，不会遗忘你们的到来。

流逝似水的年华，不会抹去你们的足迹。

家园长者的心里，已经驻进了你们的每一个身影。

颐和苑历史的长卷中，融入了你们的爱与奉献。

马理事长与喜乐探访团在四周年庆典上合影

“情”注养老 “爱”满颐和

——记上海颐和苑老年服务中心副总经理周菊贤女士

金正扬

采访一开始，我就被她那“用心用情做好本职工作”的一席话打动了：“一年 365 天，一天 24 小时，手机始终开机，时刻待命状态，这是一份责任，更是一份信任。为老服务工作其实并不难，但要做实、做细、做好，还是要狠下功夫的。毛主席曾说过，人是要有点精神的。这个‘精神’是一种情怀，一种境界，一种超越，一种不甘平庸、不甘屈从、不得过且过的血性和品质。干一行、爱一行、钻一行、精一行，在平凡工作岗位上需要的是一份坚守、一份执着。”

言为心声，这就是坐在我面前的年轻“女高管”——上海颐和苑老年服务中心副总经理周菊贤女士。

秉承一份爱心，她毅然地开启了“颐和之路”

周菊贤，上海金山人。这是一位充满工作热情、很有爱心的年轻人。她三十五六岁，脸上始终洋溢着微笑，很有亲和力。她于 2010 年毕业于上海交通大学医学院，是一位硕士研究生。

打开周菊贤的履历表，在“教育背景”一栏中，你会惊喜地发现，她的专业知识面很广、很扎实，不仅先后学习过临床医学专业、妇产科专业，经过内、外、妇、儿等各临床科室实习轮转，而且还在香港大学医学院、上海交通大学研究生院细胞生物学组经过一番“交流生学习”和“临床医学研究生前沿技术强化轮训”。

但这一切，并没有使她止步。2010 年至 2015 年，周菊贤去了美国加州居住生活，学习和了解美国当地文化。这段经历不仅培养了她较好的英语听说读写能力，而且大大开阔了她的国际视野。

令许多人不解的是，她这位学医的高材生，为什么回国后要弃医而投身于养老事业呢？

可以说，这一切皆源于一个“爱”字。她自小就有一颗“爱心”，这“爱心”是从做志愿者开始的。周菊贤说：“从年少时开始在烈士陵园做志愿者工作，学习介绍革命烈士的英雄事迹的同时，我也深受教育和洗礼，这份坚持直至大学毕业。我深刻体会到，有时候点滴的付出却能给自己带来无比的幸福和无形的财富。除此之外，我热衷于参加红十字会志愿者服务工作，为聋哑学校的孩子们带去过关爱和呵护，也曾去社区为孤老送药送温暖。不过，这对我个人而言，与其说志愿者工作是在为他人服务，倒不如说这些经历和付出给自己带来了更多的自我价值感和被认可感。”

于是，因为有了这份“爱心”，一切都是那么顺其自然。

2015 年 10 月，周菊贤来到了美丽的颐和苑。这里，正在紧锣密鼓地准备开业仪式。接着，一批批入住长者踏入颐和苑的大门。她不时地被他们脸上洋溢的笑容所感染，也不时地被颐和苑的工作人员发自内心对老人们的关切所感动。

有一件事更是触动了她的心弦。她说：“记得那年的冬天，刚入住颐和苑不久的小林阿姨突然身体不适，苑里第一时间安排送至外院就诊、住院治疗。我看到了整个过程中，我们员工们胜似亲人的体贴服务，而长者们对这些看似平常的工作予以了极大的肯定和鼓励。这让我这个学医八年的人明白，除了做医生，还有这样一条路，可以更多地为他人带来幸福和安康。”

于是，从2015年10月开始，周菊贤毫不犹豫地开启了她的“颐和之路”，正式成了一名市场专员。

“这一职位虽小，但在每一次和来访老人的交谈中，我无形中收获着‘幸福’。”周菊贤说，“为他人点一盏灯，照亮别人，也照亮了自己。”两个月不到，她被升任为市场部经理。

这时，她突然发现，过去的曾经的付出，让今天的自己走得更顺、更远。2016年8月，她又升任为上海颐和苑老年服务中心运营总监兼院长，成了颐和苑一名年轻的“女高管”。

秉承一份爱心，她用心把工作做到极致

管理，是一项十分严谨的工作。周菊贤从没有做过管理工作，没有一点管理的背景，对于养老这个行业，她仅仅是一个有“医学背景”的“外行人”。那么，她是如何根据周保云理事长的方针大计一步步运营操作的呢?

有了“爱”，一切皆会迎刃而解。周菊贤凭借着对颐和苑的这份热爱和对周理事长的崇敬，她从上任的第一天开始，就把为老服务的本职工作当成自己的事业去经营，开始了“自我转变”的历程。她说：“上任后，我始终坚持每天下基层一线，争取问题发现多一点；每周和管理层、员工、长者谈心，争取关心鼓励多一点；每月做部门分析汇总，争取情况了解多一点；每季度做全面回顾展望，争取方案点子多一点；每半年一总结，争取经验积累多一点。同时，我始终坚持把老人关心的事都当作最重要的事去处理，把员工关心的事都当作自己的事去对待。”

人是在历练中成长、在历练中成熟的。周菊贤从一名普通的基层接待工作人员，到负责一个部门的工作，再到颐和苑的全面管理，经过五年这样的历练，她从开始的迷茫、困惑，终于逐步摸索出一条适合自己的、适合颐和苑发展规律的管理之路。

她说：“如果把管好养老院比作下好一盘棋，把每个部门、每位员工、每位长者比作那一颗颗棋子，那么每一颗棋子、每一步都是关键。我，作为颐和苑运营总监，要第一时间把握各部门工作的开展情况，做好部门与部门间的协调工作，维护好员工和长者之间的关系，关心和了解每一位长者及员工的真实需求，这是我的基本工作职责。要做到，不难，但要做好，需狠下功夫。我很感谢颐和苑这个平台，让我结识了那么多有才华、有智慧、有涵养的长者，在他们身上我学到了很多，收获很大。”

作为颐和苑的运营总监，每天，每周，她除了负责颐和苑各部门的日常运作和管理工作，起到“上下沟通、横向协调”的作用外，她还努力使自己成为颐和苑的“大总管”，每件大事都得管，而且都得管好。在工作中，她始终秉持那份初衷，坚持把理事长的理念完整地传递下去，力求做到：

——颐和文化入脑入心，筑牢思想基础；

——管理工作从严从实，打造坚强堡垒；

——监督反馈到位到分，切实防微杜渐；

——为老服务用心用情，团队凝心聚力。

“员工是企业的基石。”周理事长这句简洁而又铿锵有力的话，道出了颐和苑在管理上的核心理念：只有员工幸福才能让老人幸福。他是这么说，也是这么做的，同时，这也深深地影响着周菊贤。

感人心者，莫先乎情。谁都希望被人理解、被人尊重、被人鼓励。因此，周菊贤平时哪怕工作再忙，也经常会抽出时间，倾听一线员工的心声，关心他们的成长，解决他们的困惑，挖掘他们的潜能。周菊贤说，在每一次的沟通中，总能从他们身上发现一些闪光点，不经意间还会互相得以启发，有所收获。平时，她处处用心将员工的成长和颐和苑的成长紧密联系在一起，一个都不拉下。她说，如果我们的员工在这里有了获得感、幸福感、安全感和归属感，那还有什么困难不能战胜与攻克的呢?

为了充分激发和调动员工为老人服务的热情，周菊贤根据周保云理事长关于颐和苑精神文明建设工作提出的要求，制定了一系列激励措施。比如，每个季度评选一次“服务明星”，每年评选一次“优秀员工和优秀团队”，每年不定期选派优秀员工去丹麦学习交流，等等。通过这些激励措施，深入挖掘员工工作、学习、生活及文明创建活动中的闪光点，树立“新标杆”，运用榜样力量，促进社会公德、职业道德、家庭美德、个人品德建设，强化文化浸润，弘扬文化基因。

周菊贤与长者一起装饰圣诞树

人，是企业的第一要素。在员工队伍的培养和管理上，这些年来，周菊贤深刻地感受到颐和苑这支员工队伍对于颐和苑的过去、现在和将来的至关重要的作用。她说：“管理是一门科学，要敢抓善管、精准施策，体现管理的力度；管理也是一门艺术，要撑腰鼓劲、关爱宽容，体现管理的温度。员工与企业心连心，手牵手，同呼吸，共命运，这是企业最终做大做强做优的最强而有力的资本；培养人才，吸纳人才，留住人才，才能促进企业的可持续发展。”

慢慢地，周菊贤发现自己越来越热爱这份事业了，她为在这里能实现自己的人生价值而感到幸福。她说：“每天清晨睁开眼，就憧憬着新的一天的开启；每天下班以后，又回味着一整天忙碌而充实的时光，这种感觉，从进入颐和苑的第一天起，随着时间的推移、情感的积淀，我愈发强烈。”

秉承一份爱心，她自省自励做最好的自己

俗话说：“人生有三大幸运：上学时碰到好老师，成家时碰到一个好伴侣，工作时碰到一位好老板。”来到颐和苑，周菊贤遇上了人生中的第三大幸运，而且随着时间的推移，这种幸福感愈发强烈。她说：“如果说周理事长是养老事业的开拓者、先行者，那我就是那个幸运的跟随者、践行者。怀着这份‘苔花如米小，也学牡丹开’的雄心，我默默坚守并努力着——深怀敬老之心，倾注爱老之情，笃行为老之事，用真心、用真情，和一帮志同道合的朋友，和一群善良可爱的颐和人，共同谱写着为老服务的新篇章。”

其身正，不令而行；其身不正，虽令不从。作为一名管理者，周菊贤说：“我们就是员工的引领者，处处要起到率先垂范的作用，严于律己，廉洁奉公，一身正气，鞠躬尽瘁，而且还要努力提升业务能力，积累经验，开拓眼界，提高修养，丰富头脑，要懂得识人、用人、育人、留人，学会授权，注重提升员工的积极性和创造性。”

一个人最好的状态，是不停地保持学习的状况。周菊贤是一个勤于学习的管理者，她在读了美国学者迈克尔·沃特金斯《哈佛商业评论》一书后，为自己制定了更高的目标。她说，这位美国学者曾总结过这样一条规律：从优秀的管理者转变为称职的领导者需要经历的“七种质变”，即从专才到通才（即要对各个职能部门都有足够的了解）、从分析者到整合者（需要通观全局做出合理的取舍）、从战术家到战略家（需要跳出细枝末节的琢磨，把思想和时间都解放出来，更多地放在战略性思考上）、从泥瓦匠到建筑师（需要具备系统性思维；需要明白核心要素之间的关系）、从被动者到主动者（即从日常工作中被动救火者的角

颐和园党支部开展“红色之旅”主题教育活动——参观陈云故里

色，转变为主动地去发现火情，把更多的精力放在提前预见组织应该解决的问题上）、从急先锋到外交官（需要具备良好的交际能力，利用外交手段，连接各种有利资源，开展合作）、从践行者到倡导者（上行下效，成为下属模仿的榜样）。“而我正是努力从一个局部管理者，逐步学着站到更高的高度、朝着更远的未来去思考问题，把方向、抓大事、谋全局，做到总揽而不包揽，希望在不久的将来，可以成为一名独具学习力、决策力、组织力、教导力、执行力和感召力的领导者。”她满怀信心地说。

周菊贤勤于学习，其可贵之处在于她仍保持上学读书时的习惯，每天坚持打卡不间断，除了完成心理学的培训和学习，她顺利取得了国家二级心理咨询师资格证，她还坚持荷兰商学院 MBA 非全日制在读的学习，还参加上海交通大学养老服务管理高级研修班和各类学习讲座、论坛，让自己保持对工作的洞察力、对行业的感知力、对社会的敏锐度。2019 年，周菊贤代表颐和苑参加了中国养老机构发展暨长三角一体化高峰论坛，在会上对颐和苑非营利性幸福养老工作进行了系统总结和经验交流。

工作中，她兢兢业业勤勤恳恳，除了 8 小时的工作，她还利用自己的闲暇时光参观走访了各类养老机构（包括公办养老院、社区护理站、日间照护中心、民营养老机构、地产转型康复中心、社区嵌入式养老等），从方方面面加深对养老行业的认识和理解。此外，她理论联系实践，从实践中总结经验，并将经验分享传授给未来的养老事业接班人——2020 年她兼任了上海中侨职业技术学院“实用养老机构管理”课程的教学工作。

政治上，作为一名年轻党员，她说，我始终以共产党人的标准严格要求自己，保持共产党人的那份责任感和使命感；思想上，做到守初心、担使命、找差距、抓落实；行动上，做到在顺利面前不松懈、在困难面前不退缩、在挫折面前不气馁、在逆境面前不失意；作风上，做到率先垂范、严于律己、廉洁奉公、一身正气。

因为热爱，所以执着。时间是最伟大的书写者，忠实记录着奋进者的步伐。坐在记者面前的这位有爱心，勤于学习、精于管理的“女高管”——周菊贤，在新的征程上，她将不负昭华，砥砺前行，继续带领颐和苑员工把初心和使命变成锐意进取、开拓创新的“精气神”，为颐和苑谱写新的华章。

◎ 合作者的心声

养老院志愿者活动如黄金一样珍贵

琳恩 波尔

琳恩和波尔

关于志愿者活动，我们分享一些丹麦式的经验。

在丹麦和 DDH 养老院里，有一个优良的传统，就是邀请当地的志愿者进养老院。通过活动、协助养老院内部和外部社会联系起来，这早已经成了惯例。志愿者带给养老院生机，特别对那些已经不能外出的长者，通过这种方式，志愿者们就像养老院外派来的使者一样。

志愿者们付出他们的时间、精力，他们渴望通过聊天、接触、融入社区的方式为养老社区作出贡献。他们丰富了社区生活，丰富了长者的生活、员工的生活甚至志愿者自己的生活。志愿者想融入社区并且为各种活动出力，方式可以是朗读、交谈、散步、唱歌、音乐或者是其他的活动，只要长者参与就好。

志愿者可以从年轻的学生到退休的人员，年龄、性别、职业、爱好等都可以不同。但他们的共同之处是：有时间和精力，此外他们愿意付出，愿意为养老院的生活添亮色，用各种丰富多彩的活动，愉悦长者和工作人员，丰富养老院的生活。

组织志愿者活动重要的是，要让志愿者能够在养老院的志愿活动中发现自己的价值，她或他能够确认自己在作出贡献。志愿者一定要能够从自身出发感受到自己在志愿者活动中的意义和价值。

在养老社区活动中，志愿者感受到自己的参与，并且感受到这参与是有意义的，是有贡献的，而不是跟原来养老院的日常生活一样，没有带来任何改变。

首先邀请志愿者进来，各种各样的志愿者都行，让他们融入社区。只要有长者参与，哪怕只是一些简单的方式，如聊天、散步、唱歌等，便能让志愿者感受到他们在活动中的价值和意义，这样，志愿者活动在养老院中才会变得像黄金一般珍贵。（作者系颐和苑丹方总经理与副总经理）

琳恩和波尔

将丹麦文化融入美丽的颐和苑

熊亨利

1983 年，我对中国产生了浓厚的兴趣。不单单被它的经济发展和社会发展所吸引，更对中华文明的悠久历史着迷。上世纪 80 年代，我几乎去过中国的所有省份旅游，1988 年至 1989 年间，我在同济大学学习汉语。也就在这段求学时间里，我遇到了未来的妻子，后来成了“上海女婿”。婚姻让我成了中国城市家庭的一员，了解到更多中国的风土民情和社会文化。

1992 年到 1993 年间，我幸运地得到广西社会科学院的科研许可，和一个侗族少数民族家庭一起生活了 4 年。这次经历让我了解到许多中国农民的生活。后来我这段城市和乡村的生活经历使我在颐和苑的工作中十分受用。

毕业之后，我回到丹麦，在奥胡尔斯大学中国历史和人类学任教。老师生涯结束之后，我分别在美国、丹麦、泰国和中国做了 20 年时间的国际事务工作，在工作中，我认识了丹麦执事家园（DDH）的首席执行官 Emil Tang。

2015 年底，我得知颐和苑和丹麦执事家园（DDH）合作的消息后非常兴奋，同时希望自己也能参与其中。更令人兴奋的消息是，我得知自己有机会成为上海颐和苑的丹方总经理。

2016 年春，我受聘为颐和苑丹方总经理并在 DDH 总部和 DDH 旗下养老院接受一些培训。DDH 是丹麦一家非常出色的养老机构，它也是丹麦最大的私有养老机构，并在丹麦所有的分支机构奉行一样的价值理念。

2016 年 4 月我第一次来到颐和苑，当我亲眼看见真实的颐和苑时，它远比描述和照片都要迷人。这里真是退休养老的好地方！颐和苑给人的感觉不像一个养老机构，是的，它倒像是自己的家，在这里，你拥有一片非常漂亮的花园，而且你还可以种自己的“一分地”。你可以在这里进行社交活动，可以交志趣相投的朋友。我还发现长者中很多是同济大学或其他上海著名院校的教授。苑里的活动丰富多样，人人都可以参与。各式各样的活动安排只为让养老院和养护院的长者都能有更多机会参加。颐和苑里，在员工们的帮助下，长者们的生活非常幸福。

熊亨利在工作

我刚到的那段时间，颐和苑才刚刚开始起步，养老院的长者还不到 50 人。这正是打基础的好时机，我们招募新员工并加以培训，开展活动。我们要确保每一位新入住长者感到温馨，让他们觉得自己选择颐和苑作为以后的家是正确的选择。

最重要的一件事是将丹麦的养老文化融入颐和苑，创造丹麦式舒适养老的氛围，让长者感觉就像入住丹麦的养老院一样。和优秀同事乌拉一起，我们努力并实现了这个目标。很快颐和苑就成为非常吸引人的地方。每天都会有来自全国各地及国外的参观者前来参观学习。

我很珍视在颐和苑的那段时光，它是我一生最美好的记忆之一。我也非常感谢周理事长和丹麦执事家园给了我这样一次机会。几乎没有一天，我不会想起我在颐和苑期间认识的长者、员工、朋友、政府的伙伴。

期望有一天我有机会回来拜访颐和苑，拜访一些老朋友和同事，看看新建好的二期。

恭喜颐和苑五周年了，祝愿颐和苑越来越好。（作者系颐和苑原丹方总经理）

我的颐和苑梦幻旅程

乌 拉

乌拉等领导向长者拜年

乌拉与长者

2015 年 5 月，我离开了我的家、我的丈夫，还有我的宠物猫，开启了一段大冒险。从来不会有人相信我曾经会那么做，因为我一直是一个保守的人。

我到的时候，颐和苑还在施工中，当时简直难以想象颐和苑竟然能在 10 月准时开业。

我在颐和苑的第一项任务是招聘和培训护工。在沈春梅和王莹的帮助下，我们面试了大概 100 位金山本地的应聘者，我们录取了其中的 50 人。

6 月份，我们安排新员工进行了为期 6 个星期的培训，包括丹麦式养老价值观、沟通技巧、丹麦式护理。他们所有人一开始都很胆小，可能是对我这个老外的培训感到害怕，但两天之后，我感受到他们对我有了信任。

到 9 月份培训全部完成，“丑小鸭”完美地成长为美丽的“天鹅”。

接下来的一个半月里，为了要做好开业准备，几乎所有的员工都投入到打扫和整理工作中。只有一小部分护工被抽调出来为迎接第一批入住长者做准备。

按计划，我们在开业前完成了所有的准备工作。

颐和苑的吸引力非常大，刚开始养护院几乎没什么老人，但后来越来越多的老人搬了进去，随之它焕发了生机。颐和苑的花园也越来越漂亮，有很多的花儿，到处都有桃子树、梨子树。楼与楼之间的小花园里也是生机勃勃，总能看到长者驻足。

我在颐和苑期间，许多美好的回忆都跟曾经的人有关。我和一些长者建立了亲密的友谊，更对所有人都真诚地欢迎我感到荣幸。

很快，我跟员工们也打成了一片。一开始，我花了大量的时间在护工身上，他们中有人在这个领域里越走越顺，越走越熟，甚至成了专家，将我当年培训他们的内容培训给新的员工。随后，我又熟悉了更多员工，当我想烹制丹麦式菜肴或制作生日蛋糕时，餐厅的员工帮了我大忙。他们还做了一些我很喜欢的中国菜，像土豆丝，还有干煸豆腐。后勤的员工帮我种了郁金香，即便他们认为上海的气候不适合种。我还想起了最尊敬的周理事长，即便我猜他对我的印象是“爱哭的丹麦人”。而我最深的记忆是我的“中国家人”杨赛辉和周菊贤，跟他们在一起的时间最多。三年里如果不是他们陪伴的话，时间一定很难熬。

我曾经在颐和苑生活了三年，我也会一直把它放在我的心间到永远。希望能和你再相见。

请照顾好颐和苑和我的“养护院”。（作者系颐和苑原丹方副总经理）

◎ “三个服务”新标杆

管家胡叶的“工作经”

毕文杰

胡叶有个“三用”、“三勤”和“三不错”的“工作经”。

“三用”，即“用心”，把长者交代的事，具体要求放在心上；“用脑”，做事要分轻重缓急，思考问题要全面；“用情”，把长者当作自己的家人对待，换位思考。

“三勤”，即为老人服务要做到手勤、脚勤、嘴勤。

“三不错”，即报刊信件不发错，送洗衣物不搞错，老人交办的事情不做错。

这三个“三”为长者服务“工作经”，是她作为上海颐和苑老年服务中心管家部主管自创的，是她几年来从事养老事业工作积累的宝贵经验。

因为有了这个“工作经”，胡叶从护工到保洁，从管家到主管，项项工作干得出色，个个岗位值得称赞；因为有了这个“工作经”，胡叶被评为金山区先进工作者，被授予“上海市五一劳动奖章”荣誉称号，被选为出席金山区第五次工代会的代表，并光荣地当选为上海市第十五届人大代表。

以自己的坚持，为长者解难

“管家要把老人嘱咐的小事做好、做精、做细；要立足楼层、服务楼层、管好楼层，把力量放在帮助老人解决具体困难上。”这是胡叶总结的为老服务工作经验。

她把干工作的着力点首先放在为长者解难上。

一天，一位长者在做家务时，不慎把自己的手摔骨折了，当时她先生不在苑里，她就连最起码的吃喝都做不了。胡叶得知后，便主动来问长问短，每天去她家里帮她送饭、烧水、扫地、洗碗，一干就是十几天，直到老人能够自理。及时的分忧解难，让这位长者心中充满了感激。

一位长者在搬来之前与苑里再三讲好，要把屋子打扫干净，以便进门后有一种干净舒适的感觉。但当这位长者来到家门口开门一看，屋里仍然乱哄哄的，根本没有打扫，长者顿时发火了。胡叶知道此事后，

胡叶荣获“上海市五一劳动奖章”

立即赶来，耐心地调解。她一边动手打扫卫生，一边帮着摆放东西，又以微笑歉意的口吻安慰长者。渐渐地，长者息怒了、平静了，最后又真心地感谢。一旦工作上出现疏漏，就以真诚迅速的行动给予纠正，这也是做好工作的精细之举！

一对长者夫妻从朱泾乘车回来，在车上因事吵架了，胡叶得知便迅速来到站头，一边帮助老两口拿东西，一边询问情况，调理情绪，使他们很快相互原谅了。

“不仅要从生活上照料好，还要在精神上慰藉好。我与长者们建立了‘不是亲人胜似亲人’的关系，这使我对做好工作充满了信心。”这是胡叶的切身体会，也是她的工作理念。

正是这一个个可做能做的“寻常”小事，构筑着颐和苑向上、向善、向美的大景象。

以自己的付出，送长者快乐

“长者是一个特殊的老年群体，他（她）们的心理和生活需求有其特殊性，我们要从内心理解他（她）们，以自己的付出，最大程度地满足他（她）们。”胡叶是这样想的，更是这样做的。

胡叶家住在离颐和苑不远的新农镇，有的长者时常会让她从那里带回些新鲜的鱼肉虾、蔬菜和日用品。一次，一位长者托胡叶买一种药品，她把汽车停放在路边，结果因违章而被罚200元。后来她就改用助动车为长者服务。

有一位长者在松江的房子要卖掉，但他已是92岁的高龄，行动不便，去松江办事让人不放心。胡叶主动放弃休息时间，自己开车到朱泾后，两人乘莲朱线到市区乘地铁1号线，再转地铁9号线到松江，陪他办妥了此事，又先后三次帮他把小家具带回颐和苑。

“时常有长者在晚上身体出现异常，只要遇到这种情况，胡叶总是二话不说，立即开车从家里赶来，与值班管家和医生一起处理解决，她失去了不少休息时间。”在采访中，一位管家佩服地对我说。

在问到胡叶自己的付出时，她是这样说的：“当我把他们需要的东西送到他们的手里时，我看到了长者们的微笑，那微笑让我动容，让我感动，让我心安。自己虽然牺牲了一些时间，但能给老人带来快乐，我觉得很值得。”

善举的一遍遍叠加，微笑的一次次放大，涓滴亿万，终成江河，就会创造出爱的奇迹，美的芬芳，真的永恒！

以自己的主动，给长者尊严

这个世界有轰轰烈烈的开始，也有悄无声息的开始。人生的每一段路，生活中的每一件事，不同的人会赋予自己不同的开始方式。这些方式折射着一个人经营生活的心性、眼界、气度和襟怀。有时候，平凡的开始，可以走出令人感佩的人生。胡叶在养老事业的人生中，给予我们的启迪是难忘的！

走访长者家里，是胡叶与同事们经常的事儿。站在长者的家里，她眼里始终“有活儿”。一对年老夫妻，女主人得病入住镇医院了，91岁的老先生一人在家，且身体虚弱，脑子不好，需人照料。胡叶发现这一情况后，每天来到他家里，为他买饭菜，洗衣裤，理家务，一做就是十几天。

一年冬季，胡叶在楼里巡逻，经过多功能厅时，突遇一对夫妻呆在那里，脸上露出为难表情。原来，妻子突然失禁，大便便在衣裤里，先生顿时不知所措。胡叶见状毫不犹豫，马上把她轻轻地扶入卫生间，并在里边把大便弄脏的内衣内裤洗干净，待她先生把干净的衣服从家里拿来后，帮她穿好整理完毕，才放心地目送两位长者离开。

她，一位管家，就是这样，时刻关注着每一位老人的尊严，并以自己主动自觉的行动，维护着长者的尊严，践行着幸福养老理念的核心价值。有时幸福、快乐、尊严、平等就是这样简单，它存在于管家的微笑和目光中，存在于管家的善举和敬业中，存在于管家永恒的追求中。胡叶只是一个代表，他们用一日又一日的坚持构成了一种感动！

以自己的责任，替长者建言

胡叶当选为市人大代表后说过一句话：这是一份光荣，更是一份责任。这些年来，她时刻把应尽的责任放在第一位，实实在在地办了四件事，就是创新和发展了新的“工作经”，即“听、议、提、办”四字经。一是听，她在苑里和人大工作室，组织了四次听取意见和建议活动，其中两次是听取苑里长者的意见和建议，两次是听取苑外养老院几位院长和区民政局领导的意见和建议，这样就从各方面各层次，较为全面地了解了长者的呼声和政府的举措。二是议，她及时地把各种意见和建议整理归纳，又与苑领导和苑里有经验的长者讨论，写出有分量、可操作的提案。三是提，在市人大会议上先后提交了《关于进一步完善市级财力对市区老年人入住的郊区养老院机构转移支付政策的建议》《关于进一步明确购买社会力量办养老机构的建议》《关于调整长期护理住院政策对机构照护支持的建议》三份提案，受到市相关部门的重视。四是办，她主动联系市区相关部门和律师志愿者来苑里，为长者回答相关问题；她还邀请金山区法院领导来苑讲课，为长者答疑解难，解决长者的法律问题。

记粉衣天使吴燕

周景新

你，轻轻地走来，又轻轻地走去，轻柔而坚定的脚步穿梭在养护楼的每一处。你，带着温和与坚毅的脸上，挂满着的是微笑与祥和。

穿一身粉色工作服，你显得如此美丽；披一天的忙碌，你还从容淡定；怀一腔的热忱，是写满你脸上的责任与专注……

这就是吴燕，我们的粉衣天使。

（一）

五年前，和颐和苑启步同时，你入职到这方土地。

从零干起，每幢楼宇、每间居室、每方园林都有你流过的汗水与踏过的足迹。开业后，你工作在养护院，从最基层的护工干起，到领班，到被推举去丹麦培训学习。现在，你已是养护院的副经理，这是你一路走过的经历。

整整五年，你经历了多少艰难，你付出了多少辛劳，你的内心有多少触动与感悟？五年中的养护院见证着你，五年中你的内心，也有着满满的记载……

与你接触，你是那样淡然而又平静；让你谈谈这五年，你娓娓地叙述了自己……

你今年 39 岁，朱泾本地人。高中毕业后，在电大读完了老年服务管理专业，也曾干过别的行业，但见到了颐和苑的招聘消息，你毅然地来了！那是 2015 年 6 月。

（二）

谈起你的工作，那话匣子由此打开。养护院的五年，每一天，每一件事，你如数家珍……

你坦率地讲述了五年的一千多个时日里，你所经历的酸甜苦辣，你与老人相处的点点滴滴。

你每天工作面对着的是这样一个群体：年长而又体弱多病的，长年卧床或坐轮椅的，失能又认知出现障碍的……

于是，你每天所要做的工作便是琐碎而又重复的：老人的一日三餐、居室的清洁整理、个人卫生的洗澡换衣；测量血压、帮助服药、康复训练，甚至帮助老人保管财物，缝缝补补、网上购物。

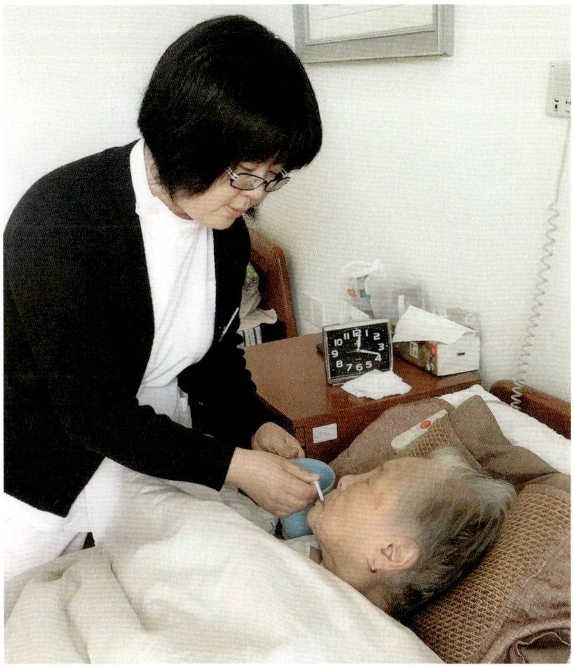

吴燕在工作

想让你谈谈这五年来你的事迹与收获，你淡淡一笑说：都是每天应该做的事，谈不上什么事迹，但是收获是有的……

从最基层的护工干起，围绕老人的每一天，你默默地干着、摸索着、总结着、改进着……

你上岗前有过专业培训，历次考核也都成绩优异。但你并不满足，又参加了中级护理培训。你认识到，随着社会的发展与医学的进步，对护理工作也会有更高的要求。一名优秀的护理工作者，光有爱心与勤劳是不够的，必须不断学习掌握护理新知识、新技术，这样才能为老人提供优质的护理。于是，工作之余，你买来了护理书籍，认真学习后，灵活地将书本知识运用到日常工作中，并经常向有经验的长辈探讨呵护老人的经验。

（三）

护理工作，需要的责任心、爱心、细心、孝心。

脏活苦活累活，是你们每一天的工作，除此之外，还会遇到许多突发和意料之外的事……

老人糊涂时，随便走入他人房间，拿他人物品，发现后不肯归还。

不配合日常护理，吐口水，打骂护工。

便秘严重时，护工需要用手替老人抠出粪便。

半夜突发疾病，你们必须第一时间拨打120，全程护送老人去医院，全程陪伴老人看病直到家属赶到。

你说过：老人的小事，我们要当大事！

失能的老人，你们竭尽全力，帮助康复。“尽量让老人残存的功能发挥出来，不要让这些功能丧失！”这是你们每天的坚守！

你领悟到，服务好老人，不光要在生活上无微不至，精神上的慰藉也不能忽视。

老人离开了生活了几十年的家，来到一个新的环境，恐惧、焦虑、不安都有可能发生；老人远离子女，孤寂、失落、不适也写在他们的脸上。

这一切，你们看在眼里、记在心上，又落实到了行动上……

沟通，是信任的桥梁。与老人聊天，如自己父母那样关注他们。挖掘老人的潜能，鼓励他们参加各种兴趣活动，丰富生活。天长日久，戒备消失了，微笑替代了落寞，有老人拉着你们的手，由衷地说：“你们胜过我们的亲生儿女！”

听到老人的心声，看到他们的笑脸，所有的疲劳与艰辛，都值了。你说：“感到生活越来越充实……”

（四）

问及你和你的团队：五年来，你们有没有“最难”？

你坦诚而又直率地说：当然有！

首先，你们面前生活着的大多是失能老人，而且大部分又患有认知障碍症。因此，老人离开监护，跑出养护楼的事常在护工们的忙碌时发生。虽然是及时发现，但是寻找还是有难度的，庭院里，各个楼幢里，调看监控，才在某个隐蔽处发现。“老宝贝找到了！”你们欣喜的同时，搂着老人掉下了眼泪，因为，你们早已把每一位老人当作自己的父母，怕他们出事，心疼啊！

你又说，你们全力以赴，尽心尽责，但是受委屈之事还是常有发生。有些老人脾气暴躁，性格固执，常在工作人员最忙碌的时间段，提出分外的要求，让人措手不及，甚至打骂员工，家属还无理指责。

问你们，遇到“难”，你们是怎么想的，又是怎么做的？你的回答是：理解和宽容是我们的职责，因为我们也有老去的一天。虽然，在家里，你们也受着父母的宠爱与丈夫的呵护，可是在这里，你们做到了打不还手，骂不还口，再大的委屈，再多的苦楚，悄悄扛着，默默吞咽！

你又说：老人永远是对的，如果有错，那就是我们的工作没有做好！

是啊！你们这支年轻的团队，每天做着平凡而又琐碎、重复而又单调的工作，没有轰轰烈烈，没有惊人之举，见不到鲜花与掌声，用不上豪言壮语。但是，一千多个日日夜夜中，你们发自肺腑的朴素话语却胜过任何豪言壮语，媲美任何鲜花与掌声！

（五）

付出与收获、总结与反思、欣喜与委屈，太多了！

如同在没有硝烟的战场，吴燕，你和你的团队摸爬滚打了一千多个日子；如同在西下的残阳里，你们用内心的闪光让余晖更加灿烂！

高尚而无私的责任牢记在你们心里，化作火热去温暖长者落寞的晚年；勤劳而不懈的双手携扶着老人，让老人不再脆弱，有了安心，有了依赖！

雪夜的火焰，比不上你们的炙热；默默的奉献，升华着你们的精神！

吴燕，你和你们这支年轻的团队，是穿梭在颐和苑的天使，美丽的粉衣天使！

不多夸你们的真诚，不多赞扬你们的善良，也不多形容你们的美丽，在老人们恬静的笑脸上，在老人儿女的欣慰里，在家园众口与众目中，我们感受到了你们付出与积累的厚重……

吴燕，你告诉了我，你们最满足最开心的是你们的团队始终保持着同心协力的状态。

付出总有回报！你们的团队也被选定为金山区巾帼文明岗，这在全苑是唯一。

吴燕，你还告诉了我：面对成绩与荣誉，你们只视为是过去，你们要做的都只是刚起步！坚持不懈、再接再厉，是你们今后的每一天。

粉衣天使，向你们学习，向你们致敬，在这里为你们点赞！

◎ “幸福养老”引领者

向你致敬，我们的好组长

—— 赞第一位入住颐和苑、舞蹈健身小组组长李丽珍

毕文杰

瞧，风霜染白了你乌黑的双鬓，
往事刻满了你额上的纹皱，
你，毅然第一个来到这里，
优雅地度过人生第二段春秋。

你携握着先生的双手，
俩人斟酌着再出发如何在这里开头，
舞蹈健身是你的最爱，
带领长者们运动养生，
再展昔日的风流。

多少个傍晚，你带领大家，
踩步子，练舞姿，
每一个节拍，每一个动作，
你都耐心地教，一丝不苟。

多少个清晨，你早早地来到大厅等候，
时而讲解，时而示范，
操练一遍又一遍，
你总是不知疲倦，
汗水浸湿了衣衫。

旋转，酷似柔美的杨柳，
操练，显出独有的节奏，
朝暮晨昏，半闲半悠，
快乐的当下，美好的享受，
叔姨们沉浸在艺术的氛围中知足永久。

李丽珍在健身

你，为苑里长者的健康养老始终走在前头，
你，为丰富苑里的文化内涵增添锦绣，
你，以大德的慈善之心发挥余热，
你，不懈地将新模式养老之路愈铺愈厚。

闲静雅是你的修养，
真善美是你的品质，
你把真情注入了自己的血流，
有滋有味地生活是你不变的追求，
你默默地把长者的美好愿望铸就。
向你致敬，
我们的好组长！

寒窗励心志　自学誉画坛

—— 赞颐和苑书画小组组长朱景龙

姜树林

朱景龙在绘画

在迎接党的十九大的日子里，画家朱景龙先生的国画新作《睡狮》，在中国当代书画名家精品展全国大赛中荣获金奖，并被授予“共和国书画艺术名家杰出成就奖”荣誉称号。朱景龙先生的绘画作品，是颐和苑的一笔宝贵的精神财富，是一张亮丽的名片。特赋诗一首，以表敬意与祝福。

朱景龙在练习书法

寒窗砺心志　自学誉画坛

绘画生花香，引蜂舞翩跹。
传授结桃李，酿蜜颐朱颜。
墨泉砚上流，画海扬风帆。
砚墨细相研，佳作见笔端。
平生不卖画，画品如其人。
义卖献爱心，赠君广结缘。
翰墨不释手，长达七十载。
寒窗砺心志，自学誉画坛。
家乡情怀深，负笈居和苑。
金山一奇葩，神韵天地远。
八秩五高寿，再画一百年。

走近写“龙”字的革命老人

—— 记陈子林、魏文秀夫妇

姜树林

颐和苑书画展，优秀作品琳琅满目，满堂生辉，其中一幅书法作品“龙”字，如腾飞的龙，跃然纸上。“龙”字作者陈子林先生，1941 年参加新四军，是一位抗日老战士。

陈老为人谦和，处事低调，从不提及自己的光辉历程。而一旦追忆起自己的战友，他便立刻表现出满怀深情的敬意和怀念。

有一次，陈老对我讲起他亲历的一段往事。在淮海战役中，陈老随军南下，途中遭遇蒋军飞机的狂轰滥炸。当时随军采访的一名女记者不幸中弹而牺牲，战友们含着泪将她掩埋在战场上。

说着说着，陈老哭了，一位 92 岁高龄革命老人哭了……

此时此刻，透过陈老噙满泪水的眼神，我仿佛看到了陈老又回到那战火纷飞的年代，同成千上万热血青年一起，冒着敌人的炮火，勇往直前。

陈老的结发妻、同志及战友魏文秀大姐，小陈老 4 岁，喜逢米寿。二老志同道合，携手并肩，走过艰苦的岁月。共和国的建立，有二老的一份功劳。今天二老在颐和苑安享晚年，是社会对他俩的回馈。

在我的恳求下，魏大姐从抽屉里拿出一帧自己的青春倩影，革命知识青年自有独特的气质和风度，青春是人生最美好的回忆。

最后我以一首小诗表达对两位革命老人的敬意。

陈子林、魏文秀夫妇

崖上松

高山崖上松，根植岩隙中。
针叶耐酷暑，遒枝历寒冬。
苍茫云海间，广纳天地灵。
哪得凌云志？为有太阳红。

布艺丽人行 悠然迎新春

—— 写给布艺组组长陆费汉倩和她的组员们

姜树林

布艺丽人行 悠然迎新春

布艺组长，陆费汉倩。
平易近人，和蔼可亲。
风度依然，不减当年。
为人处事，低调自谦。
医德画品，恰如其人。
名师高徒，成绩斐然。
参加义卖，举办画展。
佳作所得，悉数捐献。
爱心传递，雪中送炭。
布艺花生香，情满颐和苑。
布艺鸟歌唱，乐活颐和人。
布艺丽人行，悠然迎新春。

陆费汉倩与布艺组的组员

当你走进布艺工作室，会眼睛一亮，满屋作品，美不胜收。

其中一幅由丝瓜组成的汉字“顺”的布艺画，名曰《顺》。其画构思巧妙，含义深，创意新，堪称佳作。作者是一位退休医师，而今华丽转身，钟情布艺，以积极的人生态度，担任布艺组组长，她就是可敬的陆费汉倩女士。

布艺组成立近三年，学员二十余名，分高、中、初三个班级，陆费老师任教。组员团结友爱，勤学苦练，互学共进，一幅《鹤寿图》，正是集体智慧和爱心的结晶。

在陆费老师诲人不倦的指导下，许多人从门外汉已成为布艺画的高手。陆费老师的教学倡导“走出去、请进来”，以开拓大家视野。

我们衷心祝愿布艺组在组长陆费老师和副组长阮燕燕老师的带领下，发扬团队精神，创作更多更好的作品，装点我们可爱的家园。

陆费汉倩与她的作品

圆颐和苑老人的钢琴梦

—— 写给钢琴组组长戴幼姑

姜树林

二十世纪五十年代初，
豆蔻年华戴幼姑，
随父从新加坡回国居沪，
大学毕业工作在徐州矿物局。
敬爱的戴老师，
你的双手，
曾为祖国煤矿工业的发展，
绘出一张又一张设计图。
而今你的双手，
正在为圆颐和苑老人钢琴梦，
承担起教授钢琴的重任。
当你从周理事长伉俪手中，
接过一本粉色谱夹，
接过一本红色聘书，
当即暗下决心，
将多年习练钢琴的心得，
和盘托出。
你辛勤的汗水如春雨，
让美丽如花的音符，
盛开在我们心中的乐土。
今天，
我们的双手，
也能在黑白的琴键，
跳起芭蕾舞，
十指尖下荡漾美妙动听的乐曲。
这是圆梦的喜悦，
这是感恩的倾诉。

戴幼姑在演奏

敬爱的戴老师，
每当多功能厅响起钢琴曲，
你捐献的这台钢琴——
心爱之物，
精神伴侣，
总会发出不同凡响的心声，
伴唱我们的音乐之旅，
歌颂颐和苑永续发展之路。

春华秋实谱新篇

——访种植组带头人王澄宇

姜树林

王澄宇与他的“一分田”

这是不久前的一天，我在雨中散步，透过雨帘望去，种植园仿佛被蒙上一层薄纱，果蔬在尽情享受春雨的沐浴，花更艳，叶更绿，生气勃勃，诗情画意，美不胜收。

雨中，但见一位银发长者正在农具棚里忙着。他是谁？又在干什么？

当我走近一看，哟，原来是王澄宇老师，住养委员会委员、种植组组长。

我收拢雨伞，走进农具棚。王老师一边与我攀谈，一边忙着手里的活儿。当他将农具一一收拾停当后，又抓起一把三齿耙，用手掰开竹柄上的裂缝，再塞上一块碎布。王老师见我不解其意，就解释说：“竹柄上的裂缝，快如刀口，一不小心就会划破手掌，塞上块碎布，示意不能再用，要换新柄。”真是细微之处见真情。

王老师不仅乐于帮助大家干些粗活，还是一位科学种田的推广者，他自盖塑料薄膜暖棚，成功培育良种甜瓜苗供大家分享。

有位长者种了一种高产南瓜，是否值得推广，王老师特地用三层大蒸锅蒸熟三只南瓜，送到田间供大家品尝，其乐融融，好一派农家乐的景象。

当年的大学教师，今日的种植组带头人，要做到这一点，说说容易做起来难呀。我曾写诗一首《文翁耕耘桃花源》赞王老师，诗如下：

暮年乔迁颐和苑，　竟然分得一分田。
退休想做耕读人，　不想今日梦成真。
陶潜采菊东篱下，　长者开门见金山。
种植小组不平凡，　人材济济文武全。
田老执笔苑书刊，　文翁耕耘桃花源。
播下种子寄心愿，　春华秋实谱新篇。
禾苗破土结硕果，　同迎国庆七十年。

挥杆抒胸怀，潇洒迎晨曦

—— 写给台球组组长蒋靖

姜树林

在晨曦或夕阳中散步时，
常常会碰见一对形影不离的老夫妻，
老夫陪护着老妻，
生怕她有个闪失。
他是谁？
他就是原台球组组长——蒋靖老师。
敬爱的蒋老师，
他本是一位人类灵魂工程师。
他的师德，
他的球艺，
他的魅力，
他的亲力亲为，
将台球之花，
盛开在颐和苑这片风水宝地。

蒋靖在练球

蒋靖和他的夫人在颐和苑

咱们的理事长，
看在眼里，喜在心里，
大笔一挥，扩场买台，
三台并立， 风生水起，
欣欣此生意，
台球之花开放得更美丽。
本届台球友谊赛，
花絮纷呈鏖战激。
十六彩球亦有情，
欢庆祖国大生日。
冠军荣获一球杆，
亚军喜得一球仪。
领导精英有智慧，
礼轻情深重励志。
台球老人心领会，
再接再厉创佳绩。
蒋老师，
这也是送给你的一份大礼。
你是幕后冠军， 当之无愧。

有你真好

—— 记歌咏小组组长周景澄

毕文杰 张石山

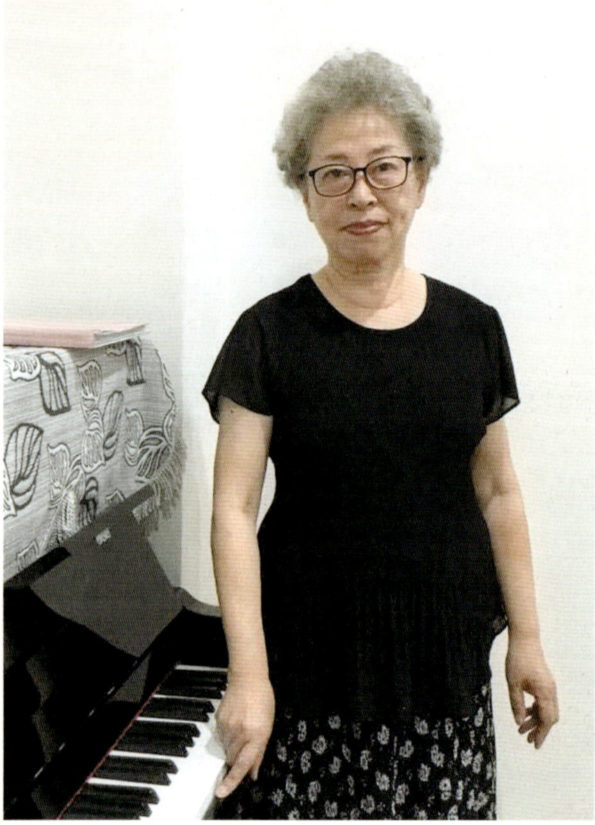

周景澄近影

湖边的花朵百媚千娇，
天鹅戏水便有了温馨的味道，
湖边是长者放声高歌的地方，
遇见你，似看见晚霞正好。

大厅里传来熟悉的歌谣，
你在那儿领唱面带微笑，
突然间发现火红的夕阳，
快乐的感觉将美丽拥抱。

遇见你真好啊真好，
小组活动让你费心操劳，
定计划选歌曲又动手抄，
长者的幸福写满分分秒秒。

音乐的世界是那么的神秘和美妙，
那是人类精神的瑰宝，
兴于诗立于礼成于乐啊，
你带给了长者晚年的支撑与福报。

你的诵词似船桨把时光轻摇，
声情并茂激荡众人的心潮，
《蛙》的生动讲述 *，
让人领悟了文学世界的深奥。

你的善良在心头萦绕，
员工有难你满怀慈悲为她祈祷，
毅然带头发起暖心义举，
演奏了一曲新老互动的崇高情调。

你的务实、大度、幽默、低调，
让时光都有了色彩和心跳，
你的心灵、内涵、仪表、活力，
让组员竟忘了岁月带来的烦恼。
在这人生的边缘和转角，
愿陪你一起听着歌声到天荒地老。

* 在读书写作组“喜欢和影响我的一部作品”活动中，周景澄老师结合自己从事的计生工作，对诺贝尔文学奖得主莫言的作品《蛙》作了精彩的诠释。

读书写作话人生

—— 记读书写作组原组长毕文杰

周景新

曾经在北国广袤的大地上奉献青春与热血、贡献智慧与力量，沥尽心血、勤勉奋进，整整二十七年；曾经在回城后的区委的岗位上，埋头苦干、恪尽职守，竭尽了一个国家公务员的本分。

你看他外表不算高大，可他有着一种高度；你看他性格也不很强硬，却能使人感觉到一种力量。

这就是我苑的毕文杰老师。

2016 年深秋，毕文杰老师入住了颐和苑。还没到七十岁，就此安享晚年？这不是他的性格！

毕老师喜欢看书，“读万卷书，行万里路”是他一生的追求。很快，在颐和苑，毕老师找到了志同道合的朋友。

2017 年秋天开始，读写组在毕老师的带领下，在组友们的共同努力下，开展了多姿多彩的活动。

看书，说体会；吟诗，谈感受；读史，论古今。

追寻中国文化古迹、访名人故居，每一次安排小组外出活动，毕老师做足了准备工作，甚至亲自去踩点，熟悉环境；去图书馆查有关资料、打印成文，让大家对所到之处、所访之人，事先有所了解，提高了活动成效。

三年来，毕文杰老师用心思考，用笔耕耘，事无巨细，用他贯穿一生的兢兢业业，做着每一件事。

颐和苑的苑刊，每一期都有他的文章：写人物、写专访、写游记、写总结……每一篇文章，他都倾注了心血和时间。阅读他的文章，感受到的是宽度与厚度！

毕文杰老师，为人厚道，组内朋友有病有难，他及时赶去问候，话语不多，却让人实实在在地感受到关爱与温暖。

这就是毕文杰老师，一个已然迈入了暮年的老人，一个一生都在奉献自己的东北汉子……

毕文杰在图书馆

毕文杰在读书会上发言

寻找生活的美

—— 记摄影组顾问黄映石

周景新　田如漪

黄映石近影

“一个摄影爱好者，要耐得住寂寞，为了拍摄到外景中的一个生命的瞬间，有时需要长久的等待……”这是黄映石老师说过的话，让跟着他学习摄影的朋友铭记在心。

黄映石老师爱好摄影，他拍摄出的每一张作品都耐人寻味。

八十五岁了，对摄影依然精益求精、严谨不怠。你或许以为黄老师对摄影的爱好一定是有漫长岁月了，其实不然，黄老师是退休后才开始涉足摄影的，那已是七十岁以后了。目前他还是上海摄影家协会会员。这让不少同是老年的朋友感叹：人生的精彩，什么年龄开始都不晚啊！

自从入住了颐和苑，美丽安宁的颐和庭院深深吸引了他。他先后担任了摄影兴趣小组的副组长、《上海颐和苑》苑刊摄影记者及指导老师。

每逢苑内举行重大活动，你总能见到黄映石老师身背相机，专注而敏锐地捕捉着每一个重要和美好的瞬间。颐和苑的年历上，每年都能见到黄老师极具新意的作品。常人很难发现的场景，却能被黄老师独到的眼光捕捉到并精准地拍摄下来。当朋友惊呼：“真是精品之作啊！”黄映石老师却一脸严肃地说：“每个人都能拍出好的作品，只须努力！”这谦虚与低调，让人肃然起敬。

他重视历史，经常阅读史书；他喜欢书法、绘画、音乐，自己也摆弄乐器。太极、舞剑，也是他的喜好。有一次，黄老师诙谐地说：“我也能上春晚！”果然，2017 年颐和苑春晚的舞台上，见到了黄老师身穿舞剑服的精湛表演，一招一式，将老人仙风道骨般的风姿、超然洒脱的精神风貌，淋漓尽致地展现了出来。

春华秋实、夏盛冬寂，在颐和苑美丽的庭院里，黄映石老师的脚步不会停止。我们期待着颐和苑收获更多的动人与美丽。

黄映石的摄影作品《颐和果园》

莫道岁月浅 风华绘盛景

——《上海颐和苑》在颐和文化建设中的培育和引领作用

毕文杰

企业文化的本质是对人的管理和感化，通过各种“文化”活动，在企业中打造一种促使大家同心同德、和衷共济的“集体人格”，即归属感。由此可见，企业文化是企业的灵魂，它在企业发展中起着巨大的作用。《上海颐和苑》杂志（以下简称“苑刊”）在颐和苑企业文化的形成过程中就起到了酝酿、筹谋、宣传、推动的独特作用，成为颐和苑创建“百年老店”奠基阶段的一张亮丽的文化名片。

苑刊首发式

（一）

2020 年 10 月，是上海颐和苑老年服务中心开业五周年的日子。五年，只能算是个童年，然而短短五年的历程却艰辛而难忘，不凡而辉煌。

上海市政协委员、上海颐和苑老年服务中心理事长周保云先生，早在考察创办阶段就提出了要把颐和苑——这一民营养老企业办成“百年老店”，虽然只有短短的四个字，却蕴含了极为深刻的文化内涵。伴随着这一文化理念的提出，在周理事长的大力支持下，沪上近 900 家养老院（含养老机构）中，唯一一家经市有关部门批准备案的期刊《上海颐和苑》诞生了！

在上海教育报刊总社原副社长、《上海教育》杂志主编、编审、上海作家协会会员金正扬老师的组织策划下，《上海颐和苑》于 2016 年 10 月诞生，至今已有四周年。四年弹指一挥间，但留下的书香文墨之韵却源远流长。

这四年出版的 14 期刊物中，共刊登各类文章 492 篇（计 100 余万字），同时配有大量照片及漫画、书法、国画。“苑刊”共设计 15 个栏目，有卷首语、人物谱、人物专访、颐和巡礼、专题报道、核心议题、归侨之家、活动实践、往事追忆、服务明星、管家手记、护理日志、信传情丝、周边风情、各地养老等，内容丰富多彩，显示了坚守主旋律、提倡多元化的初衷。

在刊登的各类文章中，涌现出一批精品，每每读来，让人心旷神怡，增添了书卷气和书香味，使颐和苑在着力追求精神愉悦、追寻生活品质中，营造了既儒雅又有乐趣的良好养老文化氛围。

（二）

周理事长在颐和苑谋划建苑时，就高起点地提出了“幸福养老”的超前理念：“要与时俱进，坚持创新，走出一条文化兴企、民营养老企业发展的新路子。”四年来，“苑刊”坚持以幸福养老为主线，以服务长者为宗旨，立足舆论场，弘扬主旋律，传播正能量，为谋划、宣传、提倡、促进民营养老企业文化精神形成、推进民营养老企业文化建设作出了积极的贡献。

第一，核心理念的先行引领。在“苑刊”编辑部组织的 2019 年常熟蒋巷村第二次“苑刊研讨会”上，提出了独特的“坚守本来、吸收外来、着眼未来”的企业发展方针；“创新坚守、诚实求真、爱老敬业、平等尊严、精益求精、争当一流”的企业精神；“有向上的追求、有良好的品德、有相应的文化、有创新的想法、有文明的举止、有节俭的意识、有尊纪的习惯、有健康的身心”的员工标准。经周理事长和苑方管理层的肯定，在全苑开始宣传、学习、贯彻、执行。而后周理事长又带领全苑员工对过去四年工作进行系

在江苏常熟蒋巷村召开苑刊研讨会

统的总结和提炼，提出了关于做好养老服务工作的“四个重点”、“三个服务”和“三个底线思维”的企业发展和服务长者的核心理念，并首先在“苑刊”上发表。由此，颐和苑企业文化基本形成了较为完整的内容，为其长远发展奠定了良好的基础。

第二，凝聚人心的文明载体。针对企业文化，既要面对员工又要面对长者这一特殊情况，“苑刊”一方面组织员工参加对周理事长的核心理念的“刊上讨论”，另一方面组织长者和员工积极参加“苑刊”点评会，员工结合服务工作的实际，长者结合养老的体验，深入理解苑企业文化的内涵，使大家对“幸福养老”与“服务长者”的目标、目的都有深刻的理解，归属感更加自觉。人文、尊严、平等、开放的理念如甘泉源源不断涌入大家的心田，使长者在这里安心养老，使员工在这里奋发向上。

第三，展示文化的重要窗口。“苑刊”先后刊登了反映长者 19 个兴趣小组活动的文章，反映历届职工（员工）运动会的文章，反映为入住长者举办 50 周年金婚大典活动的文章等，这些活动都是具有颐和苑特色的文化活动。更值得一提的是，不少长者的精品力作凸显文化底蕴，周玉明老师的《美室铭》、余君伟老师的《上海状元，金山一半》《牡丹和凤凰》、张石山老师的《龙的传人：一次难忘的文化之旅》等，无不折射出中华文化的源远流长和博大精深，无不见证着入住这里的长者深厚的内涵和才华。不少入住长者这样说：“我就是在‘苑刊’上看到了这里浓厚的文化氛围，才决定入住这里的。”

第四，心灵沟通的温馨家园。在颐和苑这个幸福的大家庭里，有养老事业的开拓者，有来自外国的合作者，有朝气蓬勃的服务者，有年事已高的入住者，还有来来往往甘愿奉献的志愿者和慕名而来的参观者。“苑刊”通过“领导访谈”“服务讲坛”“志愿心声”“长者心语”等栏目，努力探寻各层次人们彼此之间的心灵沟通与和谐共处，使这里的长者及员工，抚慰心灵，感悟岁月，笑对人生；使颐和苑成为“长者满意、员工向往、外人羡慕、亲友称赞”的企业。

第五，典型群体的传播平台。“苑刊”编辑部与读书写作组一起，把发现、挖掘、整理、宣传苑里典型人物和好人好事，作为一项经常性的活动来落实，不断夯实了企业文化及人文精神的基础。在“苑刊”还专门设定了“颐和礼赞”“好人好事”“人物谱”“专题报道”等专栏，大力宣传员工及长者中的好人好事，并着力报道宣传了全国敬老爱老助老的模范人物、市政协委员周保云理事长，上海市巾帼文明岗养护院，市人大代表、上海市“五一劳动奖章”获得者胡叶等，由领导、员工组成的颐和苑这一典型群体和他们身上所体现出来的一心为长者的奉献精神，很好地诠释了企业文化的价值体系，这种无形的资产和财富，成为企业持续发展的动力。

第六，与外交流的重要桥梁。“苑刊”先后刊登了三任丹麦总经理、副总经理共 6 人的文章，详细地介绍了丹麦幸福养老的理念和做法。还举办了“安徒生童话畅谈会”，邀请第二任总经理爱娃介绍丹麦文学和安徒生童话，并刊登了“丹麦文学与安徒生童话”的专题文章。曾两次举办座谈会，与美国作家、著名汉学家比尔·波特及其著作的中文译者李昕先生深入交流中美文学，促进了中美民间的交流及友谊。2019 年组织了第三次“苑刊研讨会”，赴江苏常州苏东坡纪念馆和故居开展合作交流，重走了当年比尔·波特的考察路线，祭拜了伟大先贤苏东坡先生，并向纪念馆领导赠送了“苑刊”。“苑刊”编辑部还组织参观了数个历史名人纪念馆和故居，浏览了众多景点，丰富了老年生活。“苑刊”记者曾专访了十余名市区相关部门负责人和养老专业人士，在“苑刊”上介绍最新的养老理念和养老信息，从而丰富了民营养老企业文化的内涵。正是“苑刊”内容所体现的人文精神，使“文化颐和”令人刮目相看。

（三）

周理事长在讲到“苑刊”时说，无论是国内外的客人还是上级领导，他们来苑里视察、参观、指导，我首先就把我们的“苑刊”赠送给他们，因为这是一份高档次、很珍贵的精神礼物。

《上海颐和苑》没有诞生在别处，偏偏出生在颐和苑这块土地上，不是偶然的现象，主要是因为在这块不凡的土地上，在这一美丽的田园里，有一位优秀的企业家、有一位出色的长者、有一批无私的奉献者。

周理事长的定力，是办好“苑刊”的保证。一个做企业的与一位成功的企业家的区别，就是他的文化和眼光如何。周保云理事长无疑是一位具有文化内涵和长远眼光的成功企业家。别的暂且不讲，单就创办“苑刊”一事，就是他的智慧之处。他对“苑刊”高看一眼，厚爱一层，显示了他的与众不同。他自己思考提出了办刊的初心和宗旨，为“苑刊”创办指明了方向。他亲赴在蒋巷村和常州举办的“苑刊研讨会”并作讲话；他多次参加“苑刊点评会”，在会上充分肯定“苑刊”取得的成绩，鼓励长者员工积极投稿，支持“苑刊”越办越好；他亲自出面联系人物专访事宜，给办刊人员以具体的帮助和支持；他从人员、资金等各方面提供保障，从根本上保证了“苑刊”的创办和前行。长者及员工都说：颐和苑有周理事长掌舵，是我们的幸事。

“苑刊”执行主编金老师的实力，是办好“苑刊”的关键。当时已经 75 岁的入住长者金正扬老师以自己的专业和勇气，主动提出并承担了费时费力费神的创办“苑刊”的艰巨任务，他的责任坚守、人品底蕴和独特才华博得了大家的敬重及赞扬。他按照周理事长提出的办刊思想，与周总监、盛怡园等人一起带领编委一班人，紧紧依靠、团结、发动广大长者员工，把“苑刊”办得沉实大气，魅力四射。在颐和苑 2 号楼 102 房间，晚上从书房里透出的灯光，映照着金老师的辛勤付出。在 2019 年的苑刊研讨会上，他还以一个退休老党员的厚重责任感，恰逢其时地提出编撰《生命之歌》一书，得到了上上下下的一致赞同。

金主编在印刷厂查看印刷质量

众骨干的给力，是办好“苑刊”的支撑。办好“苑刊”必须有一个扎实的基础，就是各方的有力配合及广大长者、员工的积极支持。金老师和周总监在“苑刊”编辑出版之前，都要主持召开编前会议，就每次期刊的编辑思路、内容安排、形式要求等方面在编委中统一思想，提出要求，并积极鼓励读书写作组有写作特长的老师写稿投稿。紧紧依靠广大长者和员工，特别是一批有读写特长和才华的长者和员工，才使“苑刊”的创办有了可靠的基础。苑活动组和众多年轻管家还积极为长者打印稿件，成为默默无闻的好帮手！

四岁的“苑刊”已经在颐和、在沪上这块生态土地上扎下根来，生长起来。祝愿她以不老的情怀，像花朵一样盛开，处处给人以艳丽和芬芳！

利用微信公众平台做好颐和苑的宣传工作

盛怡园

当前，微信公众号逐渐成为广大网民最喜欢的个性化社交平台。顺应这一潮流，颐和苑在开业前夕就注册开通了自己的微信公众号。

与传统媒体相比，微信公众号具有的优势

微信公众号注册后，就要利用它做好颐和苑的宣传工作。我入职后就着手开始担任主笔，写宣传文案。大家看到公众号中发布的内容均属于原创作品，有独特的宣传风格，记录了长者们在颐和苑生活的点点滴滴。为了每一位关注颐和苑的朋友都能及时知晓苑内最新动态，在各类活动结束后，我们争分夺秒与时间赛跑，及时发送图文信息，让大家了解情况，截至2020年6月，共发布255期，关注者达4800多位。与传统媒体相比，微信公众号有如下优势：

信息传递的及时性与传统媒体不同，微信公众号具有及时性，遇到紧急事件，可以瞬时推送消息。有时为了提高时效性，甚至可以简单地推送一句话消息。

奔跑于会场，捕捉镜头

传播范围的广阔性。传统媒体时代，一份报纸、一个电视节目想要获得读者或观众，必须有经年累月的辛苦积累。而在新媒体时代，一篇高质量的推送，可以在短短的几个小时，甚至几分钟内，通过微信朋友圈的转发，收获大量的读者与关注。

推送内容的多样性。传统的媒体宣传方式较为单一，比如报纸只有文字和图片，电视则以视频为主。而对于微信公众号来说，同一篇内容可以融合文字、图片、视频、音频等多重宣传手段，可读、可看、可听，可满足不同文化层次、不同需求的受众。

制作微信公众号的两点感悟

经过这五年多来的实践，我在微信公众号的制作方面有两点感悟。

一是形式活泼会更受关注。我发现，读者们越来越喜欢浏览多图、少文，标题引人注目的，文字轻松有趣的，甚至是加入音频和小视频的公众号文章。而端庄严肃、报道形式固化统一的会议精神、领导动态等很少有人去看。因此，活泼的形式是点击量的保证。

二是原创文章有更多读者。颐和苑微信公众号以推送原创文章为主，这也给制作者带来压力。作为主要编辑人员的我，首先要考虑到内容的新颖和独特性，这就要在平时对大事小事都有敏锐的观察力。其次不管是标题的制作，还是照片的选取，不管是排版的新颖还是文字的精准，均要精益求精，从内容到形式都具有原创性和独特性，才会受到读者的欢迎。

加强学习，创造新的宣传高度

积极把握读者的阅读喜好，用网络语言构建宣传作品，提高可读性和趣味性只是一个方面。作为颐和苑的一个官方媒体，也不能一味地迎合读者而失了分寸。因此，要把握好轻松与严肃、趣味与端庄之间的“度”，最终目的是为了做好颐和苑的宣传，提高整体形象，增强凝聚力。

作为颐和苑的宣传人员还是要走出去，多学习新的编辑技巧，更新编辑知识。在信息时代，不学习就要落后，闭门造车造不好车，因而要给自己创造学习的机会，用新的思维、新的方法，打开新的宣传局面，创造新的宣传高度。

深情融美篇，助力颐和苑

—— 孙育玮老师的美篇

盛怡园 陈诗嘉

取自孙育玮报道颐和苑三周年庆典的美篇（2018 年 10 月 28 日）

美篇是能在微信群里发布的图文并茂的作品，它自诞生起就深受人们的青睐。

在颐和苑，有这么一位长者，他入苑四年来一直通过美篇的形式，从不同角度在为颐和苑的成长和发展“鼓”与“呼”，他就是孙育玮老师。他把对家园生活满腔的热爱与激情融于美篇中，为营造家园良好的舆论氛围，凝聚文明向上的企业文化，助力颐和苑的成长与进步而倾注了心血；他为报道颐和苑里的感人故事和树立家园的良好形象，为夯实颐和苑打造百年名苑梦想的坚实基础作出了自己的重要贡献。

孙老师是在来苑前受老同学的影响而开始学做美篇的。2016 年 10 月底，恰逢颐和苑一周年庆时，孙老师携夫人石老师一起正式入住颐和苑。他很快被这里温馨而火热的生活所感染和吸引，并萌生出要去表达和传递身边美好的激情与冲动。于是在来苑仅半个月的 2016 年 11 月 11 日，他即做出了自己的第一个颐和苑美篇——《颐和苑随感系列（1）/ 充实而难忘的一天》，生动感人地记述了他和石老师参加晨练、数字油画、桥牌组活动，品尝“颐丹烤鸭”的生活感受。美篇一经发布，很快受到了长者们的欢迎和鼓励。自那以后，孙老师的美篇就接续不断。

孙老师认为，美篇是个很易于记录生活、表达情感的载体，而且还能充实退休生活，培养提高自己在摄影、语言文字、音乐等多方面的兴趣和能力。既然认定这是自己晚年依归的兴趣所在，他便心甘情愿去花时间和精力做自己喜欢的事情。孙老师说，从喜欢上美篇那时起，自己便认同和践行着一个重要的理念，那就是“发现身边的美好，寻找心中的快乐”，同时尽可能地把这种美好和快乐传递给身边的朋友。

孙老师说，来到家园令他感动的故事实在数不胜数。例如，家园创始人周理事长以满腔的情怀和大爱，来回报家乡社会创办颐和苑的故事；百岁老人蒋宪哲快乐有序健康生活的故事；最早入住颐和苑“首吃螃蟹”的李丽珍老师，领衔健身舞蹈组五年如一日的故事；钻石婚伉俪袁深扬夫妇，双双与癌症顽强抗争，相扶相携恩爱一生的故事；一分地里的故事；养护院、护理院老人和志愿者的故事；“小蜜蜂”管家的故事；等等。几乎每个故事都可圈可点、可书可写，令人敬佩和感动！

孙老师四年的美篇中，不但见证记录了发生在家园里许多重要的活动和感人的故事，而且在他的作品里，一年四季、晨曦晚霞、云月树木、多彩花卉、丰硕果实、庭院楼阁、可爱动物等，都有所展现。

在孙老师看来，颐和家园虽方圆有限，但天地很

取自孙育玮报道颐和苑首届职工运动会的美篇（2016 年 11 月 18 日）

取自孙育玮报道家园二期建设的美篇（2018 年 10 月 20 日）

究。这里有宜人的环境、多彩的生活、贴心的服务，特别是集聚了一批多才多艺、文明素质很高的长者，这都为美篇的创作提供了丰富的源泉。生活之树常青，生活本身从来不缺少真善美，关键是要用心用眼去发掘、去传递、去表达。

孙老师是一位对写作精益求精的长者，在采访中我们也感受到了他的专业与严谨。对待美篇，他像对待学术一样，给自己定下严要求：力求要做出给人美感、耐人寻味的美篇。他说，实现期望的标准有难度，但自己愿意在尝试和探索中去悟，争取制作水平不断提高。

目前，孙老师已共计发布了四个系列的 152 篇美篇，包括了“颐和苑随感系列”、“颐和苑随拍系列”、“颐和苑二期系列”和“人生经历系列”。其中，与颐和苑相关的美篇占 112 篇之多，可见颐和苑在孙老师心目中的地位！

孙老师的美篇赢得了很高的阅读量：1000 人次以上的有 46 篇；2000 人次以上的有 13 篇；3000 人次以上的有 9 篇。其中“我所经历的颐和苑三周年庆典”阅读量达 4929 次，“二期建设新进展特辑——向苑庆四周年献礼”阅读量达 4610 次。

孙老师的美篇之所以深受大家的喜爱，原因在于它极富正能量与感染力，非常贴近家园的生活，深深地融入了人们共通共鸣的美好情感。孙老师说，他记录和创作的灵感都来源于生活本身蕴含的真善美。

弘扬家园里的真善美，是孙老师美篇永恒不变的追求，也可以看作是他美篇的主旋律。孙老师有一个打算，就是在家园五周年庆的时候，做一个带有总结性的二期美篇特辑，为家园的五周年庆典献礼。

细细品味孙老师的美篇，你会强烈感受到作者对家园的热爱和想传递身边美好的真切情感。孙老师是颐和企业文化建设的热忱参与者和默默的倡导者。“不忘初心铸造颐和百年名苑，坚守诚信编制幸福养老摇篮！”我们由衷感谢孙老师为颐和苑文化建设付出的辛勤努力，也更期待孙老师能有更多反映颐和家园的优秀美篇与我们见面。

取自孙育玮报道百岁老人蒋宪哲先生事迹的美篇
（2017 年 8 月 2 日）

优雅快乐的高品质生活

—— 记颐和苑长者 19 个兴趣小组

毕文杰

这里的“夕阳”为什么“别样红”？开始创业靠硬件，长久兴旺靠文化，活跃在苑里的 19 个长者兴趣小组丰富多彩的活动，极大地吸引了入住长者，成为这里老人幸福快乐的“密码”。

据了解，在已入住的 500 余位长者中，已有 300 余人参加了各种类型的兴趣小组，约占入住长者总数的 60%。其中，最多的参加了八九个组。19 个兴趣小组大多数是每周开展一次活动，而健身舞蹈组和太极拳组则每天活动一次。

一所独特的老年大学

2018 年 4 月份的第二周，颐和苑每周活动安排表上，清楚地写着：周二上午 9:00，桥牌组活动；周二上午 9:30，英语组活动；周三上午 9:30，书画组花鸟画班活动；周四上午 9:30，手工组丝网花班活动；周五上午 9:30，布艺组活动；周五下午两点，歌咏组练习新歌；周六上午 9:30，多媒体组学习《中老年学微信全程图解手册》第九章（B 组）。

普普通通的一张小表格就标明了多个兴趣小组的活动，这难道不是老年大学的课程表吗？是的，这里就是一所独特的老年大学！

“我每天忙忙碌碌，学到很多东西，很有成就感，活得很充实很快乐。这里不是老年大学胜似老年大学。”书画组的陈范珠老师由衷地说，“我共参加了 9 个兴趣小组。我从来没有学过画画，是个门外汉，在书画组跟着朱老师学画山水，画工笔牡丹，画写意牡丹，画花鸟、天鹅、蝴蝶……我的第一张画画得很不像，后来画第三、第四张就有点像了，在朱老师鼓励下，我的作品竟然也能去朱泾镇参展了。”

陈松生老师是听力三级残障，听不到声音，从小喜欢画画，参加书画组后，在朱老师等人手把手的帮助下，画出了牡丹花、金鱼、老虎，儿孙们来苑后看到他的画作都争着要预定。陈老高兴地说：“如今聋子也能画画了，这真是晚年一个意想不到的大收获呀！”

陈范珠老师和陈松生老师满怀喜悦的话语，代表了众多长者的心声，活到老，学到老，在颐和苑已经成为长者的一种良好的习惯和行动！

健身舞蹈组的晨练，布艺组、手工组的工艺品制作现场，摄影组的学做美篇讲座，歌咏、钢琴组的音乐欣赏点评，多媒体组的网上操作，读写组的诗词鉴赏，种植组的地头管理示范等，每个小组都是一个班级，一个课堂，一个学科，一个平台。那一个个美篇，一张张照片，一件件手工艺品，一幅幅国画，一篇篇诗文，一份份蔬菜，都是自己学习的成果，自己劳作的收获，自己灵感的回放，自己才华的展现。在这所独特的大学里，你不会孤独无援，你会与时俱进。你在老年，才又一次真正感受到独特的收获季节。

一批富有乐趣的长者

在会所二楼的桌球厅里，长者男子桌球赛正在进行，教师出身的选手蒋靖深有感触地说：“当我站在绿台前出杆击球时，就会想起当年的执教生涯，三尺讲台，一方书板，讲解三角几何，育人桃李芬芳。而今一方绿台如一方书板，十六个小球在台上瞬息多变，画出无数个三角几何轨迹，而每击一球都要立即考虑其力度、角度、切点和切线。当年育人教三角，而今悦己用三角。知识之桥，一通百通，其中乐趣妙不可言，桌球之魅力，为幸福养老涂上了浓重而绚丽的一笔。”

种植组长者周密在“一分地”中品出了特有的乐趣：“我喜欢到‘一分地’溜达，除了看看自己的地，更喜欢观察别人的地，从菜地的长势多少都能看出一点耕种者的性格和喜好：东面菜地品种多样，收获的时令交错，这是一位精打细算会过日子的长者；西面土地犁得细如泥粉、方矩规整，这是一位行事低调、处世严谨的老人家……”

乐趣何止在种植组的长者啊，你看在颐和苑这个大乐园的田园内、雅室里、小湖边、栈道旁，歌声此起彼伏，处处欢声笑语。一位长者用了15个“起来”，生动地概括了各兴趣小组的“乐趣”：读写组把启智的书刊“编起来”，书画、布艺组、手工组把辛勤的成果“展起来”，健身组、歌咏组、钢琴组，把特色的节目“演起来”，英语组、朗读组把动人的故事“讲起来”，舞蹈组把欢快健康的舞蹈和健身操“跳起来”，歌咏组把激情的歌曲“唱起来”，钢琴组把优美的乐曲“传起来”，旅游咨询组把游览的片子“放起来”，太极拳组、形体组把健康的动作“做起来”，摄影组把采风的照片“亮起来”，多媒体组把诱人的键盘“敲起来”，垂钓组把下酒的小鱼“钓起来”，桥牌组、棋牌组把数学的游戏“玩起来”，种植组把心爱的菜园“种起来”，桌球乒乓组把精致的小球“打起来”。

一种文化的氛围

在会所大厅里，你会看到李丽珍老师，正带领舞蹈组的10位老人，在练国际排舞，那时髦的服饰、优美的动作、温馨的微笑，吸引了参观者的驻足观看。

在朱泾镇一处文化中心的演出舞台上，你会看到一队穿着红色演出服装的女士们正在热烈的掌声中优雅地谢幕，那是周景澄和翁惠芬老师率歌咏组女子合唱队演出结束。

在江苏泰州的牡丹园里，你会看到一对老夫妻正站在一丛粉色的牡丹花群旁，做出一个“心”字的优美动作，尽情地让苑友拍照，那年轻人的激情、中年人的默契、老年人的温馨，都定格在照片之中，那是潘道平与徐颉夫妻在参加读写组举办的“山水人文游”活动。

在咖吧里，周理事长在面带微笑地向客人介绍兴趣小组里的“文化名片”：“美国作家比尔·波特作品《一念桃花源》鉴赏会”“总经理爱娃讲述《安徒生童话》的故事”“世界名曲钢琴欣赏会”“《毛毛告状》现场讲解”“四位长者时事形势报告”“余君伟老师畅谈《孙子兵法》”“张石山老师作品《骊珠记》座谈会”“陶克俊老师的《时光留影》发布会”“苑里第一本书《这里夕阳别样红》首发式”“读书·旅游·人生畅谈会”……

一位曾在上海交大做文化宣传工作的长者擅长编剧，他先后编撰了《打虎记》和《二维码》两个讽刺小品。长者们在排练中充满了快乐、友谊、互助。这两个小品分别在两次苑春节联欢会上演出，受到了长者和员工的一致好评。一位长者演员风趣地说：“一辈子都想上春晚，一直上不去，没想到这个理想在我入住颐和苑加入兴趣小组后，竟然奇迹般地实现了。”

朱景龙，这位87岁高龄的长者，是19个兴趣小组组长中年龄最大的一位，是位德高望重的绘画大师。他带领书画组开展各项活动，成为苑里一道亮丽的风景线。这些年来，书画组为朱泾镇侨联写春节对联600余副，赠送来苑参观的客人及演出团体、慈善团体等画作138幅，赠送苑三周年庆来访的丹麦朋友礼品画43幅，慰问长者及装饰苑内公共空间提供书法作品100余幅，参加市、区、镇各种作品展提供书画92幅。

一派文明的风尚

在蔡妙珍老师任组长的手工组丝网花作品陈列室里，一位刚刚入住的老先生看到了摆放的梅花后，立刻表现出了惊喜的神色，他说，这束花不管多少钱我都要买下。原来他的爱人刚刚过世，生前特别喜欢梅花，他想在她遗像前摆放一瓶梅花。知道此情后，周芸老师放弃休息时间，加班加点赶制了一瓶梅竹，老先生感动地说：“你们帮助我了却了一大心愿啊！”

在种植组组长王澄宇、副组长柳志康带动下，组内形成了互帮互助的好风气。王澄宇自己育好苗后分给组内种植户。82岁的柳老师在自己手臂有疾活动不便的情况下，还经常为别的种植老人排忧解难，且亲自动手帮助种植和打理。组里有人回市区办事几天不回来都不用担心，早有长者帮助把水浇好了；家里来了客人想到地里拿点新鲜的蔬果，不用事先打招呼就可如愿。

入苑赠书成为不少长者的一种志愿行为，据不完全统计，目前已有30多人向苑里赠书两千余册。92岁的卜老师主动把离休干部享有的杂志送到组里，洪之回、姚黎华两位老师把自己的《新民晚报》和《东方体育报》赠送给组里，周密老师一次赠书就达230册。在苑里读写氛围的感染下，时时可见三五成群看

读书写作组

书画组

垂钓组

摄影组

布艺组

书看报的情景。

入住长者们在当今浮躁的社会中，灵魂没有走失，精神没有盲从，信念仍在坚守。哪怕周围的世界再复杂，他们也要保护和践行好自己内心的善良、文明与温暖，他们在用长者的智慧和余热，弘扬主旋律，传播正能量，给力老年梦。

一个有力的支撑

长者兴趣小组从无到有，从小到大，走到现在，充满生机与活力，与苑管理层的重视支持是分不开的。周保云理事长作为颐和苑的创建者和领路人，有着高度的文化自觉和长远眼光。他亲自抓苑里的文化建设，还对兴趣小组提出如下举措：

一是定制度。每名市场部成员分工负责一至几个兴趣小组的活动，每年召开一次总结交流会，每年拨给各兴趣小组适当的活动经费。

二是建班子。每个兴趣小组都配备组长一名，副组长一至三名。

三是立机构。苑里专门成立了活动组，专门配合兴趣小组开展活动，为其排忧解难。

四是发聘书。在专门会议上由苑领导将红色聘书发给组长、副组长。

这几项务实的举措，保证了各兴趣小组活动的正常开展。

时光飞逝，转眼已过四个春秋，19 个长者兴趣小组已经茁壮成长起来。如果概括一下它在当下的地位和作用，可以用这样六句话来形容，那就是：“苑内员工喜欢它，周理事长高度重视它，外面客人向往它，上级部门关心它，亲朋好友羡慕它，入住长者离不开它！”

（参与本文写作的有张石山、姜树林、周景新、余君伟、毕文杰，由毕文杰执笔）

颐和苑设立上海市首个华侨养老基地

晓 盛

2016 年，上海市首个华侨养老基地揭牌

上海颐和苑老年服务中心，是一家政府扶持的非营利性的养老机构，联合丹麦著名养老机构丹麦执事家园合作管理，引入世界先进的养老理念和养老方式，把传统养老与机构养老进行有机结合。同时，颐和苑率先将生态低碳的田园生活方式引入日常养老生活中，斥资千万打造的 150 亩果园生态林；结合完备的文娱硬件建设、全方位的护理管理、医疗保障体系，在硬件和软件上处处体现“家”的温馨和关爱，打造出全新的机构养老新模式。

2016 年，上海市政府侨办在上海颐和苑老年服务中心设立上海市首个华侨养老基地，按照设立原则，对侨界入院老人提供优先安置、降低费用等优惠条件。2016 年 9 月，由上海市侨联、上海市华侨基金会主办，金山区侨联协办，将颐和苑老年服务中心确定为上海市“侨爱心”休养中心第四家基地，为参加休养的上海侨界“五老”——老归侨、老劳模、老专家、老教师、老侨务工作者提供短期疗休养服务。时任中国侨联副主席、上海市侨联党组书记兼主席沈敏，中共金山区委常委、统战部部长李华桂等出席基地启动仪式。秉承“精益求精”的原则，颐和苑专门辟出了独立的区域楼层，共 10 间套房。休养老人们不仅能观赏美景，感受文化，还有金山特色的景点可供参观。至 2018 年 10 月，上海市“侨爱心”休养中心颐和苑基地运行两年期满，项目圆满结束。

两年里，颐和苑先后接待 122 批 2400 多个疗休人员。接待过程中，坚持把侨界老同志的满意度作为评判标准，在规范操作的基础上探索更为精细、个性的服务，让侨界老同志们切实感受到侨务部门的特色服务、侨界大家庭的温暖以及党和国家的关心。目前，颐和苑常住人员中有归侨侨眷 150 人。中心创始人、加拿大归侨周保云还荣膺全国“敬老爱老助老模范人物”和“全国归侨侨眷先进个人”，为金山籍海外华侨华人报效祖国、回馈桑梓树立了榜样。

为侨爱心志愿者颁发荣誉证书

戴平部长慰问侨爱心休养员

不负韶华守初心　只争朝夕担使命

周菊贤

中共上海颐和苑老年服务中心支部是在综合工作党委和镇党委的支持帮助下，于2016年4月8日成立的。2016年5月，在苑行政领导的支持下筹备成立了党员活动中心。中心成立时党员只有五六人，现在共有48人，其中员工党员6人，老人党员38人，流动党员4人，有三个党小组。

按照镇党委的部署和要求，我支部始终坚持做到党内组织生活常态化、制度化、规范化，充分发挥党支部、党小组的作用，以习近平新时代中国特色社会主义思想为指导，坚持党建促发展的工作思路，努力营造加快颐和苑党建和整体发展的良好氛围。

加强思想建设，提高党员的政治理论水平

颐和苑党支部是一支特殊的“队伍”，党员平均年龄76岁，最高的91岁。退休老党员占比接近90%。不得不说老党员真的是我们的财富，他们骨子里头那又红又专、艰苦奋斗的革命精神，值得我们学习。虽然都是耄耋之年的老同志，学习劲头依然不减丝毫。

支部始终坚持理论联系实际，认真抓实党员的日常学习和主题教育。

一是狠抓理论学习，提高党员政治素养。充分发挥党支部和党小组的作用，坚持“四有”学习制度，即有计划、有记录、有考核、有学习心得，进行系统的理论学习。教育引导党员同志牢固树立终身学习的理念，自觉养成我要学习、经常学习的良好习惯。坚持在学习中工作，在工作中学习，通过加强政治理论和业务技能的学习，不断提高自身综合素质水平和实际工作能力。

二是狠抓思想教育，提高党性认识。大力开展社会公德、职业道德、家庭美德、个人品德教育，经常性开展思想教育与交心谈心活动，关心干部职工和老党员的思想动态。注重培养公道正派的思想品德，健康向上的思想情操，积极进取的人生态度，无私奉献的精神境界。

三是坚持党的群众路线，继续发扬密切联系群众的优良传统和作风。努力做到从群众中来，到群众中去；关心职工群众和住养老人的所想、所盼及正常合理需求，真正做到关心和帮助解决群众生活中的实际问题，体现全心全意为人民服务的宗旨。

加强党组织自身建设和发展党员工作

加强领导班子建设。按照建设一个好班子，抓好一支队伍，形成一套好机制，培养一种好作风的“四好”要求，坚持“三会一课”制度，即定期召开支部党员大会、支委会、党小组会，按时上好党课，同时做好发展党员工作。

经上级党组织审核批准的四名入党积极分子，其中一位已于2020年发展为预备党员。

组织专题学习。根据镇党委下发的文件，各党小组组织党员认真开展“不忘初心、牢记使命”主题教育，上专题党课，过专题组织生活会。要求全体党员同志自觉增强“四个意识”，坚定“四个自信”，做到“两个维护”。

参观革命圣地。组织开展“七一红色之旅”主题教育活动，参观了中共一大会址纪念馆、全国爱国主义教育示范基地——陈云故里。通过领略那段峥嵘革命岁月的历史，大家受到了深刻的党性教育与革命传统的洗礼。

举办文化活动。党支部联合工会组织颐和苑员工与长者开展庆“新春”、度“元宵”、迎“三八”、过“端午”等活动，活动内容丰富多彩，不但增强了员工的团队精神和企业的凝聚力，也表达了群众在党的领导下对幸福美好生活的向往和追求。

第七人民医院康复支部来苑义诊

践行党的宗旨，发挥先锋模范作用

在实践中发挥先锋模范作用，努力践行全心全意为人民服务的根本宗旨，密切联系群众，开展了系列活动。

积极开展各项志愿服务活动。为强化党员的奉献意识，进一步发挥党员的先锋模范作用，党支部组织党员开展了系列志愿者服务活动。2019 年 9 月，颐和苑党支部在陆书记的带领下，前往牡丹村青年路进行除草清扫，在烈日下，弘扬“奉献、友爱、互助”精神，很好地形成了“一个党员一盏灯，一支党员志愿者服务队一面旗”的示范效应。2019 年 3 月，颐和苑党员志愿者和长者相约于养护院，一起度过了一个有意义的植树节。志愿者一路搀扶着行动不便的长者，陪伴着长者游苑踏青。2019 年 11 月，党支部积极配合苑方开展职工运动会，担当裁判工作，提供了全方位服务。

奉献点滴热血，凝聚党员爱心。在镇党委举办的“献爱心 365”党内一日捐活动中，党员们积极参与，伸出援手。老党员也纷纷献出自己的养老金，点点爱心，汇成海洋。2020 年新冠疫情来势凶猛，“两新”组织积极发挥联动作用。党支部书记陆林平多次带着防疫物资来到牡丹村、慧农村和浦银居民区，慰问坚守工作岗位的社区工作者和志愿者们，切实关心他们的工作和生活，还带领党员参与志愿者行动。在高尔夫社区和其他街道、乡镇关口，值班值守，做好入“门”测温、登记、疫情防控宣讲和消杀工作，以实际行动落实疫情防控各项工作，展现党员和群众并行的力量。

关心党员群众思想和生活

2020 年，颐和苑党支部实施“红色亮牌”，投入使用了党群服务点，从而提升了群众的幸福感和获得感。

在日常的工作中，我们既以理服人又以情感人。关注、关心党员群众的思想动态，认真听取群众意见，党群关系融洽。由于支部大多都是七八十岁的老党员，在党支部陆书记和周副书记的带领下，坚持每月走访慰问老党员。在“不忘初心、牢记使命”的主题教育活动期间，当我们为行动不便的老党员“送学”上门，听他们讲述当年的革命历史，对于我们来说也是一种很好的受教育和学习机会。

党支部积极配合做好工会工作，看望家庭困难员工，身患重病员工，关心职工福利。但凡颐和苑员工及家人生病住院，党支部会第一时间前往慰问，把温暖送到员工心里。通过党对员工的关心，使员工更加爱岗敬业，从而增添颐和苑的活力与战斗力，最终让这支员工队伍更加用心地做好为老服务工作。

在今后的工作中，党支部将继续按照镇综合工作党委的工作要求，发挥党员先锋模范作用，继续以党建为引领，创新方式方法，努力打造支部党建品牌，把党建工作落到实处。此外，要努力改正既往工作中的不足之处，发展更多的积极分子入党，充分利用老党员资源，更加突出支部在企业发展过程中的影响力、号召力与凝聚力。

传承、创新，开启工会工作新天地

沈春梅

员工献血

员工运动会

上海颐和苑老年服务中心工会成立于 2015 年 9 月，在颐和苑党支部、行政及镇工会的大力支持与指导下，针对颐和苑非营利性养老机构的特点，坚持传承和发扬老一代工会工作者的优良作风和工作方式，从实际出发，不断创新开展工会活动，努力开启颐和苑工会工作新天地。

牵线搭桥，提高员工主人翁意识

颐和苑的核心理念是“幸福养老”。我们周理事长常说的一句话是，要让我们住养老人幸福，首先得要让我们员工幸福。只有员工幸福了，老人才能感受到幸福。所以我们工会的工作也就有了大的方向——让我们员工幸福。而员工幸福的主要标志，就是全体员工的主人翁意识。我们工会的首要工作，就是发挥行政与员工之间的桥梁与纽带作用，时时处处，牵线搭桥，不断提高员工主人翁意识。

我们颐和苑每年接到义务献血任务时，由工会出面，召开动员会，讲明义务献血的目的意义。我们颐和员工总是积极参与，每年都超额完成献血任务。为此，我苑获 2016 年度、2018 年度金山区企事业单位献血工作优秀集体称号。

员工有了主人翁意识，就会在平凡的岗位上做出不平凡的业绩。胡叶同志是我们颐和苑的一名员工，从养护院的护工到养老院的生活管家，在平凡的岗位上，发光发热。胡叶同志被评为 2016—2017 年度金山区先进工作者，还获得“上海市五一劳动奖章”和上海市人大代表的殊荣。胡叶同志的表现为我们颐和苑所有的员工树立了典型，让我们有了学习的榜样。我们把这一先进人物和先进事迹，通过大会小会、墙报、苑刊大力宣传，从而在苑内掀起学习先进、争当主人翁的热潮。

工会，员工的娘家人。每逢节日，我们都会慰问家境相对比较困难的员工，给她们送去节日的问候及温暖。得知苑里部分员工的家人生病，导致家庭经济困难，我们就向镇总工会申报困难职工帮扶，已成功向区总工会、市总工会建档 4 名困难员工，在每个节日送上节日的问候。当得知员工朱瑛怡妈妈身患骨髓瘤，我们发动全体员工及入住长者募捐，共筹得医疗救助款 3.6 万多元。

凝聚活力，开展丰富多彩的文体活动

在苑领导的关心支持下，我们工会见缝插针，经常组织各种文体活动，使颐和苑充满生气和活力。四年多来，我们每年举行一次职工运动会，运动项目每年翻新，形式多样，有双人跳绳、两人三足 50 米、自行车慢骑、拔河等运动项目，所有员工积极参与。

员工风采秀

消防安全培训与演习

本着“友谊第一，比赛第二”的原则，运动会开得有声有色，员工及管理层都能积极参与其中。

我们还在青年节时，策划了一台员工的“风采秀”。“风采秀”以部门为单位，每个部门报送 1~2 个节目。员工通过文艺演出使自己的才艺得到充分展示。像我们颐和苑的保洁员工虽然个个都 50 岁以上，但是青年节的节目也不甘示弱，不管从编排还是服装都是用心至深。

我们还组织了“醉美颐和苑”摄影大赛。员工们把我们颐和苑的美景、美人、美事、美物，全都用相机、手机记录下来，通过照片的形式展出。

量体裁衣，尝试民主管理的新方法

工会的一项重要工作就是做好民主管理。我们颐和苑工会从两个方面尝试民主管理新方法。

一是发动员工献计献策，提合理化建议，努力提高管理水平及服务质量。这些年来，我们共收到合理化建议 50 多条，采纳的有 12 条。比如，食堂工作总认为众口难调，很难做好。但员工献计献策，从常规菜肴到特色菜谱，从熟菜到半成品生菜，使食堂越办越好，从而使长者食堂用餐的比例从 50% 上升至 80%。

二是组织入住长者成立“颐和苑住养老人委员会”，实行自治管理。入住长者自己管理自己，这在养老机构中属于首创。住养委员会委员从入住长者中民主选举产生。住养委员会的宗旨是“协助（协助养老机构加强管理）、督促（督促管理人员不断提升管理水平）、维护（维护老年人的合法权益）”。住养老人委员会成立以来，发挥积极作用，促进了颐和苑的民主管理水平。养老机构实行自治管理，并取得一定成效，这项工作得到了党支部及上级工会的肯定。

颐和苑工会成立已有四年，我作为工会主席，深深体会到要做好工作必须要把握以下四条：

一是要注重学习，不断强化理论知识，努力向先进基层工会学习，向老工会工作者学习，不断摄取营养，充实自己，提升水平。

二是要有责任感、使命感、荣誉感。在心态上要做到守土有责、守土尽责。

三是要对企业和员工做到“心中有数”。深入了解企业所需，把握职工所求，在工作重点难点上，力求找准位置。

四是工作要接地气，努力创新。要从本单位的实际出发，创造一套适合本单位实际的工作方式和方法。

经过大家四年的共同努力，上海颐和苑老年服务中心工会荣获 2013—2017 年度金山区先进职工之家荣誉称号，2019 年度被评为“活力鑫工会”。我们虽然做了一点工作，取得了一点成绩，但还存在许多差距和不足。我们初心不忘，本色不改，继续努力，要使工会工作更上一层楼。

第二编

青春的脚步

丁洪梅

上海颐和苑老年服务中心
护理员

青春的梦想

梦想，在每个人的心中至少都有一个，尽管梦想遥不可及，我们也依然要追逐着梦想。即使只是靠近了一步，那也是我们敢于追求梦想的成功。

激情的岁月

1998—2003 年 …… 和泉服装厂
2003 年 2 月—2019 年 6 月 …… 梅克朗汽车镜有限公司
2019 年 7 月至今 …… 上海颐和苑老年服务中心
2018 年 12 月—2019 年 4 月 …… 就读养老护理健康照护
2019 年 10 月—2019 年 12 月 …… 就读养老护理医疗照护

微笑挂在脸上，辛酸藏在心里。

把简单的事情做正确 做彻底。

我愿像蜡烛一样 燃烧自己照亮别人。

丁洪梅

关爱老人就是关爱明天的自己

丁洪梅

时间过得可真快，一眨眼我入职颐和苑老年服务中心颐丹护理院做养老护理员快一年了。进入养老护理这个行业之后，我才发现有些人把养老护理想得很简单，可现实并非如此。

刚开始工作时，有点心生畏惧，不太愿意面对一些老人的种种难言之隐……但经过多次的培训和深入的接触，才意识到这既是一份苦差事又是一份献爱心的公益事业。我们给予长者情感上的关怀，虽然微不足道，但也是积福报恩的事情。护理员是护理医院里的一线员工，直接服务长者们生活中的吃喝拉撒睡，服务的内容也较多，如清晨醒来要开窗通风，协助长者洗漱，喂食吃药，更换纸尿裤，翻身擦身，洗澡，等等。由于卧床长者离不开人，每晚都要睡在长者房里那张窄窄的单人折叠床上，每两小时巡查一次，给长者翻身换尿布，长者有事时随叫随到，有时听到一点动静就要立马起床查看有无异常。这样每晚要起来好几次，而且睡也睡不安稳，确实非常辛苦。

我护理的丁阿姨，她是一位帕金森症患者。病情使她的身体特别僵硬，咀嚼和吞咽功能都不太好，每次喂饭都要特别小心谨慎，准备工作也要特别仔细。米饭是半流质的，蔬菜要用剪刀剪得很碎，鱼、肉都要把骨头挑出来，弄成小块的。开饭了，我说："阿姨，饭菜我都弄好了，今天有你喜欢吃的糖醋鱼块。"丁阿姨朝我看了看，眨眨眼睛，我知道这是她想吃的一种表情。我先把床摇起45度，让阿姨有个舒适的体位，在她胸前垫上小毛巾，把放有饭菜的餐桌移到阿姨面前，自己洗净双手，再拿一块小毛巾把阿姨的手也擦干净。"好了，准备吃饭喽！"丁阿姨微笑着点点头。"来，阿姨先喝口汤，慢点小心烫哦。"先用小勺舀了一点汤放到阿姨嘴里，等她咽下去后，再弄一小勺粥喂入阿姨口中，等她细嚼慢咽的，咕嘟一声咽下去后，继续接着喂饭菜。有时她会分心左顾右盼，我要一边轻声呼唤提醒，一边一小勺一小勺地喂，有时候一顿饭反反复复要加热好几次才吃完。不过看着她吃得津津有味，我也会很开心，很有成就感。

每个长者的习惯是不一样的。我在给一位潘阿婆喂食时，就要小心翼翼地把饭勺伸过去，防止她突然一招手把饭勺里的饭菜给打翻，弄得床上、被子上和我的工作服上都是，见"偷袭"成功她就会哈哈大笑，弄得我哭笑不得。这样的遭遇还不算什么，有时候工作餐刚吃到一半，就被阿婆叫去帮她排泄，即使嘴里还含着饭，我也刻不容缓地戴上手套口罩，一边扶住长者身体，一边还要弯下身来用手帮忙挖屎，完了以后还要帮她擦洗干净，有时候在换尿布时，长者还会使劲掐你的手臂，我还不能随便叫痛。类似这样的事情时有发生。每次面对这些喜怒无常的长者，我也会产生很大的心理压力，有时候自己觉得特别疲劳时，都不知道该怎样坚持做下去。但有的时候，他（她）们一个充满感激的微笑，也会使我满足感爆棚。

这样的工作苦恼过我，也逗乐过我，更激励过我。我们几个年纪差不多一起入职的的同事，也从陌生人转变成了好同事、好朋友。有时候我们休息在家的时候会用微信交流工作中的种种案例，讨论应如何做才会使长者们满意，让工作变得顺利圆满。通过努力实践和培训，我们现在基本掌握了老年人的护理知识和技术，不再是传统意义上的"保姆"了。为了一群可爱的老小孩，我们会一起加油，一起和颐丹护理院共同成长。

其实人生就像一面镜子，每个人都会有变老的一天，关爱今天的老人，就是关爱明天的自己，献出自己的一份爱心，得到的或许是爱的海洋。

丁桂英

上海颐和苑老年服务中心
护理员

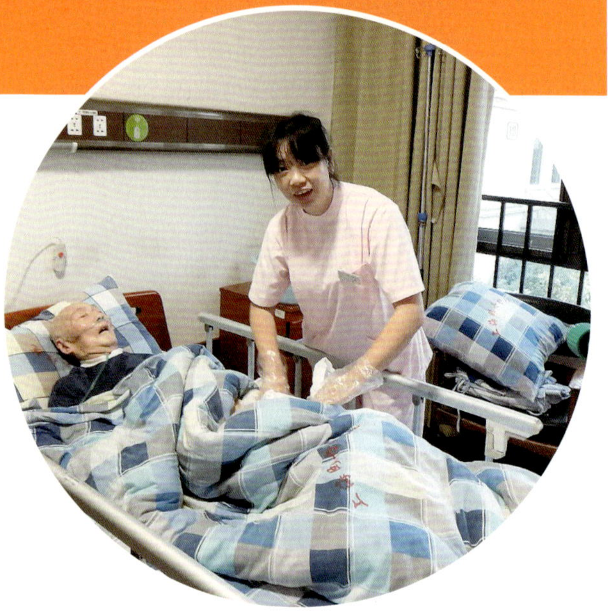

青春的梦想

青春是一朵绚丽绽放的花；青春是一首婉约动人的歌；青春是一张白纸，等待我们去画上美丽的画；青春是一张茶几，上面摆满了大大小小的“杯具”。而梦想可以带给人希望，梦想是远处的灯塔，指引前进的方向。

激情的岁月

2009 年 7 月—2011 年 8 月 ……… 世纪联华
2011 年 10 月—2016 年 7 月 …… 上海蓝钻有限公司
2016 年 11 月—2019 年 4 月 …… 竹井电子有限公司
2019 年 6 月至今 ……………………… 上海颐和苑老年服务中心
2019 年 9 月 ……………………………… 就读上海开放大学（老年服务与管理）

梦想可以天花乱坠，
理想要靠我们一步
步迈过坎坷道路去实现。

丁桂英

在汗水和欢乐中成长

丁桂英

时光飞逝，岁月流淌，每个人在年轻的时候或多或少都曾留下过让人难以忘怀的记忆，而我的青春脚步正在颐和苑里一步一步扎实前行。

记得初入护理院的时候，觉得护理长者并没有多难，俗话说“老小老小”，老人不就和小孩差不多吗？可是当真正接触到长者的时候，看到老员工在护理长者的时候，才发现护理员这份工作没有想象的那么简单。因为养老院里有各种各样的长者，他们大多身患疾病，这些病会造成长者的神志不清，手脚不协调，甚至瘫痪在床，大小便失禁，所以在护理长者的时候我们要更加细心、耐心。

我依稀记得2019年7月上班的第一天，领班带我到了三楼的一间房前，说以后你就在这间房护理这两位长者，并告诉我要跟着正在整理房间的老员工学习。那位老员工一边干着活，一边详细地解说如何护理两位长者，还特别讲明他们是一对夫妻。等她交代好注意事项和工作内容后，我就跟两位长者打招呼说：“叔叔阿姨，我是今天新来的小丁，以后你们的护理工作就由我负责，做得不好的地方你们可以提出来，我及时改正。”接着老员工就对我说：“刚好这位叔叔小便了，你先给他换一下尿布吧！”我按照培训时的要求，首先准备盆、尿布、温水、毛巾、爽身粉及湿巾纸放在长者的床头柜上，对叔叔说：“我来给您换尿布可以吗？”叔叔冲着我点点头。我先将被子翻成“U”字形，把尿布两边搭扣撕开粘好，然后用湿纸巾擦拭一下，再用热毛巾将他的臀部擦干净，接着涂爽身粉以及检查皮肤是否破损，最后给他换上干净的尿布。做完这一切后，我微笑地说：“叔叔，你好好休息吧！有事就叫，我就在这里。”这时叔叔说：“谢谢你，虽然你是新来的，可是你做得已经非常好了。”因为是第一次干这活，在护理的的整个过程中我基本上都低着头，觉得很难为情，听到叔叔的鼓励，我觉得很欣慰。然而我的动作和表情还是被老员工看在眼里，她看出了我的紧张和不好意思，就温和地对我说：“不是所有人都能接受护理长者这份工作的，因为在护理老人的时候是不分男女，还要不怕脏，所以你必须克服这个难关。”她还抽空给我讲了不少护理经验。听了老员工的现身说法，我仔细想想，觉得很有道理，增加了工作的信心。

时间总是过得很快，在过去的一年里，我在护理长者的同时，也跟一些长者建立起感情，房间里时时会响起欢声笑语。

星期五是最快乐的时光，我们陪同长者参加唱歌、跳舞等活动。领班上台说了开场白以后，宋阿姨满面笑容地走上台，开始唱她最喜欢的越剧“天上掉下个林妹妹”。接下来由护工阿姨带领老人们一起跳舞，我和长者们一起慢慢地舞动起来，虽然她们的动作有些迟缓，但随着节拍，她们的神情变得愉快起来。看着他们的笑容，我的心里别提多高兴了，仿佛她们就是我的儿时伙伴，一起无忧无虑地玩耍。每个星期五是大家最欢乐的时间，大厅里回荡着各种欢声笑语。

随着时间的流逝，长者们已经开始慢慢地接受并且信任我，也让我对这份工作有深一层次的了解。我对以后进一步做好护理长者的工作更充满了自信。现在做护理这份职业让我感到是一种荣幸。虽说养老服务从业者工作很难，有时不只是来自家属的不理解，还有一些长者的各种各样的误解，但是更多的时候是看着自己一直照料的长者一个个在康复中，在度过欢乐的时光，会由衷地感到欣慰。

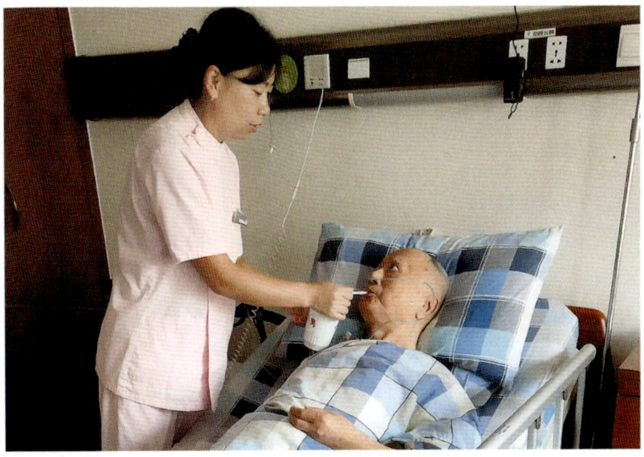

马丽红

上海颐和苑老年服务中心
护理员

闪光的年华

2019 年 荣获颐和苑护理院“优秀员工”称号

激情的岁月

2001—2003 年 ………… 吕巷茉织华服装厂
2003—2014 年 ………… 食用菌合作社
2015 年 6 月至今 ………… 上海颐和苑老年服务中心
2015 年 6 月—2016 年 3 月 ………… 就读养老护理医疗照护
2016 年 11 月 ………… 就读养老护理中级
2019 年 9 月 ………… 就读上海开放大学（老年服务与管理）

人生至善，就是对生活的乐观，
对工作愉快，对事业兴奋。
哪怕最没有希望的事情，
只要有一个勇敢者坚持做，
到最后就会拥有希望。

马丽红

用青春的热情点燃每盏生命之灯

马丽红

有这样一个群体，她们用真挚的爱心，为患者驱除满身的伤痛；她们用朴素的笑容，为患者增添继续前行的信心与勇气。她们身上没有娇气，没有任性，拥有的是真诚和宽容，无私和奉献。她们将青春定格在为长者服务，他们就是热情阳光、充满活力的颐和苑护理员团队。

颐和苑开张到现在已经五年了，回忆过去，我们有过专业的学习和培训，又有丹麦老师给我们讲课指导。我们不辜负老师的培养，终于成为一名合格的护理员。

然而，我们的工作远非美丽的苑景那样引人入胜。在住院的老人中，有人行动不便，有人体弱多病，有人因脑梗留下后遗症，有人因老年痴呆打人骂人。但我们这些护工阿姨全部不退缩，宁可自己受委屈，也不给老人添烦恼。我们不仅要细心地给他们生活上的照顾，还给他们讲故事，唱歌跳舞，久而久之，这些长者都称赞我们“不是亲人胜似亲人”。

护理院有位 75 岁的杨叔叔，他有过两次脑梗病史，喉咙吞咽有点困难，还有心脏病。来到我们护理院有两年多了。他长期卧床，吃喝拉撒都靠我们服务。那天是我当班。上午十点四十五分，炊事员把饭送来了，我先把别的阿姨或者叔叔的饭菜都送到他们面前，让他们自己慢慢吃，只有杨叔叔要喂饭的。我笑眯眯地走到叔叔床前对他说：“叔叔，饭拿来了，肚子饿不饿？今天的饭菜好香哟！看上去很好吃还配你的口味。”叔叔点了点头。我就走到叔叔床后把床摇到 30°～45° 之间，给他一个舒适位置，在他胸前铺上一块小毛巾，以免吃的东西掉下来把被子弄脏。我先给他喂些汤，以滋润口腔、咽喉，使食物能顺利下咽，防止食物刺激到消化道黏膜。我一边喂饭，一边让叔叔慢点吃，叮嘱他要小口慢咽，避免发生呛咳和噎食。发现他有点呛咳，就停下来休息一下，在他背后拍两下，等到他完全平静下来再喂些温开水，然后再喂饭。看到他吃得津津有味，再连续反复地哄他，大约三刻钟左右，一碗饭才顺利地喂完。喂好以后，我再给叔叔喝一些汤，过半小时后，再喂些温水，把他口腔的食物残渣清洗干净，然后安排他午睡。看到叔叔满脸的笑容，我的内心无比快乐。老人的快乐就是我们最大的快乐！

从护理院开张以来，我们护理团队秉持着“再耐心一点，再真心一点，再细微一点，再主动一点”的护理态度，把最诚挚的关怀送到每一位病人的床头，用青春的热情点燃每一盏生命之灯。

看到颐和苑的成长，每一个颐和苑的人都满心欢喜。尽管在前进的道路上有坎坷，有困难，但正是这样的磨练和不懈的努力，才让我懂得了什么是真正的幸福。

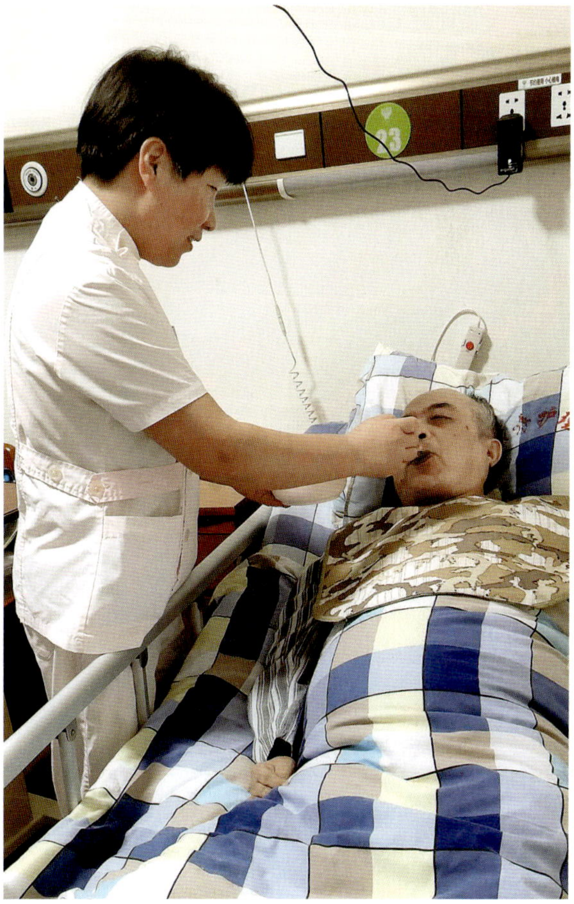

马雪梅

上海颐丹护理院
全科医学主治医师

闪光的年华

2017 年获新疆石河子第一社区卫生服务中心“优秀职工”称号

2019 年被评为上海颐和苑老年服务中心年度优秀员工

2020 年被评为上海颐和苑老年服务中心抗疫先进

激情的岁月

2003 年 9 月—2007 年 7 月 ………… 新疆石河子大学临床医学系就读

2007 年 8 月—2010 年 5 月 ………… 新疆石河子博爱医院

2010 年 6 月—2019 年 1 月 ………… 新疆石河子第一社区卫生服务中心站长

2019 年 1 月至今 ……………………………… 上海颐丹护理院全科医师

微笑着传递人文关爱的温情，
主动为长者的医养提供满意的服务，
用情感去关怀他人孤独的凄凉！

时代在变　医德不变
颐爱精神　医心永恒

马雪梅

我为病人送安宁

马雪梅

荏苒之间，已是我来到颐和苑工作的第二个年头。一路走来，我很庆幸能够加入到颐和苑这样一个团结和睦的团队。领导的关心和同事们的帮助让我很快适应了这里的生活环境，也很快进入了工作状态。更庆幸的是能够遇到对长者和员工关怀备至的周保云理事长，是他不忘初心，回乡报恩，创办了这样一个非营利性的“幸福养老”机构，让入住长者实现了真正的幸福养老，给我们年轻一代人树立了榜样。

在颐丹护理院任职全科医生的我，体验了无数个第一次：第一次被评为“季度服务明星”时上台演讲，第一次收到门诊就诊长者的表扬信，第一次鼓足勇气在员工春节文艺晚会上演唱……我要由衷地感谢在这段时间里领导和同事们对我的的关心和帮助，正是有了他们的关心和帮助，才使我尽早地从紧张的情绪中释放出来，尽快地适应了新的工作环境，全身心地投入到工作当中。

2020 年元月，院里接到上海市卫健委关于“安宁疗护服务能力培训班”的培训通知，我和中医科的张巾蕾医生、阳宝花护士，还有养护院的社工张燕，有幸被选参加第一批为期一周的“安宁疗护培训”。短暂而紧张的培训，使我们对癌症晚期临终患者、高龄长期卧床患者，以及 80 岁以上老衰临终患者的舒缓疗护服务有了全新的认识。

阳春四月，护理院迎来了安宁疗护病房的开设，我接管的第一位接受安宁疗护患者是陈阿姨，她身患肺癌伴多发性转移，肺癌晚期伴疼痛的她只有靠口服麻醉药品缓解疼痛。

有一次查房时，陈阿姨的面色有些苍白，眼眶泛红，她却强忍着疼痛微笑着回应我的问候，客气地请求我坐在她的床旁。我看到她手里拿着一张纸巾，缓慢地擦了擦湿润的眼睛。我慢慢地靠近她，把手轻轻地放在了她的手中，试图传递一丝温暖和抚慰，轻轻地对她说：“阿姨！您是不是身体不舒服了？是不是发生了什么事情？”“太疼了！疼得难受想哭。”陈阿姨的眼圈又迅速地红了起来。我安慰阿姨：“阿姨请您不要焦虑和难过，我会帮您调整麻醉药物剂量的，让您不会再感到疼痛。”阿姨哽咽着对我说：“马医生，我住在护理院，家人很放心，因为有你们这些很热心的医生和护士每天来关心我，照顾我，我很感谢你们！没事，等熬过这会儿，疼痛就会过去的！”

为了帮助陈阿姨从悲伤的情绪中解脱出来，我转换了话题，与她闲聊起来。我与她分享了我家乡的各种美食、美景与习俗，她则讲过去与老伴生前一起旅游去过的地方。她的心情开始有了明显的松弛，眼神中也流露出幸福的光彩。

一份付出就有一份收获，一份收获就有一份价值，正如我的陪伴能够使陈阿姨多一份宽慰，少一份悲伤。前辈说得好：“医生就是偶尔去治愈，经常去帮助，总是在抚慰！”良好的医德医风再加上“三个服务”即主动服务、微笑服务、情感服务的落实，才能获得颐和苑长者们的信任，还能进一步使长者们主动地倾诉他们心中的真正需求，让入住的长者有尊严地生活，实现真正的幸福养老。

颐和苑里四季如春的美丽景致，迎来了无数鸟儿对鸣、蜂蝶齐舞，它们也似乎和我们一样对未来的生活充满希望，忙碌着迎接颐和苑五周年的到来。

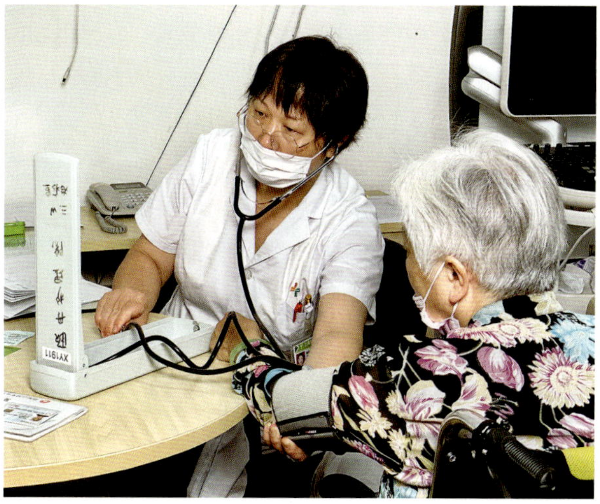

尤先华

上海颐和苑老年服务中心
护理员

青春的梦想

在未来的岗位上能够兢兢业业，勤勤恳恳，无怨无悔，能团结同事，听从领导安排，感悟更多人生道理。向着自己的理想与目标更上一层楼，忠于职守，站好每一班岗。

激情的岁月

1998—2000 年 …………………… 日本打工
2001 年 2 月—2010 年 3 月 …… 飞德服装厂
2011 年 5 月—2015 年 2 月 …… 开小作坊
2015 年 6 月至今 …………………… 上海颐和苑老年服务中心
2015 年 6 月—2016 年 3 月 …… 就读养老护理医疗照护
2017 年 7 月 …………………… 就读养老护理中级

年轻是我们唯一拥有权利去编织梦想的时光。

尤先华

忠于职守，站好每一班岗

尤先华

光阴荏苒，斗转星移，我有幸经历了颐和养老中心从成立之初到现在的辉煌过程。服务中心全体职工在院领导的带领下，以“幸福养老”理念为核心，取得了许多出色的业绩，此刻我最想说的是：作为颐和养老中心的护理人员，我骄傲！

我永远也忘不了这样一件事。在此次疫情之中，我们养老院的魏阿姨，1月28日夜半突发高烧38.5°C，但她不肯前往医院。第二天早上8点，院长来查房发现她再次发烧，就叮嘱她去外院治疗。于是我们跟阿姨家人沟通，但家人因疫情而无法前来。午饭过后我们拨打了120急救电话，大约十几分钟急救车就到达大门口，我们给阿姨穿上保暖的衣服，做好防护措施，用轮椅将其推过去，竟然看到随车的医护人员全副武装穿着严严实实的防护服，瞬间我惊呆了。当时我只身穿一件羽绒服，只顾着搀扶阿姨上急救车去医院，没有做任何的防护。此时我想到的是老人的安危，也顾不上自身危险了。到达医院之后有专门的医导进行询问，得知阿姨过年回家时接触过外来人员，医生关照我们必须要进行一系列的防疫检查。医院的旧楼房没有电梯，阿姨年岁大上下不便，我就不让阿姨多走，尽量自己奔忙，上上下下来回奔波五六次。阿姨觉得太麻烦了不愿意检查，我就在旁边耐心劝导。最后的检查结果出来，医生看完后说并无大碍，我心里顿时如一块大石头落地。通过这件事我深深体

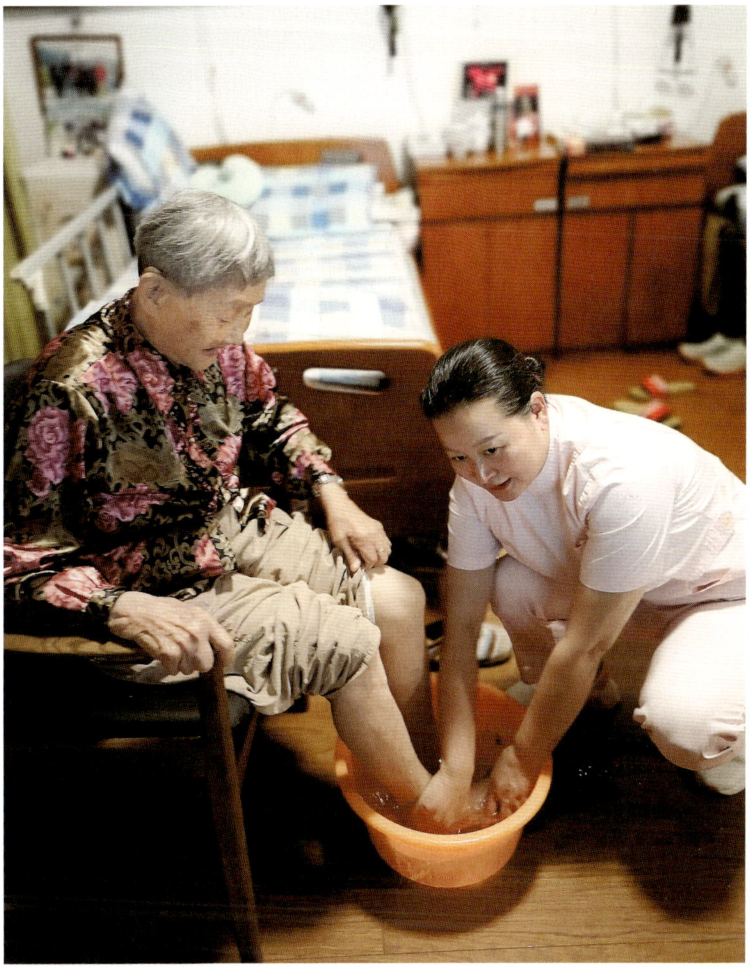

会到养老服务工作看似平凡，其实责任重大。我们从事的是以老人为服务对象、以生活照顾为内容的专业性服务工作，要求护理人员对自己的工作有着极强的责任感和使命感。工作之初，我就严格要求自己：别人能做到的，我一定要做到；别人做不到的，我也要积极做到。优质服务、主动服务、微笑服务、情感服务，尽我所能服务好每一位老人，忠于职守，站好每一班岗。

我在养老服务这个行业中，学到了很多，也懂得了很多。看着爷爷奶奶们脸上满意的笑容，和他们子女认可的眼神和真诚的感谢，我觉得心里暖暖的。因为我知道，这是对我们服务的肯定。在今后的工作中，我要以老人为本，心系老人，情系老人，时刻牢记为老人服务的宗旨，并将爱心、热心、耐心、事业心灌注到各项服务中，为颐和苑的长者带来更多的幸福和欢笑。

邓莉君

上海颐丹护理院
康复治疗师

青春的梦想

慢慢地俯下身，轻轻地向大地撒下一粒种子，
静静地等风来、等雨来、等春来……

激情的岁月

2012 年 9 月—2015 年 7 月 ……… 上海健康医学院康复治疗学专科就读
2016 年 3 月—2019 年 1 月 ……… 同济大学继续教育 康复治疗学本科就读
2015 年 4 月—2019 年 2 月 ……… 上海一康康复医院治疗师
2020 年 1 月至今 ……………………… 上海颐丹护理院治疗师

長路奉献给远方，
江河奉献给海洋，
青春奉献给康复，
爱心奉献给長者，
友善奉献给伙伴。
邓莉君

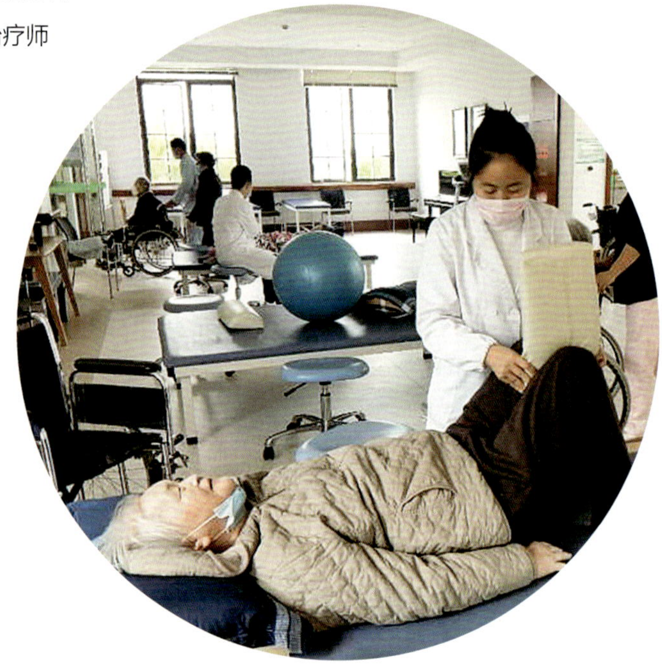

新的一天，微笑前行

邓莉君

护理院各科室参与业务培训

最近看一本书，其中有林清玄的一段话：“以清净心看世界，以欢喜心过生活，以平常心生情味，以柔软心除挂碍。”对此我深有感触。在这个坚硬的世界里，想要做一个柔软的人谈何容易。但是，在颐和苑里我看见了，也感受到了什么是清净心，什么是欢喜心，什么是平常心，什么又是柔软心。

这个地方，不仅仅环境优美，人文关怀更是值得称道。创始人的初心真的很重要，我们周董事长提倡的主动服务、微笑服务、情感服务三个服务理念，在我入苑的短短半年期间都一一地让我体会到了。每一天我从 16 号楼出来经过长廊时，我看见人们见面的时候，都会主动地、热情地、真诚地彼此互相问候，或者是远远的招手，或者是浅浅的微笑，瞬间觉得世间还是有许多的净土和纯净的心，只是需要我们每个人都微笑地去迎接每一天。

“以家庭为载体，以田园为环境，以丹麦为合作，以幸福养老为目标”这句话已深深地烙在我心里了。不仅让老人老有所为、老有所学、老有所乐、老有所养，而且让员工更有幸福感，更有归属感。看见苑内专为老人们开设的 19 个兴趣小组，我可以感受到长者们由内到外洋溢出来的欢喜。就说最近的这次书画组发起的“抗击疫情书画展”，从一幅幅充满真情的书画作品中，我们就能很好地感受到长者们虽然宅居苑内，但依然心系国家、情寄武汉、关爱抗疫逆行者的那份情怀。

老子说：“上善若水，水善利万物而不争。”善良，是生命中柔软的一面，如水一般，温柔、宽厚，润物细无声。一个有柔软心的人，既要有海纳百川的胸怀，也要有足够的智慧，向人们传递那份善意与关爱。

记得有一次，我在苑里的食堂吃饭，看见一对行动不是很方便的长者用完餐正准备站起身去收拾餐盘。就在这时一个食堂的保洁阿姨默默地走到长者的身旁，微笑而温柔地说道：“叔叔、阿姨，让我帮你们端走吧！”长者可能觉得保洁阿姨也蛮辛苦的，不好意思再麻烦她，仍然自己端着，但保洁阿姨坚持从长者手中接过餐盘，长者连忙说：“谢谢！不好意思，麻烦你了。”这时，一个细微的动作再次深深地触动了我心中最柔软的地方：当阿姨主动把餐盘端走时，长者用自己带着的毛巾擦去桌面上自己不小心沾上的油渍，在离开前还不忘转过身把座椅推进餐桌底下。我真正感悟到，善意，不仅仅是一句礼貌的口语，而更是一种发自内心的关怀，是一种无言的行动。当我回到康复科时，我觉得作为康复治疗师的我也应该像他们一样，尽自己的努力，为别人造福。康复治疗是对生命的尊重，也是最大的善意，它需要康复师更具有人情味，学会有温度的治疗。希望自己在今后的工作中学习中能帮助到更多需要帮助的人。

花因微笑而美丽，风因微笑而轻柔，人因微笑而优雅！试着看淡世间纷扰，用一颗初心面对生活和工作，幸福也会与你不期而遇。新的一天，希望我们一直以微笑前行。加油颐和！

王 琳

上海颐和苑老年服务中心
生活管家

闪光的年华

2018 年第三季度被评为颐和苑服务明星

2019 年被评为第四季度颐和苑服务明星

激情的岁月

2012 年 9 月—2015 年 6 月 ········ 上海医药高等专科学校医学营养专业就读

2015 年 9 月—2017 年 6 月 ········ 上海中医药大学食品卫生与营养学就读

2017 年 9 月至今 ························ 上海颐和苑老年服务中心 生活管家

老骥伏枥，志在千里。
烈士暮年，壮心不已。

王琳

立鸿鹄志，做奋斗者

王 琳

只有奋斗的人生才称得上幸福的人生。我们人生的主旋律是由奋斗作为音符谱写而成，所以新时代提醒我们要“立鸿浩志，做奋斗者”。

改革开放 40 余年来，感恩一代又一代人为建设新中国而前赴后继，正是代代相传的努力奋斗才换来今天的和平与繁荣。一代人有一代人的使命、责任和担当。我国正步入老年社会，关爱老年人，关心长辈，已成为整个社会的责任。作为新时代的青年，面对社会老龄化情况的不断加剧，几代人的养老重担和未来严峻的养老形势，我们应牢记责任、不辱使命，发扬尊老、爱老的优良传统，认真履行工作职责，不断地去创新和推动发展养老产业的新模式，为中国的养老事业作出自己的一份贡献。

经历了颐和苑的两个春夏秋冬，感受了颐和苑的安静与热闹，通过同事的启迪，领导的指引，长者的教导，自己从懵懂开始慢慢成熟起来。进入颐和苑，自己的服务对象是入住颐和苑的长者，主要围绕着他们的生活起居与心理精神需求而工作，开展一系列的服务和活动来引导他们幸福养老。从最初的羞涩到现在的干练，其中的旅程也并不是一帆风顺。入住颐和苑的长者过去大多是社会精英，或大学教授，或行政领导，或行业领头者，他们有着丰富的工作经验与强大的知识认知体系。在他们眼里，我们还是那初出茅庐的小孩。在跟他们交流时，他们的思维已成定式，那如何改变他们的想法呢？唯有秉持着周理事长的“三个服务”理念——微笑服务、主动服务、情感服务，拉近彼此间的距离，建立良好的关系。在工作中更不能缺少耐心、细心、爱心、上进心。老年人是弱势群体，需要我们年轻人给与关爱与安全感。耐心是工作的基础，在琐碎的事情中需要我们有持久的耐心；细心是工作的关键，工作越烦琐我们更要细心；爱心是维护良好关系的桥梁，让我们彼此之间更加信赖；上进心是工作中自身价值的体现，长者最需要的地方就是我们最好的舞台，长者的满意就是我们最大的价值。

在这次疫情中，新型冠状病毒带走了很多人的生命，让我们重新审视生命的脆弱与渺小。在工作中，常见到一些长者的身体在走下坡路，有的需要长护险护理员或家政阿姨照顾，有的搬去了养护院或护理院，有的已不在人世。虽然这是生命的自然规律，但我们依然要多关心他们。居家养老的长者在长护险护理员帮他们洗完澡后，会开心得像个小孩；在养护院有护工阿姨照顾，他们不用再为洗衣服、买饭等发愁；楼层活动让他们与苑里邻居关系更融洽……总之，我们像儿女一样将关爱和温暖送到他们身边，给予他们更多的关怀和陪伴。在工作中，我们还亲眼看到许多长者壮心不已，笑对暮年。无论遇到什么困苦，也决不气馁。面对疯狂袭来的疫情，他们和我们一起抗击、一起坚守、一起共克时艰，这更让我看到颐和精神的伟大。

立鸿鹄志，做奋斗者。二期开业在即，颐和苑将再次踏上新的征程，我们已做好一切准备！

田伟伟

上海颐和苑老年服务中心
活动组员工

青春的梦想

只有永不停止的奋斗，才能使青春之花即便是凋谢，也是壮丽的凋谢。青春是一抹最美的阳光，不要在该奋斗的年纪里选择安逸。热血青年更应富有朝气，为青春书写壮丽的诗篇。心中有梦，未来可期。

激情的岁月

2012—2015 年 ………… 上海思博职业技术学院 国际商务管理专业就读
2012—2015 年 ………… 肯德基兼职出纳
2015—2016 年 ………… 上海宏金设备工程有限公司调度助理
2019 年至今 ………………… 上海颐和苑老年服务中心活动专员
2020 年至今 ………………… 就读上海开放大学行政管理专业

逆境是成长必经的过程，
能勇于接受逆境的人，
生命就会日渐茁壮。

田伟伟

信任是慢慢积累的

田伟伟

转眼间，我来颐和苑工作已有半年多了。能成为颐和苑的一员，我感到无比自豪，这种自豪感鞭策我更有激情地投入到工作中去。

作为一名新员工，尽管在过去的工作中累积了一定的经验，但进入新的工作单位，难免还会有些工作压力。为了能让自己更快地进入工作状态和适应工作环境，遇到问题时我就及时请教同事或领导。记得初来乍到时，长者们还不熟悉我。每当我在咖吧值班时，有些长者每次来都是要寻找他们熟悉的人。开始我总是以为他们要喝茶或者预定点心。后来才发现，原来他们找人是要帮忙解决一些小问题，例如打印、复印资料或者帮忙操作一下手机。虽然都是些简单的小问题，但是长者习惯只会找他们信任的人，这让我心里难免会有一点点小失落。好几次有长者来咖吧找小朱，但每次看见是我值班，长者就直接离去了。后来跟同事了解情况，原来长者是来找小朱购买做手工的材料，而手工材料是归小朱管的。了解了这个情况后，我就与小朱沟通，让她把材料的存放地与价格告知我。日后长者来咖吧购买材料，我就会告诉长者："我可以带您去拿材料。"长者很开心地买了材料回家了。通过这件事，我意识到要做好本职工作，首先要与长者建立一种良好的互信，能让长者接受我的服务，与长者交流也要有足够的耐心。

还记得刚进苑不久，领导就给我介绍了一位住苑长者，这位叔叔患有阿尔茨海默症，他的记忆只停留在年轻的时候，患病后慢慢忘记了很多人很多事，但是以前的记忆依然清晰。随着病情的日渐严重，认知功能不断衰退，他的脑海里就像自动生成一个橡皮擦，逐渐把记忆都擦去，最后留给他的只剩那丝丝仅存的零碎记忆，而这一切给家人带来的不仅是无奈更是痛心。我在咖吧值班时，叔叔每次经过会一遍遍地问我你叫什么名字，家住哪里，我每次都耐心地回答。有时候叔叔的老伴会有事走开，让叔叔坐在咖吧的沙发上看报纸。叔叔看一会报纸就会过来跟我聊聊天，聊他年轻时去很多地方打仗，我都会耐心聆听叔叔讲他过去的光荣史。每次讲完，叔叔都会很开心，开心得像个孩子。从他的身上，我体会到了老年服务工作的价值，也理解了老年人的心理特点。我想叔叔的需求很简单，有时候他需要的仅仅是和别人聊聊天或是有人能听他讲话。

还记得有一次，我在三楼更换报纸，书画室出来一位叔叔问我要上周的《解放日报》，他要看里面有关虹口区拆迁的消息。可是上周的报纸已经回收，送去给保洁阿姨了。当时叔叔有点着急，在新的报纸中翻来翻去。于是我先安慰他不要着急，然后就到保洁阿姨的工作间，从一沓一沓旧报纸中翻找，翻了好些时间终于翻到叔叔要找的刊登虹口区拆迁消息的报纸。当我把找到的报纸递给叔叔时，他激动地跟我说："谢谢，你看这是我闺女，我闺女上报纸了！"经历这件事后，我明白人与人之间的信任是慢慢建立起来的，所有的信任基础是真诚相待，只要你用心对待长者，他是可以感受到的。用行动去证明、用坚持去积累，信任是绝对可以建立的。

现在许多长者已经慢慢认识我了，看见我都会亲切地叫我"小田"。每次听到这个称呼心里都是甜甜的。每当看见走在苑中的长者，我都会微笑地跟他们打招呼，长者也会很开心地向我问好。一个简单的微笑，让我对每一天的工作都充满着期待。

叶晓春

上海颐和苑老年服务中心

生活管家

闪光的年华

2014 年 获上海城市管理学院“三好学生”“优秀团员”称号

2014 年 获上海第一届高职星光杯西餐服务比赛二等奖

2015 年 获“高级餐饮服务员”“高级调酒师”证书

激情的岁月

2015 年 ………………… 上海大厦实习，华尔道夫酒店实习

2016—2018 年 ……… 任职中航泊悦酒店管家部

2019 年至今 …………… 上海颐和苑老年服务中心

我从来不相信什么懒洋洋的自由，我向往的自由是通过勤奋和努力实现的更广阔的人生，那样的自由才是珍贵的，有价值的。我相信一万小时定律，我从来不相信天上掉馅饼的灵感和坐等的成就。做一个自由又自律的人，靠势必实现的决心认真活着。

叶晓春

被选为“疫情特派外勤专员”之后

叶晓春

我从学校实习起就从事服务性行业，最早实习是在知名的上海大厦和华尔道夫酒店，毕业后为了交通方便选择了在中国航空旗下的中航泊悦酒店任职。这段时间，我锻炼、提升了自己的服务技能，也体会到服务行业是一个快乐的职业。我觉得服务他人、让他人感受到优质的服务，既悦人也悦己。我就因为喜欢做服务工作，所以最后选择加入到颐和苑大家庭。

在入职五个月后，因为新冠疫情的关系，我被选为管家部的“疫情特派外出办事专员”，负责为部分长者的外出配药、送急诊和采购急需物品等。刚开始，胡叶主管问我愿不愿意承担这份工作的时候，我也有过顾虑：外面可是高风险地区啊！说心里话，我不太害怕疫病感染，而是害怕感染后被隔离。当然，我没有做出犹豫的样子，立刻接受了这个任务。我看到，管家部身后有那么多的长者需要我们外出服务，作为一个男管家我觉得这事还非我莫属呢。我年纪轻、免疫力好，只要做好防护，被感染的概率还是很低的。

疫情期间的工作实践让我掌握了不少业务知识。就拿配药来说吧，如果这家医院的某个药没有了，我就会去向另一家医院联系，再告知长者这个药的情况，问是否需要再换个地方给配齐。二月份的时候新年刚过，医保里一部分药品不进了，这时候我要电话沟通情况，有些必需的药品我会跑去连锁药房购买。做了一段时间，我就弄清了流程，提高了工作效率。

在陪护就医这方面，那就更容不得我马虎了。在家无论多晚都会把手机放在床头，一有情况我就立马赶去医院迎接救护车送来的长者。当然，遇事不止我一个人忙，管家部的每一位同事都会在家或在单位等待我的报告，只有当情况稳定了，我的同事们才会放心去休息。

有些长者进了急症室，挂了一会儿盐水就要上厕所，可是医院规定病人在急诊留候期间不能去洗手间，只能在床上解决。这时候，就需要我的帮助了。叔叔还好解决一些，如果是阿姨，再加上腿脚不便那就特别不容易。有一次遇到情况，疫情期间又不能请护工进急诊室，所以只有我来了。虽说有点性别障碍，而且我也没有受过专门的护理训练，但是既然由我负责陪护，那就不上也得上了。

我还会遇到有轻微认知障碍的长者，这个时候就需要管家部大家一起来想办法解决了。一位阿姨因为严重贫血需要送医输血，我陪护去了医院。阿姨因为叔叔不在身边就觉得叔叔不要她了，喊着要回去。我立即和该楼层的管家沟通，被告知只要多哄哄就会好的。我便安抚她说叔叔最关心你了，因为身体的原因他不能来医院陪你，他特意安排我过来照顾你。也真灵，左哄右哄阿姨也就不闹了，多亏了这位同事，利用对阿姨长期照料累积的经验帮我解决了问题。

新冠疫情期间我得到了锻炼，面对一些工作中的新课题和困难，我想，只要有解决问题的坚定信念，看来全都不在话下。我庆幸在我遇到困难的时候我们管家部的每一位同事都会关心我，为我想办法，引领我一起去渡过难关。“疫情特派外出办事专员”这份工作确实挺磨练人的，它给了我一段值得回忆的经历。

石海霞

上海颐和苑老年服务中心
护理员

闪光的年华

2019 年 荣获颐和苑护理院“优秀员工”称号

激情的岁月

2007 年 3 月—2014 年 ………… 上海海立制造有限公司
2015 年 6 月至今 ………………… 上海颐和苑老年服务中心
2015 年 6 月—2016 年 3 月 …… 就读养老护理医疗照护
2016 年 11 月 ……………………… 就读养老护理中级
2017 年 9 月—2020 年 1 月 …… 就读上海开放大学老年服务与管理

那些出现在生命中的人，有来有走，有去有留，离开的，我们不再抱怨。留下的，不会轻易忽略，经历过人心复杂，明白了真情难遇，我们才越来越懂得珍惜。自己活着，就是为了使别人活得更美好。

石海霞

我和颐和苑的故事

石海霞

时间过得真快，在颐和院工作一晃有五个年头了。记得刚踏入这个行业，我就像一张白纸，什么都不懂，甚至还有些迷茫，不知道该做些什么，顾虑不少。但是我仍然抱着一颗尝试的心态，想要把这份工作做好。因颐和苑领导事先就联系了金山卫校老师给我们做定向培训，教我们理论知识和实践操作，这让我心中多了几份安稳。接着苑里又聘请了丹麦老师乌拉和本特为我们培训，使我对这个行业的理论知识及实践操作有了基本的了解，最初怕做不好的担心基本消失。

在我脑海里有件事记忆深刻。2019 年秋天的一个晚上，一位阿姨因肚子饿了想拿蛋糕吃，但是没有打铃，腿脚不方便的她摔倒在地无力起身，只好使劲喊阿姨，正好我从电梯出来，听见喊叫声，跑了过去，看见她坐在地上，一边安慰她不要怕，一边叫别的阿姨叫来护士医生。经过院里医生的诊断后，决定需要到外院拍片确诊，领导安排我陪同。到医院后我第一时间帮阿姨挂好号，又安慰阿姨不要紧张，不要怕。我会一直陪在身边。后来拍片的结果是左髋关节骨折，需住院观察。但凌阿姨因儿女住在上海市区，不能及时赶过来。家属联系领导后，嘱托由我暂时照顾阿姨。骨折病人不能动，大小便又不能自理，加上疼痛加剧，阿姨显得非常痛苦，我给予细心护理并加精神上的安慰，整整一个晚上没有合眼。从那晚后，阿姨就把我深深地记在了她的心里，每次碰到我的时候，她都会提起那晚的事情，总是不停地对我说“谢谢”。经过这件事情后，我明白了原来我们和长者之间也能够结下深厚的情谊。这时候就让我更体会到周理事长提出的“主动服务、情感服务、微笑服务”的深刻含意。

经过这几年的培训和工作积累，我对这份工作有了更深入的理解。一开始我认为这份工作就是照顾好长者，把长者服务到位，做好自己的本职工作。但是现在我知道想要把这份工作做好，就是首先要和长者相处融洽，心灵相通，让长者从心底里认可我们，这样才算是真正服务到位。其实有些长者的儿女常在外地工作，无法经常回来陪伴长者，这个时候我们就是长者可亲的陪伴者。我们陪长者聊天，可使他们的孤独得到一定的缓解。我们也可以成为长者的知己，这是我们除了为长者生活服务到位之外更加重要的事情。为了使自己的思想和能力进一步得到提高，我去读了老年服务与管理大专，希望能从根本上了解这个事业，认识这份工作，为自己今后的工作打下基础。我和颐和苑的故事，刚刚开了个好头，许多未知的情节还有待我去努力地续写。但我坚信：颐和苑的故事一定会很精彩，我的故事也一定会很有意思。

刘倩倩

上海颐和苑老年服务中心
餐饮部副总监

闪光的年华

2011 年 新加坡金沙酒店优秀实习生

2016 年 荣获“最年轻优秀酒店经理人”称号

激情的岁月

2011 年 ………………… 上海广缘大酒店副总经理

2016 年 ………………… 上海花开海上生态园副总经理

2018 年至今 ……… 上海颐和苑老年服务中心餐饮部经理

微笑是上帝赐给人类最贵重的礼物，
是我工作中最大的资产。

刘倩倩

让长者吃得健康活得开心

刘倩倩

生命中，常有一种相遇是缘分；青春时，总有一种选择叫无悔。

这是一次特殊的相遇。2017 年 11 月，我代表上海花开海上生态园到颐和苑登门致歉，原因是颐和苑的长者在花开海上参观时被园区的设备划伤。在处理整件事情的过程中，我多次往返颐和苑。这里明智的领导、年轻的团队、友善的长者、优美的环境，让我感觉这不像是养老院而更像一个“家”。一种心向往之的吸引力让我毅然辞掉了花开海上的工作来到了这里，开始了一段全新的人生旅程。

2018 年，我加入餐饮部，开始接手餐饮部管理工作。我们餐饮团队共计 26 人，担负着一期养老、养护、护理三院 500 多位老人和 200 多位员工的日常餐饮。身为餐饮部经理，我必须从餐厅环境卫生、食品安全、规范操作、团队沟通、应急预案等方面展开一系列的管理工作。在日常工作中，我坚持深入一线，定期到后厨进行卫生检查，指出不足之处并提出整改要求。在周理事长“三个服务”思想的引领下，餐厅工作不断得到改善。餐饮部坚持做到每天仅购入当日所需的新鲜食材，切实保障食品安全。

餐饮对于养老生活品质起着至关重要的作用。众口难调，老年膳食的适口度，是个难以把握的问题。作为餐厅的管理者与服务者，长者们的饮食除了安全，还要做到营养、可口与清淡。为此我们根据长者所需的膳食合理确定菜单，每周提供丰富多样的主食和菜品供长者选择，保证每个礼拜不重样，让长者摄入均衡全面的营养。

我们还定期与长者们沟通，从而进一步为他们提供个性化餐饮服务。目前餐厅提供点餐服务，长者可以根据自己的饮食需求，提前预约所需的餐食。如今，在餐厅的任何地方都能看到彬彬有礼的服务人员，他们有着全新的工作面貌，操作技术规范，做事循规蹈矩，工作井井有条。小到一棵葱一颗蒜，大到每年的节庆宴和年夜饭，每一个细微的需求，每一个服务，都竭尽全力为长者办成、办好。在长达近半年的疫情期间，长者不能外出采购物品。餐饮部分管采购的两位师傅除了负责餐厅的菜品日常采购，还肩负起全苑长者的特需采购任务。每天两张 A4 纸，满满地写着长者要购买的物品，一些需要到批发市场购买，一些需要到超市采集，还有一些要到专门门店才能买到。于是采购人员先把需求一一分档归类，每天凌晨再到市场、商店、超市，一趟又一趟来回细心选购。最后买回来的物品，每一份要制作小标签贴上，标签上写清品名、数量以及预订者的门牌号，这样长者一来就能很方便地找到自己需要的物品。他们贴心周到的服务，获得了长者的一致好评。

如今颐和苑二期即将对外开放，餐厅也正为二期的顺利运营紧锣密鼓地筹备着，从人员招募，到设施设备的配备，从组织架构的构建到人力资源的培训，正有条不紊地准备着。二期建有大小餐厅 6 个、包房 7 间，可以分批接待 2000 人用餐，提供中餐和西餐服务。届时住养老人和探望家属可以根据需求，自行选择心仪的餐厅就餐。

民以食为天，家因情而暖。平淡无奇的锅碗瓢盆里，盛满了中国式的人情味，抓住了叔叔阿姨们的胃，就留住了他们的心。办好了颐和家园的餐厅，就是奠定了颐和苑百年老店的基石。

李伟军

上海颐和苑老年服务中心
果园组组长

青春的梦想

绿的树，红的花，
我把颐和当我家。
建设美好大家园，
艰难险阻都不怕。

激情的岁月

1996—2003 年 ………… 上海金山水泥厂
2004—2012 年 ………… 上海拖拉机底盘厂
2014 年 9 月至今 ………… 上海颐和苑绿化组

建 颐和美丽家园.努力.努力.
为 長輩幸福晚年.奋斗.奋斗.

李伟軍

让长者享受绿色田园生活

李伟军

颐和苑创办初期，这里还是一片低洼的水稻田。颐和苑创始人周保云先生在建苑初期就提出：“要创办一个绿色生态环保的大花园，让长者们享受绿色的田园式的夕阳生活。”为了实现这个目标，颐和苑成立了“上海颐和果蔬种植专业合作社”（简称绿化组）。2014 年我应聘来到颐和苑，担任绿化组主管。按照园区的设计规划，我们 20 多人组成的绿化组打响了一场创建颐和大花园的战斗。

那时条件非常艰苦，没水没电，没有休息室，没有食堂……那些日子，无论刮风下雨还是酷暑寒冬，为了抢时间，我们一天都不休息。每天都是一身汗，一身泥。中午回家吃饭，马上再赶回来。就这样，一块块地翻土，一铲铲地施肥，一棵棵地栽种，一次次地灌溉，终于在 2015 年 10 月底颐和苑开苑前夕，一个拥有 150 亩果园、100 亩稻田、20 亩蔬菜田和 30 亩绿化地的生态大花园在我们手里诞生了。

颐和苑主干道的中段，矗立着庄严大气的会所。会所前有个半圆形的喷泉花坛，我们用移苗的方式，将太阳花、蝴蝶兰、猫面花等十几个品种镶嵌搭配，栽培在花坛中。春天一到，花朵绽放，色彩缤纷。

会所对面的大草坪，有 6000 平方米。每年 10 月份，我们将旧草铲平，然后将新的常绿草籽（进口草籽）播撒在草坪上。20 多天后，草籽就长出了嫩芽。我们灌溉、拔草、修整，保持着大草坪四季常青。

大草坪的周围，是红色的健身步道。沿着步道，我们种下了一排晚樱。每年四月，粉红的樱花绽满枝头。漫步在樱花大道，令人心旷神怡。

庄严气派的会所、喷泉、花坛、大草坪和樱花大道，形成了颐和苑绿化景观的核心，不知有多少人在此合影留念。

在园区内，面积最大的要数 150 亩的果园生态林，这在上海养老院中是绝无仅有的。要打造好这片果园，保持原生态、绿色、环保，不是件容易的事，除了好的规划，还要有精湛的园林栽培技术。这里的果树花草品种有 200 多个。以果树为例，就有翠冠梨、黄桃、水密桃、橘子、石榴、杨梅、柿子等 10 多种，每一种植物的生长季节与习性都不同。我们边干边学，有时还外出交流，虚心向同行请教。目前果园生态林不仅是一道亮丽的景色，每年还有大量果实的丰收。

寒来暑往，从 2014 年至今，六个年头过去了。当年种下的树苗长高了，当年种下的果树也早已开花结果了，颐和苑也在风雨中成长了，周理事长的梦想实现了。伴随着颐和苑的脚步，我们绿化组也走过了艰难的历程。如今我们组有 25 人，平均年龄 63 岁。这里的每一寸土地，都有我们的足迹；这里的一草一木，都浸透着我们的心血和汗水。颐和苑是老人们的家，也是我们的家。

2020 年 10 月，我们将迎来颐和苑开苑 5 周年的喜庆日子。为了颐和苑的花更红、草更绿、果更香，为了长者们享受更美好的绿色田园生活，我们将继续努力，作出我们应有的贡献。

沈伟娟

上海颐和苑老年服务中心
护理员

青春的梦想

青春是美好的，但青春无权享受，

青春无权闲适，青春是用来奋斗的。

激情的岁月

1998—2003 年 ………………… 上海新清和服公司

2005—2010 年 ………………… 上海美音同服饰

2012—2014 年 ………………… 上海朱泾乐购超市

2015 至今 ………………… 上海颐和苑老年服务中心

2015 年 6 月—2016 年 3 月 …… 就读养老护理医疗照护

2017 年 7 月 ………………… 就读养老护理中级

勤勉尽责，任劳任怨。
守护夕阳，不忘初心。
做一行，爱一行，惜一行。
以心为灯，愿做生命的守护天使！

沈伟娟

珍惜和长者相处的每一天

沈伟娟

时间真快，转眼间颐和苑开业已经五年了。作为第一批来的老员工，我感慨良多。从一开始抱着试试看的心理，到现在，我熟悉了这里的一草一木，一桌一椅，和每位长者都建立了深厚的感情。在护工这个平凡的岗位上，我一干就是五年。人的一生是短暂的，能有多少个五年十年。我日复一日的工作就是两班倒，12 小时一班，在照顾好长者的生活起居之外，闲暇之余，我还会陪长者说说话，拉拉手，时间长了，他们都把我当成自己的孩子，有心里话都会和我讲。虽然工作烦琐又辛苦，但内心却是充实的。我觉得既然当初选择了这份职业，就不能中途退出，做事要有始有终。每次得到长者们的肯定和看到他们脸上的笑容，再苦再累也值了。长者有了家的感觉，感受到了夕阳的温暖，我也感到很开心。

记得当初开业之前，周理事长高薪聘请丹麦老师给我们进行培训，因为只有拥有更多的护理知识和操作技能，才能提供一流的服务质量，才能在这个竞争的大时代中不被淘汰。这些年来，我们工作不断培训不断，在这中间，大家又自发地去考了中级证书，还有的去读了大专，不停地给自己充电。每年单位还会有各种针对性的老年护理理论与操作技能培训，让大家能够将每个护理工作做得更加到位、更加标准。护理院住的大多数是失智失能的长者，为他们服务时，有时会被误解，这就要有足够的细心、耐心和责任心。我的护工姐妹们也个个棒棒的，人美心也美，大家拧成一股劲儿，把团队的荣誉放在第一位。有时长者的衣服裤子破了，我就拿回去给他们缝缝补补，又可以穿了。有的长者想给子女打电话，可手机又不太会用，也不会打字，我就教他们上微信，使用语音通话和视频通话，这样做省钱又方便，学会的长者很开心。还有的长者进来时是夫妻俩一起来的，后来一方因病去世了，我就尽量多抽出时间安慰开导，让独居的长者早日从阴影中走出来，多参加集体活动，消除孤独感。爱是无数个日日夜夜的陪伴，相信在我们共同的守护下，颐和苑的每一位长者都能拥有幸福的晚年！

在这几年里，我也遍尝了工作中的酸甜苦辣，常常心中感慨万千。我想，人生相遇，走到一起就是缘分。几年的努力，我在自己的工作岗位上越来越得心应手，也取得了一些成绩。我的用心付出没有白费，努力地工作让长者的不满和埋怨越来越少，换回的是心与心的贴近，以及长者们对我工作的认可和满意。当然，这些成果离不开领导和同事们的支持与帮助。在接下来的日子里，我将继续秉持“喜长者之喜，急长者之急”的工作态度，不断地提高业务水平，完善自身素质，力争在工作中再上新台阶！

张丽华

上海颐和苑老年服务中心
管家部副经理

闪光的年华

2003 年率领团队荣获“高尔夫杂志”评选的“2003 年华东地区最佳球童服务奖”

2006 年率领团队荣获“世界高尔夫杂志”评选的“亚洲地区休闲俱乐部最佳服务奖”

2016 年荣获“亚洲女子球童公开赛”净杆亚军

激情的岁月

2000 年 3 月—2007 年 3 月 …… 上海天马高尔夫乡村俱乐部营运部培训及运作经理

2007 年 4 月—2017 年 12 月 …… 上海新天鸿名人高尔夫俱乐部营运部总监

2018 年 1 月—2018 年 10 月 …… 无锡太湖高尔夫俱乐部总监

2018 年 11 月至今 …… 上海颐和苑老年服务中心管家部副经理

服务以人为本
服务从心出发
根扎得越深
花开得越盛

張丽华

青春，在另一个地方启程

张丽华

在来颐和苑之前，我从未想过自己的生命行程会与养老行业有什么联系，总觉得自己正青春，但在命运的转角处，我青春的脚步却在 2018 年底走向另一段人生旅程，一步步迈向高端养老领域，一步步走近那些已被岁月风霜洗礼得满头银霜的老人。

之前的我，生活节奏极快，每天的工作重心就在高尔夫球场服务好高端客户。了解颐和苑，是缘于“颐和苑三周年庆典活动”，因为我工作的名人高尔夫俱乐部也是周理事长的投资项目之一。我怀着好奇心，想了解一下这个行业的庆典活动到底是如何举办的，就向周理事长申请观摩机会。进到颐和苑后，我就被苑里静谧而优雅的环境和那些神情悠然自若的长者完全吸引。反复回味三周年庆典活动的盛况场面，更是让我思绪万千，内心再也无法平静，同时也做出了一个让所有人诧异的决定：辞去那份让很多人羡慕不已的高尔夫工作，辞别坚守了十九年的高尔夫事业，转身投入颐和苑——这个我心中理想的、新的事业天地。

进入颐和苑的这两年，我时常会将过去与现在做比较，走进自己的内心，问自己收获到的和所期待的是否成正比。我的答案无比清晰，那就是这份选择已超出我的预期，它是我人生当中做的最正确的选择题之一。这里的长者是如此富有智慧、神态从容，岁月这把利刃虽将他们的身形折磨得虚弱，但他们在一起互帮互助、侃天论地的那种气定神闲的从容态度，就像百年纯酿那般芳香诱人。我将自己的过往基本清零，只留下我的阅历和平和的心态，以一位实习生的状态学习这新时代的养老行业。经过这两年，我发现自己越来越喜欢这个行业，以前对于客户的服务是一时的，只需要将当天的服务做到满意就好，现在则是和长者建立起一种家人般的感觉，和他们的沟通是轻松的、无压力的。我曾经一度浮躁的心开始变得柔软、变得沉静，曾经的我那么忙，来不及细品茶的香、饭的软，现在我可以一直平和地对老人笑着，陪他们聊人生、聊心情，陪他们看庭前花开花落，云卷云舒。

逐渐老去，是所有人的宿命，上海已是老龄化城市，我的父母也在急速老去。我觉得选择人类的养老事业，让老人“老有所依、老有所养、老有所栖”，既是个人的良知，也是社会的福祉。我们颐和苑的理事长，就是一位尊老敬老的谦谦君子，让老人在耄耋之年带着温暖的回忆、怀着恬淡的心境度过夕阳下的余生，是他内心的殷切夙愿。理事长提出的颐和理念就是“家”为目标管理，“田园”为生活环境。颐和文化就是为爱前行，托起“无忧夕阳”，以微笑服务、主动服务、情感服务，尊老、爱老、敬老，抚慰长者身心，轻抚长者一身风尘。

转瞬间，将迎来颐和苑的五年庆。我来颐和苑两年，成长了很多，也感悟了很多，我时常在长者身上感悟到“老吾老以及人之老”的真谛。我无悔在这里重启青春，我青春的脚步会陪我在颐和苑走过更为漫长的行程，我们的故事还将继续……

何 英

上海颐和苑老年服务中心
护理员

闪光的年华

2018 年 荣获颐和苑养护院“优秀员工”称号

激情的岁月

1989 年 3 月—1994 年 2 月 …… 金山新农羊毛衫厂
2007 年 2 月—2015 年 6 月 …… 上海永桦刀具厂有限公司
2015 年 6 月至今 …… 上海颐和苑老年服务中心
2015 年 6 月—2016 年 3 月 …… 就读养老护理医疗照护
2017 年 11 月 …… 就读养老护理中级

遇到困难时不要抱怨，
既然改变不了过去，
那么就努力改变未来。

何英

在护理老人中获得幸福感

何 英

青春是美好的，为了理想去奋斗，充实的日子便会让我们忘掉对生活的抱怨，忘掉外界给予的压力，只留下追求理想带来的快乐和对人生美好的向往。

2015 年 10 月 28 日颐和苑开业，当时养护院只开 6 号楼 2 楼。我们满心欢喜地去迎接长者，心情又激动又兴奋，参加了大半年的学习、培训、操作，如今终于派上用场了。可当我接触到王阿婆的时候，我整个人懵了，本来自信满满的我一下子没有了感觉。王阿婆因车祸导致颈椎骨折，双脚不能行走，因肠癌做了手术，肚子上还留了一个人工肛门，生活上基本都要我们帮忙护理。她大便没有反应的，排泄物会随时排出来，所以便袋要及时清理。刚开始我根本无从下手，平常阿婆一般都是卧床休息的，那冲洗便袋的活只能在床上进行。先拿个便盒放在便袋下方接排泄物，然后再一遍又一遍地用温水冲洗，这种场面没有做过的人真的难以想象有多难，自己都快呕吐了还担心弄坏便袋、弄脏床单，又怕老人指责，不得不小心翼翼的。贴换便袋更是有讲究的，要根据人造肛门的大小去修剪，弄得不好就会捅破旁边皮肤出血，或者会造成隐漏。后来经过阿婆指点，同事之间的互相交流，再加上自己的摸索，我做得越来越顺手了，阿婆也很开心，整个人恢复得越来越好。她说，本来打算来颐和苑休养一段时间后回去的，现在不走了，她准备卖了房子在颐和苑安度晚年。她觉得我们护工都很朴实，工作认真负责，对老人上心，服务一流。听到阿婆这么称赞大家，心里美滋滋的，这是长者对我们护工的认可，我们的努力付出没有白费。

令我印象深刻的还有一对老夫妻，他们是从外地来颐和苑养老的，他们的感情很深，形影不离。每次去他们的房间，总能听到他们的欢声笑语。然而，没过几个月，老太太突发疾病，进了重症监护室抢救，最终还是没能抢救回来。有一次，我照常去看望老爷子，只见他表情呆滞，虽然放着电视，但两眼发红地看着老太太的照片。他悲伤地问：“小何啊，我老伴怎么样了，什么时候回来呀？”我一时也不知道怎么去告知他这个噩耗，怕他受不了打击，安慰他说：“您别担心，现在医疗这么发达，阿姨一定没事的。”老爷子听了勉强点了点头。但随着时间的推移，他仿佛已经意识到老太太不在的事实，心情愈发地低落，也不笑了，还经常泄气地说：“我不想活了，活着也没啥意思。”看到这种情况，我们便用更多的时间去照顾他，从心理上进行疏导，说服他积极去参加活动，做手指操、画画、散步等，让他融入颐和苑的大家庭中，感受到家的温暖，从孤独寂寞中解脱出来。慢慢地老爷子遇到其他老人或我们都会主动挥手打招呼了，脸上重现了往日的笑容。他还经常说，“你们真的就像我的子女一样对我这么好，我怎么感谢你们呀……”

现在颐和苑一期一床难求，好在二期马上就要开业了，我们已做好迎接二期长者到来的准备。在平时的工作中，我们要将颐和苑“三个服务”“四个更好”“三个思维底线”的服务宗旨牢记在心，不断提高个人素质，团队精神，提升服务质量，加强职业技能。让我们踏踏实实抱着乐观积极的心态去面对新的挑战。人生的路还很长，需要我们一步一个脚印地去完成，颐和苑的明天一定会更好。

陈 波

上海颐和苑老年服务中心
护理员

青春的梦想

感觉自己像沙漏里的沙子，上面是梦想，下面是现实，人真的会随着年龄的增长而丢掉梦想吗？

激情的岁月

1998 年 1 月—2002 年 6 月 …… 上海车镜有限公司
2002 年 8 月—2015 年 5 月 …… 上海我努服装有限公司
2015 年 6 月至今 …… 上海颐和苑老年服务中心
2015 年 6 月—2016 年 3 月 …… 就读养老护理医疗照护
2016 年 11 月 …… 就读养老护理中级

世界就是一个大舞台，什么角色都有。
不要为剧情而改变了初衷，
做好自己才是最重要的！

陈波

用心付出，总有收获

陈 波

人生的路是每个人自己选的，其中的酸甜苦辣，只有走路的人自己知道。没有哪条路是一帆风顺的，经历风雨，才知道晴朗的可贵，只有把握住今天才能赢得明天。

记得2015年3月，刚开始读养老护理专业的时候，隔壁阿姨对我说：“小陈，你做这行行吗？看你还蛮爱干净的，护理长者可是又脏又累的。”我说我也不知道，先读着再说吧。

到了4月，听说颐和苑在招护理员，我又正好在读养老护理这个专业，就报了名，经过几个月的培训和考核，终于成了其中的一员，我感到非常的荣幸。2015年10月28日颐和苑正式开张了，因为是新开张的，有些人还不知道，所以刚开始长者并不多，我被分在养护院工作。随着时间一天天过去，颐和苑的入住长者也越来越多了。2016年4月的时候，养老院那边的朱老师因脑溢血住进了金山的第六人民医院，情况不太好，需要护理员，经领导安排我就去了。

记得刚见到朱老师的时候，他躺在床上一动也不能动，身上插了好多管子，还打着吊瓶。我吓了一跳，毕竟从来没有接触过这么病重的长者，但既然来了，就不能当逃兵，只有硬着头皮边做边学。还好，有什么不懂的可以问护士，毕竟经验是在工作中积累出来的。朱老师一日三餐都是我们用针管鼻饲打进去的，只能打点米汤。小便用导尿管，大便只能在床上，用了尿布和尿垫，每次拉完要给他擦洗干净。翻身是最累的活，一个人翻也翻不动，一天要翻好多次身，还好有时候他老伴王老师也在旁帮忙。经过一个多月的治疗，朱老师开始慢慢好起来了，医生说可以出院了。朱老师回来以后就直接住进了养护院的6号楼211房间，还是由我们护理。刚回来的时候，他还是只能躺在床上。经过一段时间的调理和护理，朱老师面色慢慢地好了起来，人也精神了很多。能坐起来以后我们就用轮椅推他去12号楼做康复，做的是脑电波的理疗，还有锻炼腿部肌肉，因为在床上躺了一段时间以后，腿部肌肉都有点萎缩，变得无力。渐渐地，我们发现他的腿部有点力气了，于是扶着他在康复室走，后来又扶着他在我们6号楼的走廊里走，从刚开始的几步到一圈，再到后来的几圈十几圈，每天都坚持锻炼。现在朱老师都能推着助步器到果园里走了，看见人还知道打打招呼招招手，有时候还能想起一些以前的事情，偶尔也会跟我们讲一些以前在上海交大工作的事。见到的人都说朱老师恢复得不错，能听到这样的话，我们很是开心，有谁不希望自己护理的长者越来越好呢！

王老师，还住养老院那边，每天都会过来几次陪陪老伴，看见老伴一天比一天好，心情也比以前好了很多。转眼间我们护理朱老师已经四年多了。你好，我好，大家好，这是我们所希望的，也是我们正在努力做的。

用心付出，总有收获，而我们的收获就是长者们幸福地安度晚年。选择养老服务职业是值得的。我们做的虽然不是什么大事，但一样有意义，一样令人难忘。

陈定平

上海颐和苑老年服务中心
养护院领班

闪光的年华

2018 年荣获颐和苑养护院“优秀员工”称号

激情的岁月

1990 年 1 月—2000 年 5 月 …… 上海南山箱包有限公司
2000 年 8 月—2015 年 5 月 …… 上海羊毛衫有限公司
2015 年 6 月至今 …… 上海颐和苑老年服务中心
2015 年 6 月—2016 年 3 月 …… 就读养老护理医疗照护
2016 年 11 月 …… 就读养老护理中级

要成功不需要什么特别的才能，
只要把你能做的小事
做得更好就行了。
陈定平

护理虽平凡，做好不容易

陈定平

时光荏苒，岁月静好，我进入颐和苑工作一晃五年了。在这将近五年的时间里，我与入住养护院的长者建立了不是亲人胜似亲人的深厚感情，使我对做好这份工作也更加充满了信心。

记得 2014 年底听人介绍颐和苑要招聘护理员，由于家住颐和苑附近，早就耳闻颐和苑是一家以“家庭”为载体、以“田园”为环境、以“幸福”为目标的高品质的非营利性养老机构，于是我毫不犹豫地报了名，参加了相关培训，先后取得了养老护理初级证书、中级证书及丹麦方颁发的“老年护理教育证书”。

2015 年 10 月，颐和苑如期开业，也开启了我的护理职业生涯。记得养护院第一位入住的长者是 211 室的李阿公，他是一位慈祥、大度而又略带腼腆的长者。当年的李阿公 88 岁，患有冠心病，慢性阻塞性肺病，开过刀。他性格比较内向，生活基本自理且有规律，喜欢看电视、读报纸，平日还会写写日记。每天早上 4 点左右李阿公就起床了，先是在房间里锻炼，再到阳台上锻炼。但是由于阳台的门拉起来比较费力，我们护工会帮李阿公开好阳台的门，方便其出入。经过一段时间的摸索，我将李阿公的日常习惯、喜好等都了解掌握于心，会在早上 5 点前为其烧好热水送至房间，再根据他早上的饮食爱好，为其准备好一杯牛奶泡燕麦片。平时一日三餐李阿公都会在公共餐厅与入住长者们一起用餐。虽然李阿公生活大部分能自理，但我们总是愿意去多帮助他，帮他洗晾衣服，每天将订阅的报纸送到他手上。李阿公与我们的关系就如同他和自己的孙子、孙女一般，看到我们上班劳累时总会关切地问候我们，几句随意的问候总能在不经意间温暖着我们的心。有时他还会偷偷地塞上点小零食给我们，但我们还是委婉拒绝了。随着时间的推移，李阿公年事已高，身体每况愈下，2019 年 10 月家属决定将其转入护理院。虽然经过积极的治疗，但是李阿公还是于三个月后不幸离世。李阿公已经离我们而去，但他温和的音容笑貌仍旧深深地留在我们心中。

另一件让我印象深刻的事，就是在 2019 年 9 月一个台风来袭的夜晚。当晚我恰巧值夜班，当三楼护理员夜间巡视时发现 305 室的陆阿姨自行下床上厕所时不慎摔倒。接到通知后，我立马通知医生及家属，并且立即赶到陆阿姨所在的房间。医生初步检查后，建议要立即送往朱泾第六人民医院。由于家属家住石化，路途遥远，先由我们护理员陪同前往医院。经过医院一系列的检查后，陆阿姨并无大碍。随后家属及时赶到了医院，对于我们的付出及帮助给予了由衷的感谢。在以后的日常生活中，我们也加强了对陆阿姨安全方面的措施。这虽然是件小事，但它时时提醒我们，要防患于未然，我们的细心周到关系到一个老人，甚至一个家庭的安宁。

虽然护工这份职业平凡而辛苦，但是想要做好这份职业却没有那么容易，面对这群老年弱势群体，我们需要更多的耐心、爱心、细心以及责任心。要把老人的每一件小事都做好、做精、做细。5 年的工作经验让我领悟到：只有真正把长者当作自己的家人对待，换位思考，为老人服务做到手勤、脚勤、嘴勤，才能让每个入苑老人享受到幸福养老的快乐。

陈诗嘉

上海颐和苑老年服务中心
生活管家

闪光的年华

2016 年获“外研社杯”全国英语阅读大赛三等奖

2017—2018 年度获上海政法学院一等奖学金

2018 年获金山区“金种子”培育计划优秀个人称号

激情的岁月

2012 年 9 月—2015 年 6 月 ········ 华东师范大学第三附属中学就读

2015 年 9 月—2019 年 6 月 ········ 上海政法学院英语专业就读

2019 年 6 月—2019 年 12 月 ········《英语角》杂志文字编辑

2019 年 12 月至今 ························ 上海颐和苑老年服务中心生活管家

老吾老 以及人之老
我要做长者的拐杖与棉袄
青春里开出不同的花朵
我们在做光明的事业
陈诗嘉

让青春更加绚丽多彩

陈诗嘉

还记得刚来颐和苑时经常被问：你一个刚毕业的年轻人为什么要选择进入养老行业呢？我说：因为自己小时候也是跟外公外婆长大的，我在他们无微不至的关爱下健康成长。我希望长者们的晚年不是孤单地对着空房间和电视发呆，而是拥有自己的快乐；我希望他们能找到属于自己的舞台，发挥自己的余热……

记得大学刚毕业那段时间，也曾经历过焦虑、迷茫和无助，但当我来到颐和苑之后，认识了许许多多可爱、慈祥的叔叔阿姨们，每一次与他们交谈过后，都让我对工作和生活有新的认识。我下决心努力学习专业知识，以自身微薄之力，为他们提供专业优质的服务，尽可能地让他们安享晚年。

最初我以为养老服务就是照顾老人的生活起居、陪伴老人、让他们幸福快乐地颐养天年，这就是我一个外行人对养老行业的基本感知。当我第一次了解“失能老人”“认知障碍老人”“医养结合”这些名词时，我才有所领悟，养老行业有自身的发展模式，有改革创新的先进理念，更有国家政策大力扶持的长远规划。因为养老产业在国内还是一棵棵“青青小草”，还在不断生长。我感到幸运，因为从此以后它的发芽、开花、结果，我都有机会默默陪伴左右。我既是一名见证者，也是一名参与者，这个挑战和机遇并存的行业让我充满了动力。如何正确理解养老行业，如何走入老年人的心里，这些问题都需要我不断地学习和积累。

屈指数来，从我进入颐和苑至今已有近六个月的时间了，一路走来，我热爱养老事业和坚持不懈的那颗心从未改变过。刚进颐和苑时的我是懵懂无知的，空有一脑子的理论知识却从未去实践过，遇到突发事件很慌，现在比之前稳重了许多。大家都说做养老事业要有“四心”，即责任心、爱心、细心、耐心，但我觉得还要加一个，那就是开心。如果在工作中不开心，那跟“小和尚打钟”有何区别？又如何能让叔叔阿姨们感到开心和安心呢？

近六个月的时间，让我对养老服务了解了很多，从照顾生活起居到适老化家居装修、医养有机结合、心灵关怀疏导等，切身感受到理事长和每一位新生代养老服务人对长者们的尊重和爱。这不是一份仅有着热情就能坚持下去的工作，更多的是在唤醒你的社会责任感与同理心。只有能力，做不了它；空有信念，做不好它。理想很丰满，可现实告诉你，真正的养老事业不是抱着理想侃侃而谈，而是用心做好每一件小事情，走好服务长者的每一步。我不能说我已经转换了自己的思维，只是在尽最大努力学习着，学习如何将自己的专业、将自己的个人能力，融合为团队所需的行动力；学习如何放慢自己的脚步去体会长者的生活方式。我想要成为一名合格的养老服务从业者。

养老事业被很多人都贴上“暮气沉沉”的标签，认为与年轻人的活力有点不搭，但正是这样才更需要我们这样的青春养老服务人来给养老服务这个新兴产业注入活力。正是因为我们尚年轻，拥有更多的可能性，我们才更需要用满腔热情来回报社会给予我们的所有机遇。如何承担起社会责任感、如何实现自我价值、如何更好地服务长者，是我们每一个年轻的养老服务从业者要思考的问题。

如今养老事业蓬勃发展，我对自身未来的发展也是充满信心。我相信在不久的将来我可以骄傲地跟世人说：我是养老事业建设者，我为自己感到骄傲。

李春妹

上海颐和苑老年服务中心
管家部领班

闪光的年华

2011 年荣获年度“先进柜组”称号（瑞鑫百货）

2012 年荣获年海棠小学“好家长”称号

2013 年荣获年度“先进员工”称号（瑞鑫百货）

2017 年荣获“我与颐和苑”征文活动三等奖

2018 年荣获上海颐和苑养老中心管家部“服务明星”称号

激情的岁月

2003—2007 年 ………… 上海猫猫床上有限公司柜台店长（石化百货）

2008—2009 年 ………… 上海 A&D 服饰有限公司柜台店长（石化百货）

2009 年 9 月—2017 年 6 月 ……… 百家好（上海）有限公司柜台店长（瑞鑫百货）

2017 年 7 月至今 ………… 上海颐和苑老年服务中心

自信 诚信
用心 创新
放我的真心
在您的手心

李春妹

与初心相伴，砥砺前行

李春妹

不知不觉进入颐和苑工作已经快三年了，从开始的迷茫青涩，到如今能够独当一面服务好长者，我应对努力奋斗的自己说一声谢谢，但更值得我感谢的是颐和苑所传递的精神与理念，这些精神食粮令我保持着初心，砥砺前行。

起初来到颐和苑这个大家庭中，是带着一些忐忑的，因为自己原先的职业并不与之相关，甚至在面对着一位位长者时，会紧张得不知所措。但同事之间的经验分享和自己慢慢的探索与学习，令我不断地强化和理解了自己这份工作的目的和初心，从而能从容地面对和处理突发问题。

记得一个值班的夜晚，一位长者突然发烧呕吐，情况十分紧急。身为管家，同时也是长者在苑中所信任的“家人”，我有责任与义务去处理这个突发情况。我一边帮他处理身上的呕吐物，一边联系救护车。在医院里，我陪伴着他做 CT、验血，办理入院手续，联系家人，直至一件件事情利落地完成，我悬着的心才放下。这件事让我体会到身为管家肩上的重任。

如今的我，处理各种事务时已经不会莽撞大意，不再忐忑，因为这三年中我学习到了很多，收获了很多。苑中写作组、摄影组的活动让我懂得了更多的文化知识，苑内的培训与例会令我不断发现自己的不足，周理事长的讲话时时触动着我的心灵，使自己努力去变成更好的管家。而实践是最好的老师，在与长者相处时所学到的许多东西，更是自己努力的方向，也是触发我不断努力的动力。比如，身为管家，我们更应该去敏锐地关注长者的心情变化，去猜测他们的烦恼，并给予一定程度上的开导和安慰，用温暖的陪伴去化解他们心中的愁苦，让长者感受到颐和苑不仅仅是一个环境优美的养老胜地，更是一个充满爱和温暖的大家庭。

全新的员工培训，在我看来是一个很好的锻炼机会。“学无止境”，每一天都是新鲜而充满希望的。只有我们管家也不断“更新"，不断进步，才能给长者带来更好的养老体验。及时的培训能让我们了解到更多样性的服务方式，从而实现更完美的服务效果。培训不仅仅使个人素质获得提升，更能促使颐和苑整体品质再上一个台阶。我们身为基层的管家要做的就是在实现自身价值的同时，去弘扬颐和苑的人文精神，让长者感受到自己所居住的环境不仅仅是自然环境的优美，更是精神思想上的家园和乐园。

经过五年的精心培育，我们颐和苑的名声已经口口相传。颐和苑有现在的成绩，离不开苑领导带动一线员工的辛勤耕耘，以及入住长者的支持和鼓励。二期项目竣工就在眼前，可以预料我们以后的工作将更加繁重，要求也更高，为此我们会更加勤奋工作，刻苦学习，努力提高文化素质和各种工作技能，为把颐和苑建成百年老店而贡献我们的力量。

沈洁英

上海颐和苑老年服务中心
护理员

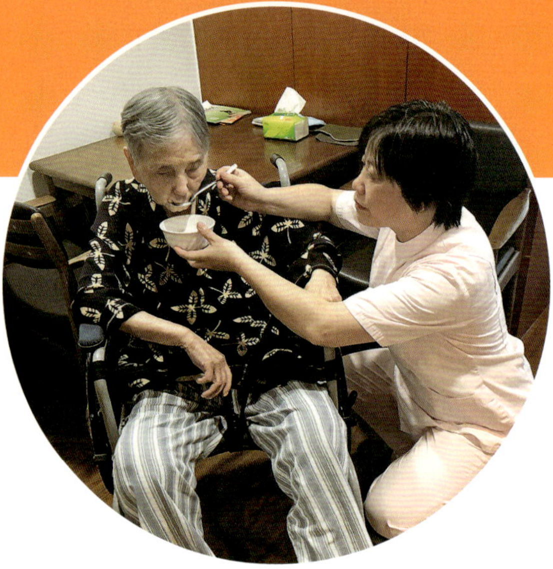

青春的梦想

我们点燃青春之火，我们怀揣梦想，在属于自己的天地间任意飞翔，驰骋，我们相信青春梦想掌握在自己手中，需要我们去创造。

激情的岁月

1990 年 3 月—1995 年 5 月 ········ 新农工艺品厂
1995 年 6 月—2000 年 12 月 ······ 新阳纺织厂
2001 年 1 月—2015 年 3 月 ········ 新农毛衫厂
2015 年 6 月至今 ························ 上海颐和苑老年服务中心
2015 年 6 月—2016 年 3 月 ········ 就读养老护理医疗照护
2016 年 8 月 ································ 就读养老护理中级

多些珍惜，感情更长久。
学会换位思考，相处才快乐。
忍一时，不是懦弱。
让一步，海阔天空。
善一生，才算精明。
沈洁英

用心付出，总有收获

沈洁英

青春是丰富多彩的，青春是朝气蓬勃的，青春是甘甜与苦涩并存的，青春是美好未来的台阶。所以，青春让人留恋，忘返，驻足，沉醉，抹不掉忘不了，成为记忆里永远的画面。

回首颐和苑将近五年的时光，有汗水和泪水，有欢声和笑语，曾经有过困惑，有过迷茫，但庆幸自己一直坚守，始终无悔，没有停止奋进的步伐，肩负重任，不辱使命，任劳任怨，默默奉献！

颐和苑的蓝天白云下，有如诗如画的美景，在这里我开启了养老护理的职业旅程。记得开始经过金山卫校老师严格有序的从理论到技能的培训，我和姐妹们勤学苦练，互相切磋的努力，都以优异的成绩拿到了医疗照护证书，后又经过两位丹麦老师再次培训，又取得了丹麦的护理证书。所谓有梦想就有追求，为了更专一更专业地去服务好住苑的长者，我在 2016 年 8 月开始去金山的张堰再次接受培训。一份耕耘，一份收获，终于我拿到了养老护理的中级证书。知识就是力量，我会把所学到的理论和技能全部运用在养老护理的实践中。

我们的护理院里住着的是一群特殊的长者，一些失智的长者刚入院时脾气暴躁，经常斥责护理员，有的甚至要无故打骂。一些失能的长者，大小便都在床上，一天要换洗好几次。有的长者还插着鼻管、导尿管，给护理工作带来许多的难度。我工作的五年中护理过各种各样的长者，尝遍了各种酸甜苦辣，也体会到养老护理的意义和自身的价值。

记得 2019 年 6 月，我护理着一位 90 多岁高龄的陈叔叔，由于是癌症的晚期，他浑身疼痛，无法动弹，大小便无法自理，身上又插着很多根管子，但必须始终保持老人身上干净整洁，无异味，每次为他擦洗，我都累得腰酸背疼，满头大汗。尽管十分辛苦，但我始终没有怨言，经常面带微笑轻拍他的背，揉揉他的小腿，轻声细语地和他说着话。陈叔叔也以同样的微笑回报我，后来由于病情的恶化，这位长者还是走了。开追悼会的那天，他的家人恳切地邀请我参加，他的外甥女几度哽咽地握住我的手说：“沈阿姨，我们全家人都谢谢你，把我姥爷照顾得这么的无微不至，比亲人还亲！”此时我热泪盈眶，感到无比欣慰，能让陈叔叔临走减少痛苦，让家属得到安慰，我再苦再累，也值了！

周理事长经常告诫我们要以“三个服务”为核心，注重每一个细节，服务好每位长者，用真心，用真情，时时给长者送温暖，办实事，做好事，解难事，争取得到长者与家属更多的认可！老吾老以及人之老，我作为一名护理员，更要将敬老、爱老、助老的中华传统美德内化于心，外施于行。

颐和苑在前进，我的理想在充实。颐和百年，青春正好。前程的风光更美，我会和颐和苑一起勇往直前！

李 艳

上海颐丹护理院
主管护师

青春的梦想

青春是人生最快乐最精彩的时光，因为青春装满了梦想与希望，我们不能让青春虚度。

激情的岁月

2006 年 8 月—2009 年 8 月 …… 上海医药高等专科学校就读

2009 年 8 月—2017 年 7 月 …… 任职复旦大学附属金山医院

2017 年 7 月至今 ………… 任职上海颐和苑老年服务中心颐丹护理院

神圣的工作在每个人的日常事务里
理想的前途在于一点一滴做起

李艳

让青春留下难以磨灭的印记

李 艳

青春是什么？青春代表着生机，代表着活力；青春就是挥洒汗水，收获喜悦，播种梦想，满载希望。我们用汗水滋润着青春，青春就是我们前进的动力。

十年前我选择了护理专业，懵懵懂懂，对于护理这行没多少理解。踏出校门来到医院，信心满满，但经历了一些事，遇到了各种人，我才知道要学习的东西还很多很多。在成为一名合格的护士的那一刻起，开始明白无数的考验正等待着我。

因为青春，所以斗志昂扬；因为青春，所以无畏。怀着一腔热血进入了医院。刚踏入临床工作时，操作技术不熟练，总会遇到病人投来怀疑的眼光：“你是新来的护士吧？工作几年啦？”“我的血管条件很不好，你有把握吗？”在接触病人中，或多或少有些委屈。同事、领导的开导鼓励，让我明白，临床工作就是这样烦琐和不容易，只有自己不断努力钻研，一步一个脚印，不害怕失败，才能做出成绩。

生命只给人一次青春，我选择追求，去追求生命的色彩，放飞生命的梦想，哪怕过程中会有许多的不如意，但也对曾经的努力决不后悔。

四年前我来到了颐和苑老年服务中心，老年护理院的特殊性让我在一开始的工作中就碰到许多问题，每个长者的口服药每顿都需要分门别类一粒一粒排好，这就需要一丝不苟的严谨工作态度，反复核对，不能马虎，确保用药的安全。护理院入住的大部分都是生活不能自理的长者，这就对护理操作技术提出了更高的要求。在护士长和各级领导的帮助下，我慢慢学会适应，越来越得心应手，更是深深爱上了这份工作。入职的第一年，经过不懈的努力以及领导同事的帮助，我被评上了优秀员工，这是荣誉也是动力。去年我考上了主管护师，让自己在职业规划上又向前迈了一步！

2020 年是特殊的一年，突如其来的新冠病毒袭击了全世界。面对疫情，苑里紧急开展行动部署，上下团结一心，制定各种措施，及时保障了长者和员工的安全。通过这次疫情，我再次感受到了作为医护工作者的神圣职责和大无畏精神。全社会的认可和感谢深深地触动了我，作为护理人员，虽然没在抗疫最前线，但是坚守在自己的本职岗位上，也是为社会作出自己的贡献。一份工作一份责任，明年随着颐和苑二期的开业，会迎来更多的长者进入护理院，这对我们是一次新的挑战，更是一次进步提高的机会！

青春转眼即逝，在前行的道路上，颐和苑在发展，我也会不断成长。2020 年苑里新设了安宁疗护病房，就是为了让病人在生命的最后时刻得到尊重，活得更有尊严，让社会给予更多的理解和包容。人生无憾，大爱无私，这不就是老年护理工作的意义吗？

如果说人生是五彩缤纷的，那么青春必是其中最绚丽的一抹，充满着力量，充满着期待，充满着求知欲。青春不必都要轻漫疯狂，踏实平凡也是青春值得的纪念。我愿在颐和苑平凡的护理岗位上，奉献自己的青春力量，给漫长的人生旅途留下难以磨灭的印记。

张 婴

上海颐和苑老年服务中心
护理院领班

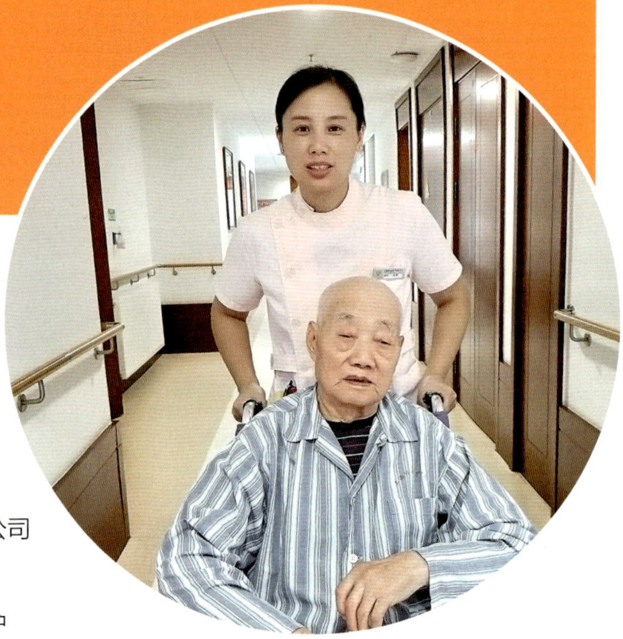

闪光的年华

2018 年 荣获颐和苑护理院“优秀员工”称号

激情的岁月

2008 年 4 月—2011 年 2 月 ……… 赴日本打工
2011 年 4 月—2015 年 5 月 ……… 上海必安必汽车配件有限公司
2015 年 6 月至今 ……………………… 上海颐和苑老年服务中心
2015 年 6 月—2016 年 3 月 ……… 就读养老护理医疗护理照护
2016 年 11 月 ……………………… 就读养老护理中级
2017 年 9 月—2020 年 1 月 ……… 就读上海开放大学（老年服务与管理）

把一切平凡的事
做好即不平凡
把一切简单的事
做好即不简单

张婴

我与颐和苑共成长

张 婴

有一种感情，是互勉互励共进退；有一种动力，是唇齿相依齐奋进。

2014 年 12 月，我在无意之中看到颐和苑的招聘信息，于是我抱着试试的心态报了名，没想到接到了面试通知。面试在丹麦两位高管的考核中进行，经过层层选拔，我终于顺利通过。2015 年 6 月，苑里安排我们在卫校进行培训。经过一个月的专业培训和实际操作，我拿到了资格证书。7 月份，两位丹麦的老师又给我们进行为期两个月的培训，我也顺利地通过考试，拿到证书。9 月，我们进入了颐和苑，迎接颐和苑的开张。

2015 年 10 月 28 日，这是一个令人难忘的日子，颐和苑正式成立，迎来了第一批入住长者。虽然，我们在进苑之前进行过理论和操作的专业培训，但毕竟没有实际经验，根本不知道怎样和长者相处，心里充满着期待又忐忑不安。在工作中，我总是小心翼翼，生怕自己出什么差错。为了让自己能更好地记住长者的姓名、习惯，我备了一个小本子记上，放在口袋，在忘记时拿出来看一下。时间一长，慢慢熟悉，也就越做越顺利，能根据长者的不同需求来进行各方面的护理。可是，由于入住长者越来越多，随之出现的问题也越来越多。比如说有些长者脾气差，或者思维不清楚，有时会做出一些过激举动。开始的时候真不知道该怎么去解决，于是，我便和同事们一起商量对策和解决方法，经过一段时间的摸索，如今我已能很好地处理各种突发事件。

2017 年 3 月，由于岗位需要，我被分配到护理院。因为在养护院时，长者基本都能自己行动，而护理院，基本上是病情较重的长者。所以在这里要学习的东西更多，比如给长者翻身、检查皮肤、观察长者生命体征等各方面的护理知识和技能。经过一段时间的历练，我逐渐掌握了各种技巧，也能很好地服务于长者。同年 5 月，我晋升到领班的职位，这让我感到身上的责任更大了。

2019 年 5 月，我有幸和另外三位同事一起赴丹麦学习交流。通过学习交流，我更明白了要始终贯彻“以人为本”的护理理念，提供适合个体的护理服务。

作为一名员工，我感到非常荣幸，因为这里有着重视、关心我们综合素质提高的领导，有着彼此扶助、同舟共济的和谐氛围。我所要实现的最大职业价值，就是将责任心作为一种本分，融入到工作的点点滴滴之中。

五年来，我常常怀着对颐和苑的感恩之心，对长者们的理解之情，努力工作，即使受了委屈也不改初衷。因为我深深地爱着颐和苑，爱着这份工作，爱着我们的长者。在这个日新月异的时代，是颐和苑为我提供了展示人生价值的舞台。在这个舞台上，不论是过去，现在，还是将来，我都将更加尽心尽力地在平凡的岗位上奉献自己，与颐和苑共成长。

张跃忠

上海颐和苑老年服务中心
护理员

闪光的年华

2016 年 荣获颐和苑养护院“优秀员工”称号

激情的岁月

1990—1992 年 ········ 金山运输公司
1993—1995 年 ········ 红光电镀厂
1995—1996 年 ········ 木器有限公司
1997—2015 年 ········ 金山管道有限公司
2015 至今 ················· 上海颐和苑老年服务中心
2016 年 11 月 ·········· 就读养老护理中级

精诚所至，金石为开，理想是需要的，
它是我们前进的方向。去求生存，求发展。
必须从现实的努力奋斗，
才能实现自己的理想。

张跃忠

曾经的青春永远值得铭记

张跃忠

世上有千种拥有，但只有一种拥有最为珍贵，它不是地位，不是金钱，也不是权力，而是活力四射的青春。青春路上难免会有悲伤，但青春的脚步不会停止。

时间过得真快，五年了，回忆起往事，仿佛就在眼前。记得我刚开始入行时，有的人认为做男护工没出息，但我还是坚持去报名，结果录取了。走进卫校进行几个月的学习，经过丹麦式的幸福养老培训，我懂得了一些护理知识和技能技巧。经过无数次的练习，我终于考上了医疗照护证书，这使我对做好这份工作更有信心了。

以家庭为载体，以田园为环境，以丹麦为友相互合作，以幸福为标准的颐和苑，景色优美，人杰地灵，理念先进，设施齐全，我庆幸找到了一个好的工作。那天我接到一个通知，有位长者朱老师因患脑溢血住院了，叫我去医院护理。看到他就像植物人一样躺在床上，浑身插了好多管子，我心里有点怕。但病人需要我的护理，我清醒了一下头脑，重温了培训时所学的知识和技能，我觉得老人已经这么痛苦了，自己也不能再怕三怕四的，应该把他护理好，减轻他的痛苦。我首先为他做了评估，然后按规范要求采取全护理措施。我每天帮他刷牙，为他擦洗，喂他吃药，助他翻身，乃至清理大小便。经过几十个昼夜的细心护理，朱老师的病情终于有所好转，出院回到了我们颐和苑养护院。在养护院还是由我护理他。我又一次给他评估，制定了一套康复的方案。经过一段时间康复训练，朱老师终于能站起来了。接下来让他练习行走，我每天搀扶着他不断地行走，真是一步一个脚印。功夫不负有心人，朱老师终于可以行走了。他自己也没有想到自己还可以行走。他笑了，对我们表示感谢，我也感到很开心，很有成就感。

回想过去的那些日日夜夜，又苦又累的滋味真不好受。我也曾经有过打退堂鼓的念头，但一想到自己当初的誓言，我就坚持了下来。

朱老师子女都不在身边，只有老伴在身边。老伴身体也不好。我们这些护理员，就应像对待自己家的长辈一样关心帮助他们，使他们度过幸福的晚年。如今，朱老师的身体状况依然良好，我觉得无比的开心，因为我为新中国的养老服务事业贡献了自己的力量。

随着岁月流逝，青春也会慢慢离我远去。但这些曾经的青春脚步，让我的人生变得更加充实，更加富有意义。

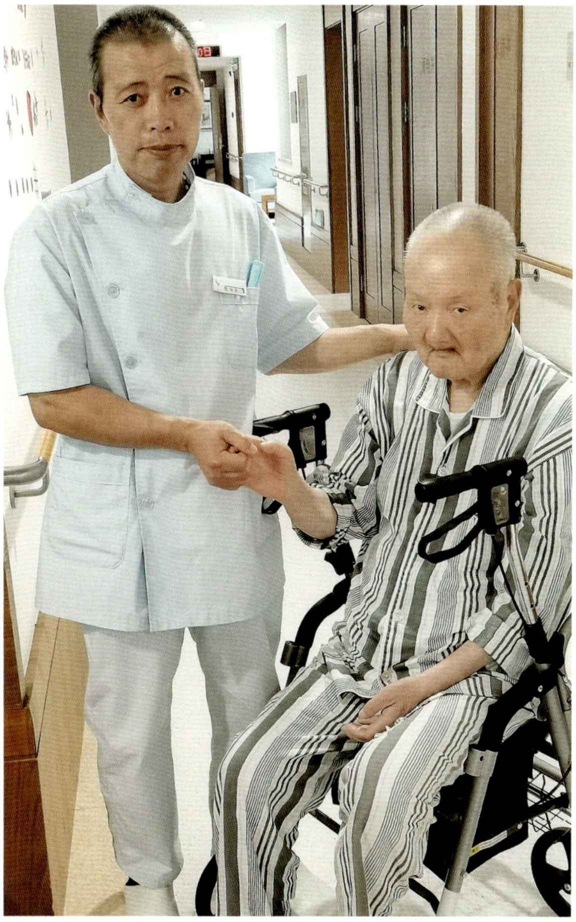

陆寨红

上海颐和苑老年服务中心
护理员

闪光的年华

2019 年 荣获颐和苑养护院“优秀员工”称号

激情的岁月

1995 年 6 月—2004 年 2 月 …… 东林宾馆
2009 年 2 月—2012 年 12 月…… 赴日本打工
2015 年 6 月至今 …………… 上海颐和苑老年服务中心
2015 年 6 月—2016 年 3 月 …… 就读养老护理医疗照护
2016 年 11 月 ……………… 就读养老护理中级
2018 年 9 月 ……………… 就读上海开放大学（老年服务与管理）

一份付出，一份收获；
用心工作，收获颇多；
脚踏实地，诚实做人。

陆寨红

从无法下手到欣然面对

陆寨红

风风雨雨，我在颐和苑走过了 5 个年头。这 5 年走过的路程，有酸有甜，有苦有泪，让我的成长道路上多了一段不平凡的经历。

“护工”这个称呼，大家可能都不陌生，但 5 年前对我来说却很陌生，也不会想到去干这一行。我听到别人说颐和苑在招护工，工资有 4000 元，当时就是听到工资高才去报名的，还有就是我不怕脏能吃苦，但对护工这个职业不是很了解。经过我们的乌拉副总给我们培训，才让我对护工有了初步的认识。培训结束后，我有惊无险地拿到了合格证书。

2015 年的 10 月 26 日迎来了苑里的第一位长者李阿公。李阿公是本地人，所以聊起来很方便。他的身体还是比较好的。接下来陆陆续续又有长者进来了，有身体好的，也有身体不是很好的。我记得朱阿姨刚来时，可能是换了环境的原因，老是要回家，老是要找女儿。后来才了解到她有老年痴呆症，一转眼的事就会忘。有次她的病发作了要回家，怎么劝说都不行。她一个人要往楼下走，没办法我只能跟着她下楼。我搀着她在下面的路上边走边聊，聊聊这聊聊那。正好乌拉副总经过，看到朱阿姨正在对我发火，就帮我一起陪着她聊天，聊她以前的工作。她一下子起劲地就跟我们讲起来了，也就忘了她下来是干嘛的了，最后也就顺利回房间去了。通过这件事，我认识到对待智障老人有时我们也要顺着她的意思，然后再通过别的事让她转移注意力，这样就可能更容易化解老人的急躁情绪和冲动行为。就这样，我在工作中一点一点积累经验。

每件事都有第一次。有位夏叔叔因为腿不便一直坐轮椅，缺少锻炼，肠蠕动慢，好几天没大便了，他想拉但拉不出来，那叫一个难受。在阿姨的建议下给他打了开塞露，可是还是不行，可能老人肛门口的宿便太硬，也可能他没了力气。我跟阿姨说：“我带副手套来摸摸看。”阿姨说：“不要了太脏了。”我安慰说：“没事，没事，我带了手套的，来叔叔你人往前一点。”我慢慢地把手指塞进去，肛门口一圈都是硬的宿便，难怪他拉不出。我一点一点把肛门口的宿便都掏出来，一股难闻的气味冲了出来，肠道里的大便终于一泄而出，畅通了。夏叔叔和阿姨都松了一口气，我也学到了一项新的护理技能。

从开始对这份工作认识朦胧，到现在热爱这份工作，从开始的无从下手，到现在的欣然面对，我一步一步地在成长，我的心也一天一天与颐和长者贴得更近。

杨赛辉

上海颐和苑老年服务中心
运营总监

闪光的年华

2016 年 6 月 护理学初级（士）

2017 年 5 月 护理学初级（师）

2018 年 11 月 健康管理师三级

2019 年 6 月 助理社会工作师

激情的岁月

2006 年 2 月—2008 年 12 月 …… 澳大利亚天主教大学护理学就读

2009 年 1 月 …… 澳大利亚注册护士

2009 年 1 月—2012 年 12 月 …… 澳大利亚圣乔治医院

2010 年 7 月—2013 年 7 月 …… 澳大利亚卧龙岗大学公共卫生学硕士就读

2015 年 10 月至今 …… 上海颐和苑老年服务中心

以长者为尊　以服务为荣
为社会分忧　替儿女尽孝
用真心服务　为博爱坚守

杨赛辉

感恩遇见 未来可期

杨赛辉

转眼间，已度过四年八个月愉快而忙碌的工作，这段工作经历是我人生旅途中的重要一程。静心回想这几年的工作生活，收获颇丰。

2015 年 10 月来到颐和苑，非常荣幸地成为大家庭的一员，养老服务工作就此展开。从一名普通的基层员工，到负责一个部门的工作，从不熟悉、不理解到渐渐热爱上养老服务工作，这种感觉像是经历了一场恋爱，熟悉、磨合、融洽，再到升华为一种积极的生活目标。爱是一点一点、不知不觉培养出来的，对于本职工作的热爱也是如此。

作为一名年轻养老护理管理者，深知自己肩负的责任和重担，但我还是鼓励自己，勇敢迎接新的挑战，因为我有干好这份工作的决心和信心。

从养护院到颐丹护理部再到颐丹康复科，从陌生到熟悉，因为热爱，所以传承。虽然一路艰辛，但一路执着，一路坚守。没有轰轰烈烈的事迹，只有默默无闻的付出；没有气贯长虹的壮举，只有日复一日的辛勤劳作。用心诠释着新时期养老护理工作者的情怀；用爱谱写着无悔奉献的青春之歌；用朴实无华的实际行动，护佑着长者们的健康。我领悟到，养老服务就是这样一个神奇的工作，当你找不到理由继续下去的时候，仍然会继续下去！

五年来，我们不断学习，不断调研，不断提升自己。我的五年颐和路，有幸带领养护院荣获 2017 年度苑优秀团队、2018 年度金山区巾帼文明岗，并成功创建了 2019 年度上海市巾帼文明岗。我们时刻以长者为尊，以服务为荣，把中心倡导的养老服务理念，贯穿到管理中去，把院里的长者当成自己的亲人，悉心地关心和照顾。要求全院职工时时、处处、事事将长者的需求放在首位，把“百善孝为先”的中华传统美德发扬光大，把自己当作长者的儿女，像孝敬父母、长辈一样对待他们，细心观察长者的需求，贴心为长者服务，替长者子女尽责尽孝。

颐和苑护理人员一家亲

我们的目标是让每一位入住长者在颐和苑“幸福养老”。从开业至今，我们就用实际行动诠释着用心服务，让长者们都能得到科学、规范、人性化的服务，感受到无微不至的关怀。五年时间里，我们走遍了苑里的每一个角落，契合长者的特点，不断规范和完善养老服务管理；五年时间里，不断外出考察、交流、学习，在提升自我综合素质的同时，把丹麦先进的管理理念、运营模式带回来，结合颐和苑的特点，努力为长者营造家的感觉；五年时间里，五个除夕夜，五次团圆饭，我们都在苑里陪长者们一起度过；五年时间里，只要一有长者突发疾病，三更半夜往医院送是常事，而日常亲自护理长者，指导护理人员正确照护长者更不在话下。我们就是这样一群可爱的人，用生命守护生命，用自己的真心、用自己的真爱，坚守这一份热爱的养老服务事业。

颐和五年，我最大的感悟是：人生所有经历都是一种财富。无论工作是否完全如意，都认真做好每一件事，学习身边每一个人，把每一段经历变成有效简历和难忘经历。感恩每一段经历带给自己的成长，在快乐中生活和工作。感恩周理事长给了我学习和实施管理的平台。我想，将来的我，一定会感谢今天努力的自己！让我们相因相生，共同擘画出养老事业的春天！我们一直在为老服务的路上！

吴 燕

上海颐和苑老年服务中心
养护院副经理

闪光的年华

2016 年 荣获颐和苑养护院“优秀员工”称号

2017 年 荣获金山区“最美护理员” 称号

选择这个职业
就选择了奉献
用我真诚的呵护
抚平患者身心伤痛

吴燕

激情的岁月

2003 年 1 月—2010 年 12 月 …… 上海飞德服饰有限公司

2011 年 3 月—2015 年 5 月 …… 上海金旋汽车维修有限公司

2015 年 6 月至今 …… 上海颐和苑老年服务中心

2015 年 6 月—2016 年 3 月 …… 就读养老护理医疗照护

2016 年 9 月—2019 年 1 月 …… 就读中国石油大学（北京）

2016 年 11 月 …… 赴丹麦交流学习

2016 年 11 月 …… 就读养老护理中级

2018 年 10 月 …… 就读养老护理高级

2017 年 9 月—2020 年 1 月 …… 就读上海开放大学（老年服务与管理）

跟着颐和苑的脚步成长

吴 燕

颐和苑从开业至今快五个年头了，在这期间，我跟着颐和苑的青春脚步一步一步成长。我获得的荣誉有：2017 年朱泾镇好员工、长期护理保险优秀学员、金山区最美护理员。在这同时，我也把养老护理高级证拿下了。但我觉得还要不断地鞭策自己，让自己变得越来越优秀。

还记得在 2015 年 5 月，我通过报名—面试—初试—复试，有幸成为颐和苑的一员。通过培训我才知道养老服务并不是想象的那么简单。我时刻严格的要求自己，向更好的方向发展。

从入职养护院的第一天起，我就力求做好本职工作，我们用勤劳的双手，打理老人们的生活；用温暖的话语，滋润老人们的心田；用质朴的灵魂，呵护老人们的世界。我以自己的实际行动，践行着“老吾老以及人之老”的中华民族传统美德。我从一名普通的护理员，一路走来，一步一个脚印，从护理员到领班到主管，又从主管升职到养护院副经理。

当听到上海民政局与上海开放大学要共同举办“老年服务与管理”大专班，尽管当时我正在就读工商管理专科，但还是毫不犹豫地就报了名，那是多么难得的机会呀，这个课程正是为我们量身定制的呀！

在学习期间，我有幸参加了“上海高校养老类专业学生社会实践项目”。在老师的带领下，我与几个姐妹的共同课题“金山区失智老人情感照护现状与干预调研”成功立项并圆满完成，还获得了结项证书。

随着社会的发展、医学进步，对护理工作也有了更高的要求。一名优秀的护理工作者，光有爱心与勤劳是不够的，必须不断学习掌握护理新知识，新技术，才能为老人提供优质的护理。老年服务与管理这个专业真的不错，它开阔了我的眼界，丰富了我的见识，提升了我的境界。

作为一名优秀的护理员，长者的小事，我们要当大事。失能的老人，我们要竭尽全力，帮助康复，尽量让长者的残存功能发挥出来，不能让它丧失，这就是我们的每天的坚守，永远的责任。正如周理事长说过，有主动服务意识的人，眼睛里都是做不完的活，因为长者还没想到的事，他已经做在前面了。颐和苑长者的生活层次高，精神方面的需求更为突出。心理护理是老年服务工作的重点，它既能帮助老年人恢复身体健康，也能维护老年人的心理安宁。老人离开了生活了几十年的家，来到一个新的环境，恐惧、焦虑、不安都有可能发生。老人远离子女，孤寂、失落、不适也写在他们的脸上。我们用温暖驱散他们的孤寂，让微笑消除他们的焦虑，久而久之，依赖随信任而来，不少老人拉着我们的手，由衷地说：“你们胜过我们的亲生儿女。”

为了积极响应周理事长提出的“精细化管理和精神文明建设两手都要抓，两手都要硬”的号召，根据上级和颐和苑创建金山区巾帼文明岗的总体规划要求，我们结合养护院的工作职责、任务和实际情况，积极开展创建活动。功夫不负有心人，我们终于成功创建为上海市的巾帼文明岗，下一个目标是争创全国的巾帼文明岗位。

颐和苑的脚步还在不断前行，我也会紧跟着“她”的步伐。

张 燕

上海颐和苑老年服务中心
护理员

青春的梦想

学而不厌，悔人不倦。

激情的岁月

2008 年 6 月—2014 年 12 月 …… 中国石化销售股份公司上海石油分公司（朱泾加油站）
2009 年 9 月—2012 年 1 月 …… 就读上海电视大学行政管理专科
2015 年 6 月至今 …… 上海颐和苑老年服务中心
2016 年 3 月 …… 就读养老护理医疗照护
2016 年 11 月 …… 就读养老护理员中级
2017 年 9 月—2020 年 1 月 …… 就读上海开放大学（老年服务与管理）

平凡人生要用平凡的心去对待
你的人生将会更精彩

張燕

勿忘初心，坚持梦想

张 燕

不知不觉我在颐和苑工作将近五年了。五年的时光有欢笑，有感动，有泪水，有太多的情怀在里面。记得当初选择加入颐和苑这个大家庭时，我也很意外，从学校毕业到参加工作，从来没想过自己哪天会加入养老服务这个行业。虽然从小就比较喜欢医学方面的东西，也想过将来可能会从事这方面的工作，但由于种种原因没能达成自己这个心愿。时间久了，慢慢地淡忘了自己当初的梦想，习惯了其他的工作，但这些工作让我久久找不到自己的归属感和工作的定位感，有一天我毅然选择离开已经从事了7年的工作岗位。在失业期间，一次偶然的机会看到颐和苑在招聘，抱着试试看的心情投了简历。当接到面试电话的那一刻，我按耐不住激动的心情，心想虽然和医学方面的工作没牵涉到多少，但养老中心工作肯定和养生、治疗等有关，我也可以在医生那里偷学一点东西。

当我进入面试房间的那一刻，我很紧张，心都快跳出嗓子眼了，就怕自己回答不好被落选。到现在我都还记得面试官问我："为什么会放弃原来7年的工作？因为你的学历也不算低，你为什么会选择来做护理员？"当时我想都没想，脱口而出："我从小和爷爷奶奶生活在一起，我觉得我们都会有老的那一天，虽然物质上他们都能得到满足，但生活和心理上他们更需要我们帮助。至于为什么我放弃了原来的工作，那是我觉得以前的工作到了一个瓶颈期，千篇一律没有太多的发展空间了。"说完了，我心里是没底气的，因为不知道这个回答是不是他们想要的。

没过多久，我接到了人事部通知去金山卫校定点培训的电话，一颗悬着的心终于落实了下来。进入卫校培训，感觉重新找到了当初的梦想。虽然卫校的培训很艰苦，老师的要求也很严格，但现在回想起来，卫校带教老师真的很棒，不但教会了我们很多护理知识，而且由于她们都有着多年的护理经验，还把她们的护理小窍门分享给我们，让我们的基础护理做得更扎实。后期苑方又请来了丹麦的老师给我们做进一步

培训，从不同的理念出发，让我们更好地掌握长者生理和心理的护理，使我们的知识和技能更上一层楼。

通过了层层培训的各项考核和实习后，我正式成了颐和苑老年服务中心的一名员工。进入颐和苑后，我积极投入各项工作，更坚持自己最开始的想法。做护理工作需要耐心，需要热情，也需要有好的服务心态，这是作为一名护理工作人员最基本的素养。我要朝着这个方向去努力，我认为没有什么事情比这个更重要了。做护理工作，虽然说有时候会感觉到很辛苦，但是辛苦之后得来的就是收获，坚持住，往往就会看到胜利的曙光。

希望自己坚持脚下的路，在未来某一天，能够更好地发挥自己的特长，更希望能够在工作中一步步成长，把自己应该做好的事情做得更好，实现自己的价值。有些事情还是需要自己去坚持的，对自己现在的认可，也是对未来的认可，哪怕有很多未知的困难，我都会认为这是对我的考验，也是对我的意志的磨练。

最后我觉得做一名合格的颐和苑工作人员，还需要进一步地开拓和提高自己。这么多年来的工作只是一个初步的开始，虽然说曾遇到太多的问题，可解决的方法总比困难多，我会在未来的工作当中更加努力。常言说"态度决定一切"，我会去认真实践，认真学习，认真提高，调整好心态，努力地去追求自己梦想的那些东西。

周东方

上海颐和苑老年服务中心
护理员

闪光的年华

2020 年荣获颐和苑养护院“优秀员工”称号

激情的岁月

2002 年 1 月—2009 年 12 月 …… 上海鑫宏针织有限公司
2010 年 2 月—2015 年 5 月 …… 自己开小作坊
2015 年 6 月至今 …………………… 上海颐和苑老年服务中心
2015 年 6 月—2016 年 3 月 …… 就读养老护理医疗照护
2016 年 11 月 …………………… 就读养老护理中级
2018 年 6 月 …………………… 赴丹麦交流学习
2019 年 9 月—至今 …………… 就读上海开放大学（老年服务与管理）

相信自己，

把握未来，

坚持做个有用之人！

周东方

阿婆的生命唤起我内心的责任

周东方

2015年，经过几个月的培训，我来到了颐和苑工作。这是一家政府扶持的非营利性的养老院，倡导丹麦式“幸福养老”的核心理念。在入苑近四年多的每一天里，没有轰轰烈烈，没有可歌可泣，只有平平淡淡，辛辛苦苦，日复一日，周而复始。入住颐和苑的长者，大多数是80多岁的老人，衰老与疾病是绕不开的，力不从心的无奈，在日常生活中处处可见。老人的子女或者在国外，或者离得很远，根本照顾不到，最多打个电话、发个微信问候一下。我们在这里的工作就是把他们当作自己的爷爷奶奶一样。我们要做到不只是生活上服务好老人，更是要真情实感地付出，给予他们精神上的慰藉、亲人般的陪伴。

记得在2018年12月时，我遇上了养护院的一位老奶奶。她开始因为胃不舒服，吃东西难以下咽，去医院检查是胃癌和食道癌，她的儿女没放弃，带她去上海的医院治疗，但进手术室做手术时，病情已经恶化了，医生也没办法，只能在她肚子上接根引流管，借着这根管子来维持她的生命。她出院之后就住进了我们的护理院。开始由她女儿陪着，连续半个月过去了，她女儿也体力不支了，要求请个专护，领导就派我去那边做专护。这个阿婆人特别的和善，她女儿也是。阿婆每天的营养就靠肚子上的引流管挂进去，她一直说好久没吃饭了，嘴巴里啥味道都没有。我们只能安慰她说：“阿婆慢慢来，会好起来的，况且你儿子请的都是专家，一定会有办法的。”但每天她还是要吐好几次，有时候根本来不及拿东西让她吐，都吐在床单和被子上。有时她想喝点米汤，叫食堂早上送点米汤过来，但喝不了两口又全吐了，基本上每天如此，一直要折腾到半夜三点多。我和她女儿虽轮流值班，但是有点动静就根本不能睡。日复一日，阿婆越来越瘦，精神越来越差。后来她儿子把她送到了石化的复旦大学附属医院，进了重症监护室。我和她女儿每天只有下午2点可以轮班进去看她。阿婆看见我们就说在里面一个人都不认识，一个人呆着害怕极了，让我们不要走陪着她。那时我的眼泪就再也忍不住掉下来了，我就跟她说：“阿婆别怕，我们都在外面等着，等有空房间我们就换过去，那时我们就在一起了。”后来没过几天就转到了单人房，我们也搬了进去，每天帮她翻身擦身，问她想吃啥，她只是摇头。看着她日渐消瘦，每天吐个不停，大便也拉个不停，真的好可怜。有一天凌晨三点多，阿婆的血压、心率、呼吸都不稳定了，我马上叫来了值班医生，医生给她打了强心针，但没过多久又不行了，持续了两个小时左右，医生开始做心肺复苏。看着阿婆那瘦小的身体，被他们一个接一个地做心肺复苏，我的心里特别难过。家属提出按照农村的习俗，想让老人留口气回家，医生同意后，我们就把阿婆送上了救护车。回家不一会儿阿婆就走了。

看着被我精心护理的老人就这样离去，心痛之余我不断自问，如何让老人在有生之年有尊严地活着？让他们尽量减少病痛的折磨？我必须投入自己全部精力，把他们当作自己的亲人一样对待，想他们之所想，急他们之所急，始终坚持微笑服务和主动服务，让每一位入住这里的长者都能在我们的服务下安享晚年。

幸福其实很简单，一个微笑，一声感谢，一次关切，一份鼓励，只要我们用心去感受，一定会发现我们的身边充满了幸福。老人幸福，自己也幸福。

居世兰

上海颐和苑老年服务中心
护理员

闪光的年华

2019 年荣获颐和苑护理院“优秀员工”称号

激情的岁月

2005 年 3 月—2010 年 7 月 …… 羊毛衫厂
2010 年 8 月—2015 年 3 月 …… 自己开小作坊
2015 年 6 月至今 …… 上海颐和苑老年服务中心
2015 年 6 月—2016 年 3 月 …… 就读养老护理医疗照护
2016 年 11 月 …… 就读养老护理中级
2018 年 9 月至今 …… 就读上海开放大学（老年服务与管理）

每天告诉自己一次，
我真的很不错。

居世兰

我热爱这份护理工作

居世兰

时间过得真快，我来颐和苑这个大家庭已有五年了。我记得很清楚，刚来的时候，苑方为我们找了专业的学校及培训的老师，后来又经过丹麦模式的培训，可真是用心良苦。我们第一批护理人员也是不负众望，认真努力地学习，成为一名合格的护工。在颐和苑还没开张前，我们第一批三十几个护工和几个保洁阿姨就已经冲在第一线。因为缺人，苑方领导让我们打扫卫生，铺草坪，割野草。记得那时铺草坪的同事们因为冒着雨在外干活，第二天，有几个人就感冒发烧了。那时候打扫卫生正值烈日炎炎，没风扇，没空调，甚至连一张凳子都没有，可是大家都没有退缩，还是干得认真，做得用心！想想那时，养老院、养护院，还有后来的护理医院都还是一座空楼，如今却是远近闻名、一房难求的老年乐园。其中也有我们第一批护理人员奉献的青春时光，我们也都跟着颐和苑一起成长。

我刚入职时，作为一名新员工，对这个行业，可以说是懵懂无知，并不太熟悉整个工作的流程，也不懂如何与长者谈心，如何给予他们子女般的关怀。为了尽快适应新的岗位，我努力向经验丰富的领导和同事学习。我学到了如何与长者拉近距离，如何与同事沟通与协作。

有一位王教授在七十岁时患上帕金森病。他中年丧偶，但随即与一位比她年轻的女子再婚。王教授的爱人没有随他来养老院，王教授因心挂两头，刚来的时候情绪很不稳定，时不时透出想回家的念头。王教授的爱人，身体也不是太好，所以他比较担心爱人一个人在家不安全。我常常劝王教授说：“你不要担心阿姨，你的子女会把阿姨照顾得很好的。你只要在这吃好，住好，养好身体比啥都重要，让阿姨在家也放心。”我常常帮他洗澡，洗脚，修指甲，擦身，尊重他的生活习惯。帮他换被褥，整理房间，把他当作家人一样的照顾，让他感觉到了和住在家里一样的温暖。

我们护理院还有好多长者，由于疾病的原因，有时不吃不喝，也不理睬人；有时发脾气骂人，怎么劝也劝不好；有时连家属都不耐烦了。我们理解这些长者由于身体的疾病，导致肝火虚旺，情绪失控，对我们的工作有抵触的情绪也不奇怪。

我们只有用微笑和行动慢慢感化长者，取得长者的信任，才能走进他们的心里，了解他们的需求。我们不仅要从生理上照顾长者，还要从心理上关爱他们，要比家属更有耐心，充分地尊重这些长者，根据他们的心理特点来化解他们心里的疙瘩。

其实作为一名护工也极不容易，不仅要给长者穿衣，喂饭，洗漱，整理床铺，对患病长者，还要看护、服药、助浴，甚至端屎倒尿。又要面对有些长者的各种质疑甚至训斥，很多时候我们觉得很委屈，眼泪溢出来只好强忍回去。因为我们就是服务性行业，更何况我们面对的是一群高智商、有知识的文化老人。

我很爱自己的本职工作，早在 2016 年，我就取得了养老护理员中级证书，到 2018 年我又读了老年服务与管理专业，在工作中，我常常把理论和实际相结合，冷静应对多种突发情况。颐和二期即将开业，我们会面临更多的困难和问题。不过我们深信，困难和问题都是暂时的，都会在发展中逐步得以解决。我们有信心也有决心在今后的工作中，把我们护理院做得更好，让住养长者的晚年生活更加幸福和欢乐！

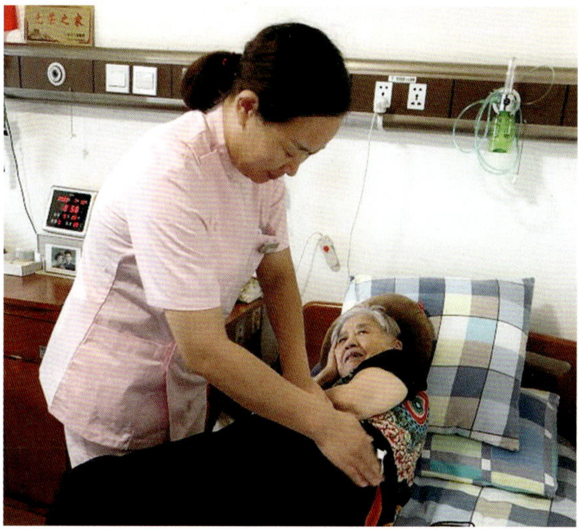

周菊贤

上海颐和苑老年服务中心
副总经理

闪光的年华

2007 年 获“上海市优秀毕业生”称号，免试直升研究生

2007—2008 年 获“上海交大医学院研究生优秀奖学金”一等奖

2008—2009 年 获“上海交大医学院研究生优秀奖学金”一等奖

2009—2010 年 获“上海交大医学院研究生优秀奖学金”一等奖

2017 年 获金山区朱泾镇“优秀党员志愿者”称号

2018 年 获金山区朱泾镇“好员工”称号

2019 年 获金山区朱泾镇“优秀共产党员”称号

2019 年 获金山区两新组织“优秀党员示范岗”称号

关爱老人的今天
就是关爱自己的明天
周菊贤

激情的岁月

2002—2007 年 …… 就读上海交通大学医学院临床医学（本科）

2005—2007 年 …… 上海交通大学附属新华医院实习

2007—2010 年 …… 就读上海交通大学医学院妇产科学（研究生）

2008—2010 年 …… 上海交通大学附属国际和平保健院实习

2010—2015 年 …… 美国加州学习生活

2015 年至今 ………… 上海颐和苑老年服务中心工作

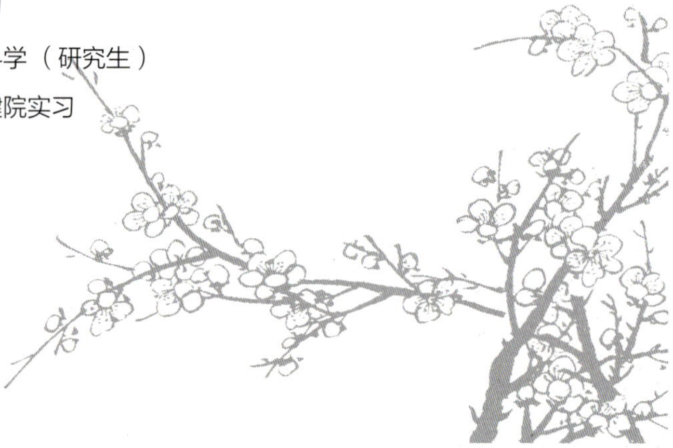

当青春遇上养老

周菊贤

青春，不止于“少年”

何为青春？不同的人对于青春有着不同的理解。曾有人说，人生中青春是最美好、最精彩的阶段，因为她是一个人生命含苞待放的时期，生机勃发、朝气蓬勃；它意味着进取，意味着希望，蕴含着无限可能的未知数。生活赋予我们一种巨大的和无限高贵的礼品，这就是——青春，充满着力量，充满着期待，充满着求知和斗争，充满着希望和信心。

在颐和苑，有这样一群年轻人以及过了“青春”的中年人，他们毅然选择了“养老服务”之路。怀揣着对养老专业的热爱和对未来养老事业贡献力量的热情，他们穿梭于长者之间，照顾着那些需要被照顾的人群。这一群“青春养老人”甘愿把青春奉献给养老事业，用汗水和泪水化作前进的动力，积极推动着养老事业的健康发展，更为了颐和苑每一位长者的那份幸福而努力奋斗着！

当青春遇上养老，当年轻活力遇上踽踽而行，当一颗善良有爱的心遇上那颗渴望被爱被温暖的心，终将会擦出火花，擦出那“爱”的火花。虽然，养老服务工作时常不乏辛苦，但青春的步伐不会因困难而迟疑，青春的旋律更不会因风雨而休止。

青春从来不止于少年，无碍于岁月，却关乎心灵。

青春，有关于“故事”

热闹的聚会终将散去，年轻的面庞总会变老，青春是一条疾驰单行道。幸运的是，志同道合的友人，心灵相契的爱人，血脉相依的亲人，不是亲人胜似亲人的颐和人，将和你共同执笔，书写下属于我们共同的故事——

在颐和苑，有一群年过花甲，甚至已至耄耋之年的长者，即便他们都已不再年轻，但他们依旧保持着对世界的好奇，探索着生活的妙趣，仍充满着对身边的人、事、物纯粹的初心和不灭的激情。他们愿重拾年轻时的爱好，尝试新鲜事物，结交新的朋友，将逝去的青春重修，活出了“青”的色彩和“春”的味道。而颐和苑的每一名“青春养老人”都为了圆每一位长者的“青春梦”而耕耘着，勤学习、勤思考、勤实践，将全心全意为长者服务的理念贯穿始终，为他们寻找快乐的源泉、创造一切幸福的可能。虽然说，每个人的青春或多或少都带有些许遗憾，或许是未写完的考卷，或许是未说出口的话，或许是未看完的日出，或许是未跑完的操场，但至少在这里，青春的故事，未完待续，精彩依旧……

只争朝夕，不负韶华，这是我们青春的故事，演绎我们最美的过去、现在和将来。

青春，只属于“未来”

一直以来，“朝气蓬勃”“飒爽英姿”是青春的代名词，但作为“青春养老人”，发现这些充满青春能量的词语也完全可以用来形容我们的长者。韶华易逝，容颜易老，青春终将散场，唯独记忆长青不老。因此，青春，不仅是逝去的岁月，更应该是未来可期的日子，正如当青春遇上养老，我们一起成长，你陪我长大，我陪你变老！你的年少有我，我的青春有你——这一切，将是未来美好的样子。

向青春致敬，为梦想加油！让我们立志通过自身努力，成为一名优秀的“青春养老人”，这是一份以心换心的工作，用爱温暖每一颗饱经沧桑的心。马克思曾说过：“青春的光辉，理想的钥匙，生命的意义，乃至人类的生存、发展，全包含在这两个字之中——奋斗！”青春，就应该属于奋斗的年纪，正青春，无所畏，不留白，当自己老了的时候，回忆青春，至少我们努力过、奋斗过、陪伴过。祝愿和我们一样的那些在不断前行道路上成长的“青春养老人”，为了天下长者的幸福晚年，为了养老行业的无限未来，让我们奋勇向前，共同书写青春的无悔诗篇！

周碧红

上海颐和苑老年服务中心
护理员

青春的梦想

梦想是对未来的憧憬与设想，人人都渴望梦想成真，梦想的实现，有待于坚持与努力。

激情的岁月

1992 年 5 月—1995 年 2 月 …… 深圳打工
1995 年 6 月—2015 年 3 月 …… 羊毛衫厂
2015 年 6 月至今 ………… 上海颐和苑老年服务中心
2015 年 6 月—2016 年 3 月 …… 就读养老护理医疗照护
2016 年 11 月 ………… 就读养老护理中级

贴心服务　伴你健康
付出情感　犹如子女
不忘初心　爱的传递
不断上进　伴随颐和

周碧红

爱与责任

周碧红

2015年10月颐和苑正式开张。有不少长者刚来时，因远离了亲人和原本熟悉的环境，有些闷闷不乐，我们就用微笑和行动慢慢走近他们，一遍遍叫着阿姨或叔叔，一次次地主动询问他们是否需要帮助，取得他们的信任。我们不仅要从生理上照顾长者，还要从心理上关爱、关心他们。一个微笑、一句简单的问候，都会使长者心里感到特别温暖。

记得2016年养护院来了一位91岁高龄的王文英阿姨，她身体一直都挺健康的，因遭遇车祸，颈椎受了伤，躺在床上起不来了。刚来时可能因心理的落差，对我们是各种的挑剔，上去护理的护工没有一个是满意的。她身上还装了一个人造肛门，不定时地会有大便拉在肛门袋里。刚来这天没有大便，第二天她叫护工给她泡碧生源常润茶通便。过了三四个小时，肛门袋里的大便便出来了，而且好多好多，阿姨叫来了护工帮忙清洗，但护工们都从来没有弄过，没有一个敢主动上前去。我在外面听说了，忙跑过去看看，见大家都在边上束手无策。我犹豫了一下说："阿姨，要不我来弄弄看。"阿姨就说卫生间里有两个小的可乐瓶，去灌满水，一起把便盆拿过来。于是我就照着她说的，把东西拿到床边。阿姨边教我，我边做。反复清洗几次后造口袋差不多干净时却漏水了，这下我傻眼了，怎么办好呢？阿姨见我不动，就问："怎么啦，小周？"我说："阿姨怎么办，袋子好像破了，漏水了。"阿姨说："袋子破了，没事，本来也用几天了，就换一个吧！"谁也不知怎么换，于是我主动问阿姨，照着阿姨说的去做，经过一番忙碌，终于把造口袋换好了，我也松了一口气。阿姨见状，对我一个劲地说："小周，谢谢，谢谢你。"第二天上班，阿姨看到我主动打招呼说："小周，你今天又上班了，昨天贴的袋子很好，没有漏水，谢谢你哦！"通过这件事让我明白，对于我们而言，这是一件非常小的事，但对于长者来说，却是一件日常生活的大事，我们要尽量去帮助他们，让他们免去后顾之忧。我就是这样在一件一件的小事中得到了锻炼与成长。

随着长者入住率的不断上升，我也从养护院调到了护理院。护理院的长者年龄大多在八九十岁，很多长者生活不能自理或只能半自理，工作量也越来越大。我每天清晨一上班，先交接班了解一下长者上一天的情况，再交接今天已安排的事情，如有几个长者要用开塞露大便的，几个要洗澡的等，还要为很多未知的事和突发事做好预案（如尿床了，大便拉在身上了，身体不舒服了或者摔跤了，等等）。到了晚上长者都睡觉了，还不能放松警惕，有的长者还在挂盐水，有的长者有时脑子糊涂，自己不能自理的要撒尿了也不打铃，要自己爬起来；有的长者有睡眠障碍，白天坐着打瞌睡，晚上就是睡不着，起来走来走去，怎么劝也不听，你得时刻提防着，防止他们摔跤发生意外。我每天努力认真地去完成每项工作和任务，用娴熟的护理技巧为长者提供贴心的服务。多年的工作使我懂得：护理工作不仅要付出体力，还要付出情感，面对各种不同生理、心理的长者光有爱心是不够的，还要有专业的知识和技能，以及自我情绪调节的能力。

颐和苑开业五周年即将到来，二期也会如期开张。随着二期的开张，意味着我们将迎接更大的挑战，也意味着我们将承担更重的责任，不管怎样，能成为颐和苑的一员，我无比的骄傲与自豪，也将伴随着它一起风雨同行。

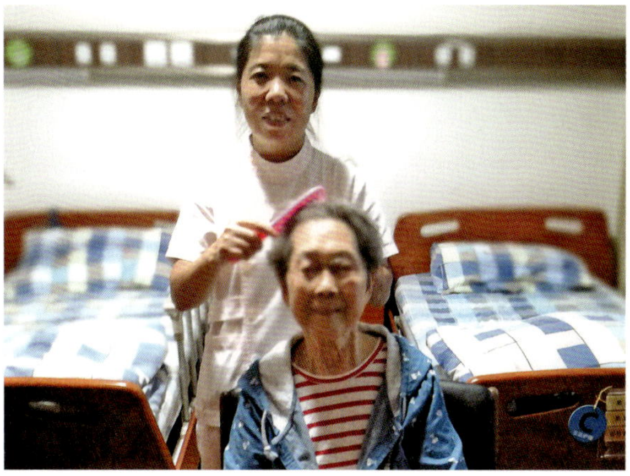

钮引花

上海颐和苑老年服务中心
护理员

青春的梦想

人生最精彩的不是实现梦想的瞬间，而是坚持梦想的过程。我可以接受失败，但绝对不能接受未奋斗过的自己。

激情的岁月

2001 年 3 月—2009 年 9 月 …… 飞德服装厂
2010 年 4 月—2019 年 6 月 …… 永优服装厂
2019 年 7 月至今 …… 上海颐和苑老年服务中心
2019 年 5 月—2019 年 12 月 …… 就读养老护理医疗照护

不为模糊不清的未来担忧，
只为清清白白的现在努力。

钮引花

我为颐和献青春

钮引花

青春不是用来炫耀的，与其挥霍它，不如用汗水去浇灌它，以一个新的面貌展现在眼前。无论成功与否，我们都值得一试，因为至少我们曾经迈开过青春的脚步。

在颐和苑，经过快一年的护理工作，使我对生命有了更深的了解。生而为人不仅要善待父母和善待自己，更要善待生命，善待我们身边的每一个人！我们要让颐和老人在生活中活得更有希望，让他们有自己的生活空间，让他们在这里吃得好、住得好、玩得好，身体更好，生活更有品位，幸福地度过晚年。

颐和苑老年服务中心本身就是一个爱心公益机构，服务于广大老年群体，环境优雅，员工敬业，管理有序。当好一个护理人员，不仅要护理好老人，还要懂得老人的心理，还要善于与老人家属沟通。许多老人刚入院时心里会有一种被遗弃的感觉，我就试着了解他们，和他们沟通，让他们感觉到我们护理人员的热心肠和护理的专业水平；让他们理解儿女把他们送来颐和苑，不是孩子嫌弃他们，而是想给他们更好的生活质量、生活环境，让他们在这个集体中活得更有希望，让他们的晚年变得更加幸福。

作为一个颐和人，敬老爱老是修养，是文化，更是人性的升华。我们要捧出真诚之心，拿出实际行动，为那些无助的老人撑一片蔚蓝的天空，让我们的世界处处充满欢声笑语，变成最美好的人间。实际上，帮助一个老人，就是帮助一个家庭；帮助一个家庭，也就是帮助我们的社会和国家。

工作中有汗水也有泪水，生活中有欢乐也有郁闷，人生就是这样。青春的脚步有时轻松，有时沉重，但这是必经之路，就像晶莹的露珠也有被阳光消散的时候，不分昼夜滚滚东流的春水也有被拦阻的经历。青春的疼痛总有结束的一日，那时，我们再回首青春的路上所经历的点点艰辛、滴滴痛楚，会很感谢曾经的我们，撑下来，走下去，用自己的劳累，换来长者晚年的欢乐；用一时的艰辛，换取一生的坦荡。“但得夕阳无限好，何须惆怅近黄昏”，有了你我的关爱，老人将不再寂寞。

青春的脚步啊，不曾停下。我紧紧地追随着它，唯恐赶不上它的进度。我不知道我的未来是否有鲜花、掌声，我不知道我的未来是否顺利、成功，但我知道，我要拼搏，拼搏出一块属于自己的领地；我要前进，到达那个我梦寐以求的目的地。

我们的青春，也许有时会令我们迷茫，会让我们感到疲惫，但是无论怎样我们都要好好地把握青春，绘就我们脚下的每一个脚印，不要等到青春逝去后，才懂得珍惜。

赵春丽

上海颐和苑老年服务中心
养护院领班

闪光的年华

2018 年荣获颐和苑养护院“优秀员工”称号

激情的岁月

2000 年 1 月—2008 年 6 月 …… 上海飞德服饰有限公司
2008 年 6 月—2015 年 5 月 …… 上海嘉麟杰服饰有限公司
2015 年 6 月至今 ………… 上海颐和苑老年服务中心
2015 年 6 月—2016 年 3 月 …… 就读养老护理医疗照护
2016 年 11 月 ………… 就读养老护理中级
2018 年 6 月 ………… 赴丹麦交流学习
2019 年 9 月至今 ………… 就读上海开放大学（老年服务与管理）

起风的日子学會依风起舞
落雨的時候学會自己撑起一把伞
生活有望穿秋水的期待
也會有意想不到的惊喜

趙春麗

我喜欢被他们依赖

赵春丽

2015年4月，偶闻颐和苑在招护理员，匆忙之中报了名，两次面试顺利通过，很快就参加了正式培训。

2015年9月，所有培训结束，我们这帮具有不同经历的姐妹们，既学到了丹麦的先进养老理念，又掌握了中国的专业护理知识和操作技能，个个摩拳擦掌，跃跃欲试。2015年10月26日，我迎来了入住养护院的第一位长者“李阿公”，这是一位高龄长者，和蔼可亲。从他的子女那里我了解到长者除了身体有基础毛病外，还多愁善感与多疑，这给我们的护理工作带来一定的难度。所幸的是我们有备而来，在工作中有惊无险地化解了一次次危机，让李阿公开心地在这里度晚年。紧接着，更多的长者住了进来，虽然这期间我被打骂过、误解过，但是我始终保持着微笑。我理解他们，虽然入住在这里的长者大多都是知识分子，但多数都是空巢老人，他们的子女或在国外或远嫁他地，陌生的环境加上身体上的疾病，让他们有一种恐慌感。我像子女一样的关心着他们，当然有付出也有回报，在他们竖起大拇指的同时，总是带上一句话：“你胜过我的子女，让我的晚年生活有了依靠。”

2016年11月，我有幸成了一名护工领班。顿时感觉肩上的担子重了好多。我除了日常的护理工作之外，还要负责员工的调配工作，但我累并快乐着。我渐渐明白，在各个岗位都有发展潜能、增长知识的机会。如果我们能以充分的热情去做最平凡的工作，也能成为最有价值的人；如果以冷淡的态度去做最高尚的工作，也不过是个平庸的工匠。在这里我感受到了家的温暖，每次我遇到棘手的问题，领导和同事那热情的帮助，都让我有一股暖流从心间流过。

2017年，我们的护理工作更上了一层楼，荣获了“优秀团队”的称号。2018年6月，我有幸获得第四批前往丹麦访问学习的机会。第一次出远门、第一次坐飞机、第一次住在丹麦院长的家里，太多的第一次让我难忘。丹麦之行，无时无刻不被感动着，丹麦仪器的先进、护理工作的细致到位、院长和长者的和蔼可亲，让我难以忘怀。

2019年，在领导的带领下，我们成功地创建了“上海市巾帼文明岗”，荣誉接踵而来，备受鼓舞。我们并没有满足，而是确定了新的目标：尊重每一位长者，把各项服务做深、做细、做实，想他们之所想、急他们之所急，让入住在这里的每一位长者都有安全感和幸福感。

青春，意味着长大，意味着成熟，意味着我们将离开童年那无忧无虑的生活，意味着我们将承担更重的责任。回首走过的路，有欢笑、有泪水，彷徨过也迷茫过，但是我从未后悔过。从当初的一无所知，到现在的应对自如，从长者那张张笑脸上，我看到了未来。我喜欢被他们依赖着、信任着和需要着，因为我热爱着这份工作。我更期待着颐和苑二期早日开业，期待着更多长者在这里找到家的感觉。

倪欢华

上海颐和苑老年服务中心
护理员

青春的梦想

用自己的双手去创造生活，用辛勤的汗水，实现人生梦想。

激情的岁月

1990 年 6 月—1994 年 2 月 …… 新农羊毛衫厂
1995 年 2 月—2017 年 12 月 …… 纤博羊毛衫厂
2018 年 1 月至今 …… 上海颐和苑老年服务中心
2018 年 9 月 …… 就读养老护理医疗照护

人要地道，好人有好报。
事要踏实，步履才坚实。
我真心、细心、耐心，换你
放心，安心、舒心！

倪欢华

让每个老人在这里安度晚年

倪欢华

我是2018年1月来颐和苑工作的。刚来时，看到几位老护工在工作中对待各自护理的老人非常热情主动，面带微笑，不管老人怎样的态度，她们都不在乎，仍然温柔体贴，这让我很感动，我想我一定要像她们那样，耐心、温柔地照顾、服侍好每一位老人。

刚开始工作时，5楼有一位老人，脾气不大好，她看到我和小张是新来的，就不让我们侍候她。师傅对我们说："她不让你们侍候，你们也要去。"我们两人再次来到那位阿姨身边，我轻轻地对阿姨说："阿姨，其他人都在忙，没空，就由我们二人来服侍你吧。"她勉强接受了我们。我们在护理过程中，不知道为什么她突然蹲了下去，那可把我们两个新手吓坏了，怕她跌倒受伤，用了很大的力气把她扶起。我们两个弄得满头大汗，可阿姨不领情，她还不停地责怪我们。我们刚开始工作，有些地方可能做得不周到，我们也不能怪这位阿姨。

实习过后，我被安排到6号楼一楼工作。我决心要像其他师傅一样，用自己学到的护理知识和技能热情、体贴、周到地对待每一个长者。但是事情往往不尽如人意，做了大约一周时间，有一次，有一位阿姨向领班反映，说我晚上查房脚步声很大，开门、关门也很重，她睡不着。我心里委屈极了，其实从分到一楼，我就格外小心，我知道各人的性格、脾气不同：有的通情达理，非常客气；有的身体不好，容易发火；有的习惯熟悉的人，不太相信新护工。那时候，我们是两人一班，轮流巡查。因为有了前面的反映，我查房就绕过这位老人的房间，让师傅去查她的房间。不料，这样反而受到了她的当面数落。刚听到时我有点懵，下意识对阿姨解释："我没来你家查房，是师傅来你这边查的，我在另一边。"阿姨听了就很生气地回怼道："你才来几天啊！你比老护工做得好了是吗？"这时我的心里特别难受，但总不能和老人吵架，于是我很无奈地说："阿姨，对不起，我下次一定会轻点。"阿姨听了嘀咕了一句："这样倒还有点样子。"

我受了很大的委屈，心里很不是滋味，领班耐心地劝我说："你不要放在心上，因为你刚来工作，他们有点不信任，这是正常的。我们刚来时也有投诉的。做的时间长了，大家彼此都会慢慢熟悉，习惯了就好，如果做错了就改嘛。"我回到家里对家人说这件事，家里人劝我不要去做了，还是回羊毛衫厂好了。

晚上我躺在床上，怎么也睡不着，我想既然已经选择了这份工作，我怎么能碰到一点困难就打退堂鼓，好马还不吃回头草呢！我暗暗叮嘱自己一定要坚持下去。经过了一个多月的努力，他们终于认可了我的服务，现在一楼的叔叔阿姨每一位都对我很客气，我当然也很开心，也越来越喜欢这里的工作。

有一次，我扶着102房间的阿姨在慢走，一位老员工好心来帮忙，反而使阿姨一个趔趄，一脚踩在我的脚面上，这时候我忍住痛，拼命扶住了阿姨，心想无论如何不能让阿姨跌倒。结果自己反而重重跌了一跤，身上青了一大块，但心里毫无怨言。

经过一次又一次的历练，我终于明白了，任何事情都不是一帆风顺的，养老服务工作是一项有意义的事业，我要用我耐心、细致、周到的服务，让每个老人都开开心心地安度晚年，让他们的家人放心，也让我自己的人生变得更有价值。

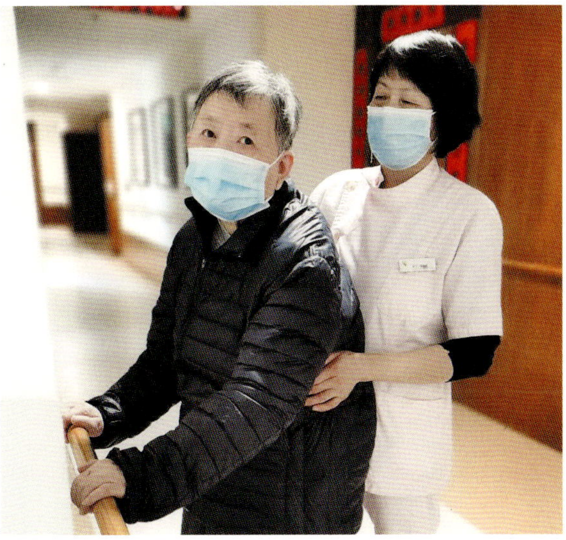

高爱英

上海颐和苑老年服务中心
护理院领班

闪光的年华

2019 年荣获颐和苑护理院“优秀员工”称号

激情的岁月

1995—2015 年	新农羊毛衫厂
2015 年 6 月至今	上海颐和苑老年服务中心
2015 年 6 月—2016 年 3 月	就读养老护理医疗照护
2016 年 11 月	就读养老护理中级
2017 年 8 月	就读养老护理高级
2019 年 9 月至今	就读上海开放大学（老年服务与管理）

坚持把简单的事做好就是不简单

坚持把平凡的事情做好就是不平凡

高爱英

因为爱，我将一如既往

高爱英

时光荏苒，岁月静好。在颐和苑工作已有五个春秋。是一次偶然的机会，我报名当上了颐和苑的一名护工。

尽管在过去的工作中也积累了一定的工作经验，但刚进入新的服务行业难免还是有点压力。刚开始工作的时候，常常会为一些小事，因为不被长者理解而影响情绪，有时还会闷闷不乐。经过这五年来的磨练，大大小小的事发生了很多，现在我已能很从容地完成每项工作。

记得有一次护理院的一位叔叔胃出血被送往朱泾第六医院。因长者的家属都不在身边，所以在医院里请了护工。正当我快要下班的时候，医院那边传来话说这个长者不肯吃药，还要打人，又不听话，她们都不知道怎么办了，让我们过去看看。下了班之后，我骑着电瓶车赶到医院，刚走进病房，那边的护工就像看到救星一样用期待的眼光看着我。我走到叔叔床边轻轻地说："叔叔你认识我吗？"他激动地说："认识，认识，你快带我回去吧。不想呆在这里。"我笑着耐心地劝叔叔："你在这里要好好听话，要配合医生护士，好好地治疗，吃药，等病好了，我们马上就可以回家了。"一边安慰，一边劝说："我们先把药吃了，好吗？"叔叔点点头终于把药吃了。旁边的护工看见后跷起了大拇指，一个劲地点头夸我真有办法。我走到护士台告诉护士，叔叔的药已经吃了，没事的话我先回去了。护士连忙说："真的太好了，你帮了大忙了，这药非常要紧，如果不吃这药，他的胃出血就止不住，就会有生命危险。"她又跟我商量，一个小时后，叔叔还要吃一种药，希望我也帮忙喂一下，她们实在对这位老人没办法。我点了点头说："可以。"然后我在医院又守候了一个小时，看到叔叔把药吃下后，才离开医院。回到家已经是晚上九点了，虽然忙碌了一整天，觉得很累，但是心里还是挺高兴的。

这五年来，我从初级护理证读到中级再到高级，从一个服务行业的"菜鸟"变成现在能很好地完成每项工作的称职护工，全凭颐和苑的培养和自己的努力。在领导和同事的关心和支持下，我们取得了显著的成绩，我们养护、护理全体员工获得了"三八红旗集体"荣誉，同时又获得"上海市巾帼文明岗"称号，我在2018年很荣幸地被选上去丹麦学习。在工作中，我们有一个优秀的团队，我们有共同的目标，有良好的沟通协调能力，相互尊重，信任，劲往一处使。我们牢记这样一句话："没有完美的个人，只有完美的团队。一个人虽然走得很快，但一群人走得会更远。"这五年一路走来，有汗水，也有泪水；有欢声，也有笑语。因为热爱这份工作，所以我一如既往。

我们要谨记周理事长提出的"三个服务，四个更好，三个思维底线"的重要理念，注重每一个细节，服务好每一位长者，用真心、真情做好服务工作，真正让住在颐和苑的长者获得安全感和幸福感。

就像一首歌唱的："这是心的呼唤，这是爱的奉献，这是人间的春风，这是生命的源泉。"我们不仅仅是你们生命中的过客，还要成为你们生命中最璀璨的星星，照亮着你们幸福的晚年生活。

奚海英

上海颐和苑老年服务中心
市场部主管

青春的梦想

青春，就是用来追忆的，当你怀揣着它时，它一文不值，只有将它奉献出来，再回过头来看，一切才有意义。青春亦是需要我们珍惜的，需要我们努力的。

激情的岁月

2004—2007 年 …… 日本研修
2008 年 …… 自营服装店
2011 年 …… 自营小作坊
2013 年 …… 艾迈斯按摩椅（上海）有限公司销售
2015 年至今 …… 上海颐和苑老年服务中心
2016 年 …… 赴丹麦学习交流

真诚才是人生最高的美德，
我们的明天就是老人的今天，
关爱老人就是关爱明天的自己。

奚海英

真诚是我从业的首要

奚海英

2015 年 3 月，我踏进颐和苑做市场接待。在来颐和苑之前我考虑过很多，能不能做好这份工作，能不能服务好每一位长者，这些在我的心里打了很多个问号。后来我想，只要付出最真诚的心，用善良去感动他们，像对待家人一样去善待他们，就一定会得到长者的认可。

记得颐和苑刚开业不久，护理院还没有正式运营，养护院的一位叔叔发生了肠梗阻，由 120 救护车送到第六人民医院金山分院。当时我已经下班回到了家，得到情况，我心中焦急万分，立马赶往医院并联系了他女儿，因其在杭州，一时赶不过来，我又联系了他在上海的侄子。后来因叔叔的病情严重，六院无法收治，我们又叫了 120 救护车直接护送叔叔到市区的医院。到了市区医院，叔叔打了点滴，情况才慢慢好转，我直到与他亲戚接上头才离开，记得我回到家已是半夜三更了。叔叔出院后，回到了养护院，我又几次去看望他，看到我他很是高兴。看他一天天康复了，我也从心底里为他高兴。现在，颐丹护理院的医生对长者都建立了健康档案，一旦出现紧急情况，护理院的医生会第一时间赶到老人的身边，要去外院治疗的有护工与管家陪同。

我也有过离开父母和亲人独自生活的经历，因此我能感受到住养老人身边没有亲人陪伴的孤独。虽然我没有像管家一样能在第一线照顾他们的日常起居，但我作为市场部的工作人员，我会热情接待每一位来访的长者，认真解答他们提出的各种问题。我把自己放在一个晚辈而不是市场专员的位置上，让初次来访者从我身上首先体会到颐和苑的亲善和周到。每当有长者入住，我都会去看望他们，向他们了解各自的需求。

我感谢周理事长给我们提供了这么好的工作和学习平台。入住颐和苑的长者大多慈善可亲、学养兼备，我从他们身上学到了很多以前学不到的东西，得以较快地提高自身的工作能力和为人处世的素养。今后，我会把“真诚”当作职业的首要——真诚对待每件事，真诚对待每个人，让我的工作更加人性化，为颐和苑的成长贡献力量。

我没有高贵的身份，也没有天生的好命，只有靠自己拼命。不管路多难走，我都会勇往直前，凭自己的毅力，走到最后。生活给我压力，我努力还她奇迹。在困难面前不低头，在压力来时，抬起头。

青春的脚步逐渐离我远去，岁月的痕迹不断向我重现。所有的经历，都是生命中最宝贵的财富。

奚海珍

上海颐和苑老年服务中心
活动组主管

青春的梦想

青春活泼的心，决不作悲哀的留滞，逆风的方向更适合飞翔。我不怕千万人阻挡，只怕自己投降。

一切伟大的行动和思想，
都有一个微不足道的开始。

奚海珍

激情的岁月

2001 年 7 月—2006 年 12 月 …… 上海烟草有限公司

2007 年 7 月—2013 年 12 月 …… 上海奥维思市场营销管理有限公司

2014 年 6 月—2016 年 8 月 ……… 上海鑫蕾房地产经纪有限公司郁金香庭售楼处

2017 年 7 月至今 ……………………… 上海颐和苑老年服务中心

做长者可以信赖的“小管家”

奚海珍

我做事情喜欢发挥主观能动性，喜欢把探索到的一些想法加入到日常工作中去。因此，在为老人提供服务时，我慢慢地总结出了一套属于自己的工作方法，那就是“精准服务”。我们苑内的长者的文化背景不同，性格迥异，家庭及经济状况也有差别，针对不同的服务对象，我力求在已有的服务内容上提供更好的服务质量。

我把自己的认识和方法应用于服务工作中。2017 年 8 月，我服务的 9 号楼新入住一对我们金山的叔叔阿姨，他们是卖掉了唯一的一套住房进苑养老的。我发现阿姨有些心绪不宁，想与她沟通，她也不愿意多说什么，我就从叔叔那里侧面了解到了阿姨的心思。为让阿姨解除不必要的担忧，我提出带阿姨先熟悉熟悉环境。我们慢慢走，慢慢聊，看着苑里优美的环境，看到其他老人悠闲快乐的生活，阿姨的心情渐渐平复了。之后，我把这位阿姨作为我的重点关心对象，巡楼间隙，经常去看看阿姨有什么需要帮助的，哪怕上阶梯扶一下，晒洗衣服时搭一把，在我是举手之劳，对于阿姨就是身边有了个知冷知热的暖心人。渐渐地，阿姨安心地在颐和苑住了下来。

为落实周理事长提出的打造幸福颐和百年老店的设想，使其成为养老行业的标杆，我们在“为老服务”上狠下功夫，鼓励和支持长者开展形式多样的文娱活动。为此苑里专门成立了负责组织长者精神文化生活的新部门——活动组，我被调到组里参与各项活动的组织和策划工作。

面对新挑战，我珍惜每一个能让自己接触到更多工作的机会，全身心地参与到长者的活动中。记得活动组成立不久，我在隋秀凤老师的启发下，拜见了翁惠芬老师，请她出面组织成立了颐和苑朗诵组。朗诵组成立后，为了提高大家的阅读水平，我邀请了具有专业背景和水平的高凌云老师和黄其老师来当指导。朗读组成立后立刻就显示了活力，至今它是苑里大小活动参与最多的小组之一。三周年苑庆时，朗诵组演出了由长者姜树林老师创作的诗歌作品《颐和桂花香》，演员阵容可观，演出效果非常好。

2019 年 4 月底，朗诵组代表金山区侨联参加上海市侨联举办的《侨与中国梦——我和我的祖国》诵读大赛，任务下达很紧急，从开始诗歌创作到完成排练只有一个月不到的时间。在排练的过程中，为了颐和苑的荣誉和把积极向上的精神面貌向社会展示，大家全力以赴，共克困难。高凌云老师身体不好，但她还是坚持在排练第一线。她运用自己的专业知识，与作者一起修改文字稿，对演员的台词一字一句纠正，不厌其烦，力求使演出达到最完美。演员们带着极大的热情参加排练，练台词、练形体、走台步，一丝不苟。每次排练结束，都有老人累得坐在椅子上不想挪窝，那份认真劲让我感动。

我是长者的“经纪人”。从服饰搭配到参演、走台、车进车出，所有的事情都归我管。这次比赛，因为是代表各区的，全市 16 个区参赛队都想表现出最好的一面。我苑长者动情的表演和从容的台风得到了评委与观众的一致赞扬，获得了优胜奖。更可贵的是长者们从整个排练、演出过程中收获到了满满的喜悦和幸福感。后来，我们又登上了金山区统一战线诵读活动的舞台。

高晓莲

上海颐和苑老年服务中心
养护院领班

闪光的年华

2016 年荣获金山区职业技能竞赛第一名

2017 年荣获颐和苑养护院“优秀员工”称号

2018 年荣获金山区“最美护理员”称号

2018 年荣获松江区职业技能竞赛优胜奖

激情的岁月

2002 年 1 月—2005 年 12 月 ……… 上海茉织华服饰有限公司

2005 年 1 月—2006 年 11 月 ……… 上海成人教育学院日语系

2006 年 11 月—2009 年 11 月 …… 日本就业

2010 年 3 月—2015 年 5 月 ………… 自己开小作坊

2015 年 6 月至今 …………………… 上海颐和苑老年服务中心

2015 年 6 月—2016 年 3 月 ……… 就读养老护理医疗照护

2016 年 11 月 ……………………… 就读养老护理中级

2017 年 10 月 ……………………… 就读养老护理高级

2018 年 9 月 ……………………… 赴丹麦交流学习

2017 年 9 月—2020 年 1 月 ……… 就读上海开放大学（老年服务与管理）

生命第一，患者至上。
完美服务，至真至诚。
善待生命，让患者放心。
付出是满足，给予是快乐！
用脑去工作，用心去生活。

高晓莲

作为颐和人我很骄傲

高晓莲

不知不觉入职已有五年，很庆幸自己身处一个团结和睦的团队，遇到多位关注我们成长的领导，拥有一群亲切热情的战友。

从面试到进入工作岗位，这一路走得非常艰难。我清晰记得，周理事长不光让我们在卫校读完两个月的护理知识，还从丹麦请来了老师教我们如何更好地服务长者，怎样走进长者的心里，我学到了很多从未学到过的理论知识和操作技能，帮助我克服了对这个行业的恐惧。工作之初，我严格要求自己，别人能做到的我一定要做到，别人不能做到的我也要积极做到。优质服务，微笑服务，尽我所能服务好每一位长者，慎独自律，忠于职守站好每一班岗。

永远忘不了我的第一个夜班。有一位住在五楼的长者下半夜突然口吐白沫，全身发抖抽搐，两眼往上翻。我连忙叫来了值班医生，我也极力配合医生抢救，20分钟后，长者终于在医生的积极抢救后逐渐平稳。我抬头刚喘一口气，长者一下拉住了我的手，她那浑浊的眼睛里充满了恐惧和无助，她望着我，生怕我离开，瞬时，我的心弦被拨动了，虽然她一时开不了口，但我也知道她所表达的意思。我安慰长者说：“放心吧，我会在这里观察您一段时间。”她点了点头，顿时放下了心头的恐惧。医生告诉我，是我的及时发现，得以抢救了一条生命。我长嘘一口气，体会到一种从未有过的成就感、喜悦感，觉得自己非常勇敢，遇到突发事件镇定自如，不慌不乱。

诸如此类的事数不胜数，在实际工作中，我深深体会到职责的重大。记得有位患有轻微认知障碍的长者刚入住颐和苑不久，由于环境的陌生而产生情绪不稳定，一步也不肯离开房间，一直骂护理员，当时好几个护理员都不敢接近她。我不怕挨骂，走到长者跟前安慰她，不料长者伸出拳头朝我胸上打了一拳，我顿时有点委屈，但我没有放弃。我想，长者是由于患了病才有这样的举动，我要帮她熟悉颐和苑的环境。接着我握着长者的手轻轻地抚摸着，称赞长者长得好看穿着也漂亮，长者脸上慢慢露出了笑容。这时我就大胆地向长者介绍了颐和苑的环境，她渐渐地对我有了信任，慢慢站起来说：“走，你带我去四处走走，让我看看这苑真有你说的这么好。”说完，拉着我的手，指指点点地走出了房门。出门后长者看到了很多美丽的苑景，也碰到了和她年龄相仿的长者，笑得非常高兴，对我说：“今天真有意思，明天你再带我出来走走吧。”听到这话，我差点高兴得跳起来，因为这说明她信任我肯定我了。护理工作虽平凡，但平凡的工作，平凡的语言，平凡的举动，却具有不平凡的意义，这就是我对护理工作的新认识。

每一次看到长者们那安详与幸福的笑脸时，我心中总是满满的温暖。记得有位长者曾对我说：在颐和苑养老就像在家一样，你们护理员就像自己的子女一样亲切！是啊，长者的满意就是我们的追求，让长者安心、家属放心是我们义不容辞的职责，我甘愿为这些古稀之年的长者奉献我的青春岁月，我为能够成为护理员队伍中的一员而自豪。

我要感谢我的职业，是它让我明白如何平等、善良、真诚地对待每一个生命，是它让我理解了活着就是一种美丽。

徐惠华

上海颐和苑老年服务中心
护理员

青春的梦想

青春的光辉，理想的钥匙，生命的意义，乃至人类的生存、发展……全合在这两个字之中——奋斗！只有奋斗才能治愈过去的创伤；只有奋斗，才是我们的希望和光明所在。

激情的岁月

2004 年 10 月—2007 年 10 月 …… 日本打工
2008 年 6 月—2015 年 11 月 ……… 自己开小作坊
2016 年 3 月—2019 年 6 月 ………… 兴塔服装厂
2019 年 7 月至今 ……………………… 上海颐和苑老年服务中心
2018 年 5 月—2018 年 11 月 ……… 就读养老护理医疗照护

将心比心 用我们的爱心
诚心 细心 换您的
舒心 放心 宽心

徐惠华

别样的青春也很美好

徐惠华

每个人都有自己的青春。我的青春要从在 2019 年 7 月进颐丹护理院，成为护理院的一员说起。

一进入颐丹护理院，我们就开始了为期半个月的培训。首先，通过此次培训学习，我对颐丹护理院的性质、发展、工作规范、服务理念有了一定的了解，同时也学到了规范操作和理论知识。其次，进一步认识了护理岗位的特殊性，更清晰了自己的任务和肩负的责任。培训结束后，我正式成了颐丹护理院的一分子，开启了我人生路上新的生涯，迈开了自己别样的青春脚步。

正式到岗工作后，我本着为长者服务、让家属放心的原则，给长者提供细心的生活照料和护理，如保持床单整洁，更换床套枕套，打扫房间等。还协助长者完成生活所需，如送便器倾倒大小便，协助长者进餐，清洗餐具，洗澡，洗头，床上擦浴，清洗长者物品等。有的长者作息时间颠倒，夜间显得兴奋，这时我们虽困，但却是长者最需要照顾的时候，所以也不敢有任何松懈。一天一夜不停地忙碌下来，常常下班后累得一句话都不想说。但是累并快乐着，我觉得为别人服务，是我应该做的。现在我已经习惯了这样的工作节奏，而且做得得心应手。虽然护理工作是一个普通的服务岗位，平时全是琐琐碎碎的小事，没有轰轰烈烈的大事，但却是现代老龄化社会不可或缺的职业。我坚持自己的信念，刻苦勤奋学习，兢兢业业，在工作和学习中严格要求自己。我知道一个人要实现人生价值，就需不断付出努力，只有认真工作学习，理论与实践相结合，不断充实完善自我，才能实现理想。

有一次是我最难忘的，那是我第一次给阿姨处理排泄物。那天阿姨上厕所，眼见阿姨的脸部表现出很痛苦的样子，我就过去问阿姨有什么不舒服。阿姨说："我想大便大不出来，堵在了肛门口。"我亲切地对阿姨说：你要实在拉不出来，我帮你抠一下好吗？"阿姨不好意思地说："那就麻烦你了。"征得阿姨同意后，我备好清洁用品，戴上手套，当我手伸出刚触碰到阿姨肛门时，阿姨大声叫痛，我停下手，安慰她说："阿姨您忍一下，让我用手把堵在肛门口的大便抠出来，后面的您就能够自己排出来了。"我小心翼翼地抠掉了肛门口发硬的大便，宽慰阿姨说："没问题了，阿姨你放心大便吧。"等了一会儿阿姨说："好了。"我就把阿姨的大便处理干净，这时阿姨面带微笑地对我说："谢谢你，这下我舒服了。"我回答阿姨说："没事，这是我应该做的。"这是我人生第一次做这样的事情，虽然又臭又脏，心里不是滋味，但是我觉得谁都会老，就像自己的父母一样，去照顾和服侍他们，这正是我们护理人员要做的。工作中受委屈也是在所难免的，有时会被长者骂几句，掐几下，这些我都不会和他们计较，因为他们是老小孩，老小孩就需要我们用心去哄和呵护的。

充实的今天很美好，理想的明天更美妙。我一定要在颐丹护理院工作的这条青春的道路上坚定前行，不辜负领导的期望，为颐和苑护理事业的发展贡献我的力量。

倪惠苹

上海颐和苑老年服务中心
活动组员工

闪光的年华

2014 年 荣获职业技能竞赛（中级）一等奖

2015 年 荣获金来居民党支部“优秀志愿者”称号

2018 年 荣获第一季度颐和苑“服务明星”称号

2018 年 被选为“2018 年度金山区最美家庭”

2018 年 荣获颐和苑“优秀员工”称号

2019 年荣获第二季度颐和苑“服务明星”称号

激情的岁月

2005—2008 年 …… 日本进修（服装）

2009—2015 年 …… 紫泰物业领班

2015 年至今 ………… 上海颐和苑老年服务中心

别人的满意
是我最大的心愿
也是我最大的满足

倪惠苹

颐和长者是我成长的老师

倪惠苹

我进入颐和苑工作，一晃快五年了。在这五年中，我从刚接触养老行业的“菜鸟”开始，一点点学习、一步步改进，走到现在，认识不断拓展深化，工作更加得心应手。

2015年10月颐和苑开业，由于工作的需要，我被安排在理发室。虽然理发岗位似乎和之前受到的培训要求不太一样，但我学到的护理知识，还可以用，这对我的工作依然有着潜移默化的影响和推动作用。理发过程中，这些知识也让我能更多地关心长者，更好地照顾长者。每次理发结束，看到长者满意的笑容、听到长者真心的话语时，我也甘之如饴。

工作的这些年，我逐步体会到长者迫切需要家庭般的温暖，亲人似的信任，想要让长者感觉到温暖与可靠，我们就需要作出更多努力。他们想要的温馨环境，安详生活，都需要我们将自己的服务工作做实做细。于是，我为自己确立了工作原则：把长者当做自己的家人一样去对待，对长者有一颗真诚的心、尊敬的心，在实践中不断提高自己的服务能力与工作预见性。我认为只有这样，长者才会真正向我们敞开胸怀。或许我有些地方做得还不够到位，但我会尽自己的能力做得更好，长者看到我们的用心与进步，才会发自内心地信赖我们。

记得有一次，8号楼黄阿姨来找我烫头发，其间聊起说要到朱泾去租房住，这样房价会便宜一些。当时我感觉很惊讶，忙问黄阿姨发生什么事情了。她懊恼地告诉我说：“有一大单投资理财的钱没有了，现在再住这边的经济压力太大了，不过幸好我们现在还有退休工资，到朱泾去租房，生活还是要过下去。”听了阿姨的诉说，我既吃惊，也很佩服。黄阿姨是一位性格开朗、能扛得住风雨的长者。如果是我的话，我可能承受不起，毕竟是这么大一笔钱。尤其是对于年龄稍微大点的，这些钱都是养老的、保命的钱。我想方设法安慰黄阿姨，阿姨的脸上却一直挂着笑容，她说：“我们现在吃得也挺好，早餐有蛋白粉、鸡蛋等营养品，中饭常常自己动手，有虾、肉等，蔬菜更是自己种的，也吃不完。如果还缺点什么，现在食堂预订小锅菜，叮咚买菜也都很方便，生活都是很不错的。”突然的变故，使她和老伴不得不再作打算，为了渡过眼前的困境，只能暂时先离开这里了。她动情地说：“虽然要离开这里，我也要把头发烫烫打扮一下，给颐和苑留下一个全新的自己，也给新家留个好印象。”多么乐观、多么坚强的长者啊！

对于我个人来说，虽然每天是与“老人”打交道，但心态却没有变“老”，反而一天比一天年轻。长者们的豁达、开明也潜移默化地让我变得更加成熟。长者们的可爱、年轻、活泼的心态，也让我更加欢快地工作。他们就是我成长的老师啊！在为长者们服务的过程中，我觉得是我们双方互相学习、互相帮助、互相影响，互相变得更加年轻和快乐。我很珍惜这一份工作，也很珍惜与所有人的相遇。祝愿长者们都能延年益寿，笑口常开！

颐和苑二期即将开业，我也期待着能有更多的长者入住颐和苑，衷心期望并坚定相信颐和苑的大家庭会逐渐变得越来越好，我也会在这个大家庭里变得越来越成熟和快乐。

徐毓婷

上海颐丹护理院
护士长

闪光的年华

2006—2010 年 在上海金山卫校期间多次被评选为三好学生、优秀学生干部

2010 年 通过全国卫生资格考试护理学（士）

2017 年 通过全国卫生资格考试护理学（师）

激情的岁月

2006—2010 年 ………… 就读金山卫校，在校担任学生会副主席兼班长

2010 年 7 月 ………………… 就职上海市第六人民医院金山分院呼吸内科

2015 年 5 月 ………………… 就职复旦大学附属金山医院呼吸内科

2018 年 1 月 ………………… 上海交通大学医学院护理学本科继续教育毕业

2018 年 5 月至今 ……… 入职上海颐和苑老年服务中心

2019 年 8 月至今 ……… 任上海颐丹护理院护士长

逆风的方向，更适合飞翔。
我不怕千万人阻挡，只怕自己投降。

徐毓婷

青春有“形”

徐毓婷

“青春如同奔流的江河，一去不回，来不及道别……”青春无悔，因为我们用热血渲染青春；青春无价，因为我们用真情诠释青春；青春无惧，因为我们用汗水滋润青春。点亮青春梦想的同时，我看到了青春的形状。

青春是圆的

许多年前，我背上行囊，走向卫校的大门，开启了护理之路。毕业后，来到临床，其实工作并不简单，粗活累活，都得撑起，穿梭于病房之中，背负的是责任。在忙忙碌碌，琐琐碎碎中，不忘安抚着每一个生命，却忘记了自己即将拥有新的生命。

夜已深，依旧不忘学习工作，点滴滴答的声音，是对自己最好的鞭策。曾天真地以为走出校园，就离开了考试。错了，现在才明白，活到老，学到老。

青春是流线形的

从刚进入临床工作，静脉输液穿刺技术时好时坏，承蒙临床带教老师们传授技巧和经验，不断自我练习到穿刺技术大幅提高。所以现在，每当有新鲜血液的加入，我都会像曾经的各位老师们一样，尽我所能地帮助他们，这种精神始终在我们的科室里传承。

当前医疗环境中有许多误解和委屈，但护士依然要不辱使命，孜孜以求。在职业生涯中，一位终末期呼吸困难的患者，在护士一个细微帮助后喘憋中说出了“谢谢”。这句谢谢让护士感觉无比沉重，也深感自己工作的非凡意义！

这里，护士的成长是一份责任，承担起患者的生命嘱托。护士的成长是一份永远，一盏灯光，一声问候，一个微笑，在患者需要的时候，我一直在你身边！

青春是方的

机缘巧合下，获知颐和苑的招聘启事，抱着试试的心态前来面试。当得知面核通过的那一瞬间，我欣喜若狂。欣喜过后心中暗下决心，颐和苑将是我最后一份工作。怀揣着这份决心，我开始了养老护理事业。

从前辈手中接过接力棒的那一瞬间，压力扑面迎来，接踵而来的问题让我手足无措，心中的慌乱、焦虑压得我喘不过气。时时要迎接市、区级护理质控、老年护理质控以及各卫生系统条线的飞行检查，对于检查中暴露的问题，要提出整改措施、实施细则、评价分析。这一系列的过程，帮助我快速了解了以前不曾接触的种种事务。在团队的支撑下，我慢慢地适应了我的新角色，开始变得沉着从容。

青春是三角形的

她承载着亲情、友情和爱情。她是一个三角转盘，当指针指向亲情，她是一种至亲之爱，她是无比的，她是温馨可靠的。当指针指向友情，那是一句朋友，她是如松的情谊。当指针指向爱情，她有一丝羞涩，她是多么娇娆，多么可爱，她使人想起“直教人生死相许”的挚爱。在2020年冬春交替之际，在卫计委的部署下，我们孕育而生了“安宁疗护科”，让生命的谢幕再温柔一点。安宁疗护病房，或许是离天堂最近的人间，让生命有一个尊严和幸福的告别。一切皆因爱，由爱而生。

因为你很重要！

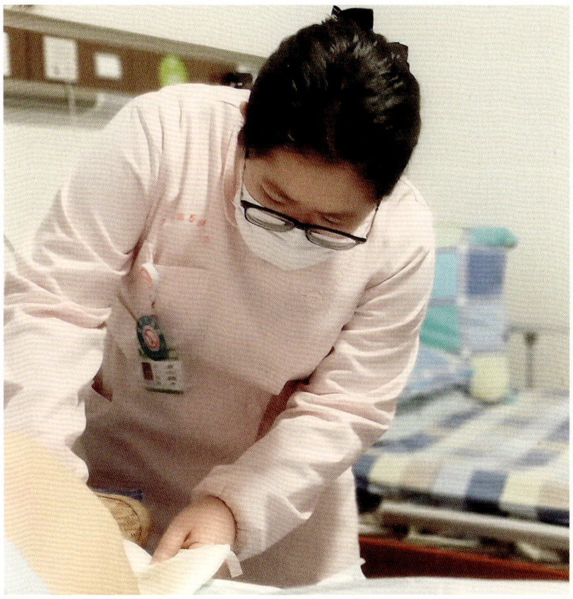

黄春芳

上海颐和苑老年服务中心
护理院主管

闪光的年华

2016 年 荣获颐和苑养护院“优秀员工”称号

2017 年 荣获金山区“最美护理员”称号

激情的岁月

2003 年 6 月—2007 年 5 月 ········ 日本打工

2007 年 8 月—2012 年 2 月 ········ 百味林

2011 年 4 月 ··· 就读养老护理医疗照护

2012 年 3 月—2015 年 5 月 ········ 金山第一福利院

2013 年 7 月 ··· 就读养老护理中级

2015 年 6 月至今 ································ 上海颐和苑老年服务中心

真诚服务 用心做事
善待他人 坦诚做人
勇于承担 发奋图强

黄春芳

我和老人心连心

黄春芳

岁月轻轻滑过指尖，我来颐和苑已五年了。五年来通过培训学习，工作实践，我逐步掌握了为长者们服务的多种技能，与长者们建立了“不是亲人胜似亲人”的深厚感情，使我对这份工作更加充满信心。

我的第一个护理病人是一个阿姨，颈椎骨折，下身瘫痪，还得过肠癌，做过切肛手术，肚子左边有个肛口袋，因为长期卧床脾气又不太好。我没有退缩，想到护理员应该做的事，于是就拿起毛巾和脸盆倒了温水，给阿姨洗脸，擦身，换了肛口袋。做完这些事后，对阿姨说：“我再给你捏捏脚，你放松地休息吧。”有了一个好的开头，后面的工作虽然很难但慢慢就顺手了。经过一段时间的护理，阿姨脸上终于浮现出着愉快的微笑，脾气也好多了，能融入到大家庭中来。苑里过集体生日，阿姨也开始参加。苑里给长者们精心准备了长寿面，乌拉副总经理还亲自做了蛋糕，几位志愿者带来了各式各样的节目，苑领导还专门给过生日的长者一个个送上小礼物。我看到了阿姨的脸上露出喜悦和激动的泪光。对她而言，这是一个多么不同寻常的生日啊！她感受到了满满的爱。

2016 年我评上“优秀员工”，2017 年又被评为金山区“最美护理员”。2017 年 4 月，我很荣幸能够成为赴丹麦交流和学习的一员。2017 年 11 月我从领班晋升为主管，由于工作需要我又从养护院调到护理院。这些岁月的痕迹，在我的心里至今记忆犹新。

护理院长者逐步增加，大部分长者行动不便，有些得了帕金森症、忧郁症，病情比较严重。这些长者需要更多的照顾、安慰、沟通与心理疏导。在领导的鼓励下，我逐步了解长者的情况和掌握如何沟通的要点。记得有位长者刚来颐和苑，情绪很不稳定，躺在床上时不时地掉泪。因为子女远在国外，老伴去世半年多了，长者感觉自己是多余的，自己嘴里一直唠叨着：“为什么我还不死。”我感觉长者需要陪伴，需要得到他人的关爱和安慰，于是有空就到她房间陪她聊天，告诉她放心住在这里，我们每位护理员都会像你的儿女对你好的。她子女打来电话，我也叫他们放心工作，我们会照顾好阿姨。

日复一日，我们常常给她剪手指甲、脚趾甲、洗头、洗澡。尊重她的生活习惯，慢慢地彼此之间就有了深厚的感情，时间久了阿姨开朗起来了，和我们有说有笑，还经常主动开玩笑。她也经常夸奖我们，“你们这帮小姑娘怎么对我这么好。”子女电话打来，她对儿女们说：“你们放心，我在这里很好很开心。”还说：“我找到了幸福的家了。”

为了把自己的工作做得更好，我从来不敢掉以轻心，向丹麦护理院学习，向领导学习，向同事们学习，使自己在协调及处理问题的能力有了进一步的提高。

我们在总监的带领下，创建了上海市巾帼文明岗，还组成了一个护理培训小组，进行理论和操作技术培训，为颐和苑二期储备了更多熟练的护理人员。

现在护理院长者有 90 人，护理员有 58 人，队伍越来越壮大，管理的难度也相应加大，主要是长者们的差异化需求越来越高。颐和苑定位为上海第一流的养老服务中心，因此对护理质量和提高长者们的满意率也有非常高的要求和标准。今后我们肩上的担子更重了，我们要在这个岗位上更加努力踏实地工作，用爱心和奉献精神，让长者们在这里安度晚年。

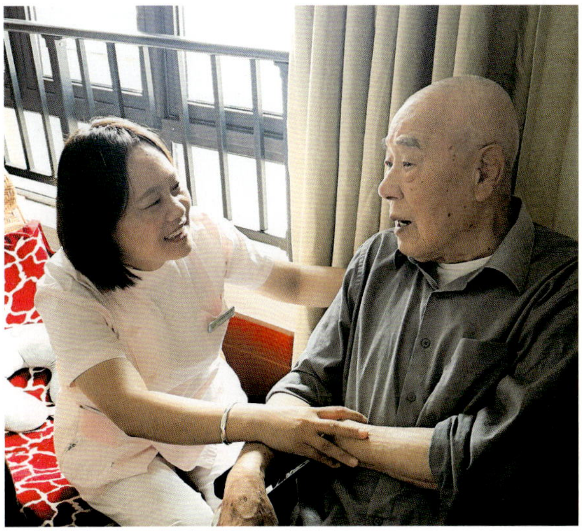

蒋金娥

上海颐和苑老年服务中心
护理员

闪光的年华

2018年荣获颐和苑养护院“优秀员工”称号

激情的岁月

1997年3月—2000年2月 ………… 美国打工
2004年10月—2007年10月 …… 日本打工
2008年2月—2014年12月 ……… 自己开小作坊
2015年6月至今 …………………… 上海颐和苑老年服务中心
2015年6月—2016年3月 ………… 就读养老护理医疗照护
2016年11月 ……………………… 就读养老护理中级
2018年9月至今 …………………… 就读上海开放大学（老年服务与管理）

将心比心，
用我的爱心，诚心，细心，
换你的舒心，放心，宽心。

蒋金娥

孝敬老人是我的职责

蒋金娥

时间过得真快，进入颐和苑马上要五个年头了。回首走过的路，有我们留下的汗水，有我们付出的爱心，如今一幕幕都变成了难忘的记忆。

有句老话说得好“百善孝为先”。随着时代的进步，有经济条件的子女把老人送进养老院，不再是一种无奈。他们有自己的工作和家庭需要照顾。让养老院的护工帮助他们照料老人，替他们排忧解难，他们平时有空就可以过来探望尽孝，这是一个两全其美的选择。我作为一名颐和苑的护工也是在尽一个晚辈的尊老爱老之心，责无旁贷。

记得最难忘的是 2019 年 9 月 14 日那天，一位台湾老人因病要去上海华山医院进一步检查，她的女儿都在台湾一下子又回不来，领导就叫我一同陪护，当时我二话不说就跟走他们去了。到医院推她做完一系列检查，到最后医生说要住院，就这样在华山医院我和这位老人度过了难忘的一星期。一开始她总排斥我要找她女儿，她患有老年痴呆症，有些事她也记不起来，也不记得我是颐和苑的护工，怎么办呢？我想在这人地生疏的医院里，只能靠自己想办法了。我就耐心地和她说话，找些报纸给她看看，教她写字，还教她学手机发微信等，这样使她暂时忘记了找女儿的事。我还对她说我们是亲戚，因为她的名字和我有同一个“娥”字，这样她就越来越信赖我了，一直和我讲她以前在日本教书的往事，讲到高兴时还唱起了歌。一星期中我几乎寸步不离地陪着她，就像自己的亲人一样孝敬她，服侍她，端饭送水，擦身洗衣，使她安心接受治疗，让她不再感到孤独。

入住在我们颐和苑的老人尽管都有一定的经济条件，不愁吃不愁穿，但他们那个年代的人都很节约勤俭，像衣服裤子破了也舍不得扔掉。有一位徐叔叔听说我以前是缝纫衣服的，他就找出两条裤子对我说：“人老了，人也变矮了，原来的裤脚管长了能不能帮忙改短一点，丢了也可惜，缝缝还可以穿。”我听了立马答应，下班后就拿回家，第二天就把改好的裤子送到老人手中。我现在都记得他当时激动的表情，握住我的手连声道谢，说我帮了他大忙，否则自己年纪大了，腿脚也不方便，又不能自己去街上，也找不到修改的地方。从那以后我就陆陆续续帮老人们修修补补，看到老人们穿了我帮他们修改过的合身的衣裤，我也感到很开心，我的一个举手之劳能帮到他们，解除生活中的难处，我何乐而不为啊！

颐和苑中长者的子女有些都在国外，一年也来不了几次，我不仅要给他们生活照料，也要给精神安慰，更要像子女一样关心他们，代替子女尽孝，让老人满意，让家属放心。

颐和苑马上要迎来二期的开张，我将不断地努力学习，充实自己，真正做到尊老，敬老，爱老，让老人们在颐和苑这个大家庭里生活得更快乐，安享幸福的晚年。

沈玛丽

上海颐丹护理院
院长

闪光的年华

在金山医院工作期间，多次获得“优秀教师”称号，区级、院级记功奖励，还获得病史书写比赛第一名、文学创作二等奖。

激情的岁月

1996—2001 年 …… 就读上海同济大学医学院，担任校广播电台播音、文学社社长

2001—2018 年 …… 就职于上海复旦大学附属金山医院

2018 年至今 ………… 上海颐丹护理院院长

颐丹护理

用爱心、细心、耐心，守护生命，

颐爱之情

用亲情、真情、温情，奉养天年。

沈玛丽

我真挚的心，从未停止过爱你

沈玛丽

子曰：“三十而立，四十而不惑。”我的前半生，一路走来，从读书、实习、工作，一直奔跑在中规中矩的道路上。年逾四十，生活趋于平淡，似乎不再有激情和梦想。如果没有2018年那场突如其来的相遇，我的余生，似乎就将在一名普通内科医生的平淡岗位上平凡而忙碌地度过。

放弃“铁饭碗”，投身养老事业

2018年一个夏天的午后，我慕名赶来参观这所新兴的养老中心。从踏入大门的那刻起，便为这阳光熠熠、绿荫葱茏、宁静安谧的环境吸引，看到苑内悠然散步的长者们，脸上洋溢着笑容，我焦灼浮躁的心灵也逐渐舒缓、愉悦起来。

不日，收到苑方诚挚邀请，我故地重游，颐和苑的缔造者——周保云理事长侃侃而谈，讲述了他从军、创业的人生历程，以及一个离乡游子荣归故里后，报效祖国、造福社会的赤子雄心。我逐步了解到颐和苑的历史后，内心油然而起一种渴望：我也要让我的人生更有价值，我也要只争朝夕，不负韶华！颐和苑的过去，我没法参与，颐和苑的未来，一定要有我的足迹！

2018年10月，我拒绝了医院领导的挽留，结束了在复旦大学附属金山医院十八年的职业生涯，投身到颐和苑这个凝聚了独特的丹麦式管理和“幸福养老”先进理念的老年服务中心，担任颐丹护理院院长一职，和一群年轻有为的青年才俊一起以梦为马，激流勇进，指点江山，激扬文字！

适应新岗位，理念指引方向

入职初始，我内心忐忑，遂利用工作时间，了解颐和苑每一个部门的工作，逐步吃透每一项苑内及护理院的规章制度，熟悉每一个岗位的工作内容和职责，明确每一项工作的流程和规范，了解每一个工作人员的工作和生活情况。我努力尽快适应新岗位，不断调整自己的心态和工作方式方法，虚心向领导请教和学习，从一名临床的专职医生，逐步转型成一名全面的医疗行政管理者。

作为颐丹护理院的负责人，我首先明确了护理院的服务定位。护理院不仅是为在院的近百位长者提供良好的医疗环境和诊疗服务，更重要的是为颐和苑内所有养老的长者提供及时的、便捷的、全面的、优质高效的医疗保障，让他们在颐和苑颐养天年的日子里，不用再忧心医疗琐事。

非常庆幸的是苑领导层具有独特的视角和敏锐的职业嗅觉，在颐和苑运营三周年之际，及时总结经验，确定了“主动服务、微笑服务、情感服务”的服务理念，指导我们如何做好各种服务；同时，明确了三个底线思维，时刻为所有员工敲响警钟，减少各种不良事件的隐患；最后，“四个更好”为所有职员规划了美好的蓝图，让我们更有信心，更有热诚，更加坚定了守护好这一片土地和我们热爱着的长者们的信念。

守初心、担使命，尽职履责再前行

自我来苑至今，倏忽间已近两年。我时刻牢记自己来苑的初心，不忘肩负的责任与使命，不抱怨、不计较，带领护理院所有同仁，全力以赴地做好每一件事情：

踏踏实实带领医护队伍做好每一个住院长者的医疗和护理，关心他们的内心和精神，和家属定期做好沟通工作，让长者安心，让家属放心；

定期访视养老、养护长者，为每个人建立健康档案，进行慢性病的监测和随访，做好长者的医疗顾问；

身兼门诊工作，亲临一线，了解长者用药需求，为长者排忧解难，尽量满足苑内所有长者的医疗需要；

定期举行健康讲座，将合理用药、科学养生、慢性病自我管理等知识传播到苑内各个长者，帮助长者们维护良好身体状况；

做好各种活动的医疗保障服务，做好各种防灾、

意外事故紧急演练，确保紧急时刻处理正确、措施到位。

2020 年初新冠病毒疫情期间，护理院全体同仁放弃休息，并肩作战，在确保日常医疗服务的同时，协助苑内其他部门做好各项防疫工作，为长者的生命安全守护一方净土。

不积跬步，无以至千里；不积小流，无以成江海。经过岁月的洗礼和不断的锤炼，我已逐步成长，面对困难和挑战不再战战兢兢、如履薄冰。我将怀有更饱满的热情、更坚定的信念、更广阔的胸怀，在这片热土上贡献余生。

我真挚的心，从来没有停止过爱你

为了做好人生最后一站的医疗护理工作，让颐和苑长者生命的最后一公里走得有尊严，2020 年初，颐丹护理院成立了安宁疗护小组，并选派了两位医生、一名护士专程参加上海市安宁疗护培训班。随后，又前往全国安宁疗护标杆单位——金山卫社区服务中心进行了进修学习。工作间隙，大家从各种渠道搜集资料、借鉴经验、制定制度流程，讨论设计方案……五个人的工作小组通过分工合作，逐步建立起了具有颐丹特色的安宁疗护规范。2020 年春夏之交，作为一站式养老终点的安宁疗护病房，在精心筹备后，收治了第一名肿瘤晚期病人。

走进大门，安宁疗护之母桑德斯医师的格言跃入眼帘：“你是重要的，因为你是你。即使活到最后一刻，你仍然是那么重要。我们会尽一切努力，帮助你安然逝去，但也会尽一切努力，让你活到最后一刻。”质朴的话语，诠释了安宁疗护的意义所在。

走廊里，心愿树上一张张心形的树叶，记录了每一个长者临终的心愿，当医护人员帮助他们达成所愿后，与之相拥合影，光影记录下他们含笑的面庞。我们的志愿者之家——颐爱之家，见证了颐爱天使团给长者们送来的温暖：陪他们聊天、读书看报、做游戏，给他们唱歌、表演节目，有的甚至带来亲手制作的各种点心和长者们一起分享。点点滴滴，犹如那墙上点缀的朵朵蒲公英，虽飘逝远去，爱却永不停歇！

这就是我们颐丹天使的爱，一路伴随你们直至生命的尽头，这就是我们颐和精神的情，是我们脚前的灯，是我们路上的光。

一切，因为有爱，才顺理成章，一切，因为有情，才日臻完美。为了你们——颐和养老的所有长者，我愿用爱，用情，用尽毕生力气。如果你们来过，你们一定会知道：我真挚的心，从来没有停止过爱你！

第三编

闪光的人生

蒋宪哲

上海颐和苑入住长者

闪光的岁月

1953 年在华东局工作时被评为“先进工作者”

激情的岁月

1919 年 5 月 ······ 生于江苏省太仓县
1931 年 7 月—1937 年 7 月 ······ 江苏省苏州市振泽女中求学
1937 年 8 月—1949 年 9 月 ······ 上海某银行工作
1949 年 9 月—1953 年 10 月 ······ 华东局财经委财政部职员
1953 年 10 月—1959 年 6 月 ······ 上海市财政局
1954 年 ······ 加入中国共产党
1959 年 8 月—1961 年 7 月 ······ 下放上海市万航渡路小学任校长
1961 年 7 月—1971 年 1 月 ······ 回归上海市财政局
1971 年 11 月 ······ 退休

入党是我一生中最快樂的事

蒋宪哲

一位有着66年党龄的百岁老人

—— 访生活在颐和苑的百岁老人蒋宪哲

金正扬 柳志康

她——蒋宪哲奶奶，今年101岁了，但看上去只有八九十岁。你看她，清癯的脸上，很少皱纹。她耳聪目明，精神矍铄，干净利索，对我们的提问，反应很快，几乎是在不加思索地一一回答。更令人吃惊的是，她手里还拿着手机，不时地很有兴致地在拨弄着。

蒋奶奶是生活在我们身边、生活在颐和苑里的百岁老人，而且是一位有着66年党龄的老党员了。当我们问蒋奶奶："您一生中最快乐的一件事是什么？"她毫不犹豫地对我俩说："入党，是我一生中最为快乐的事。"

蒋奶奶的红色"基因"：我一生的点滴进步，都离不开大姐的潜移默化

蒋奶奶，1919年5月20日生，乳名吉。她出生于江苏省太仓县位于西门大街的蒋家老宅——蒋园，在当地可谓"名门之家"。

蒋奶奶共有兄弟、姐妹7人，其中一个哥哥不幸早年夭折。蒋奶奶回忆说，大姐蒋宪端，对她一生影响最大。宪端，早年在清华大学读书时，她就参加革命。后来，因工作性质和身份的变化，改名为金涛。

蒋奶奶小时候，蒋家已开始衰败。家庭的经济来源，主要靠祖传钱庄所得红利和利泰纱厂的股票，以及祖传田地的租金。但由于父亲不善经营，其后家境日趋衰落。至1934年，随着钱庄的倒闭，家业濒于破产，此后就主要靠父亲的薪金维持生活。

蒋家是一个开明的家庭。在采访中，蒋奶奶说："我们家女孩和男孩得到了大致相同的重视。父亲曾对我们女孩说：'将来给你们的嫁妆，就是大学的毕业证书。'我们6个孩子，都没有辜负父母的期望，都得以大学毕业，自立自强。女孩和男孩一样，都各有专长。"

讲到这里，蒋奶奶特别提到大姐蒋金涛对她一生的影响。

她说，大姐是清华女同学中早期的中共地下党的一员。她是当时"一二·九"爱国救亡运动的骨干，是其中最为活跃的一员。

最令蒋奶奶自豪的是，大姐一生中还曾多年在周总理身边工作过。1941年1月，震惊中外的皖南事变发生后，她随以周恩来为首的中共中央南方局到第十八集团军重庆办事处（即八路军重庆办事处，也称"红岩村"）工作，担任外事组秘书，在这里度过了5年难忘的战斗岁月。抗战胜利后，内战爆发，蒋奶奶说，大姐先是跟着红岩办事处撤退，后又因工作需要，调到中共代表团上海办事处（对外称周公馆）工作。就这样，在周恩来的言传身教下，大姐金涛身上体现出来的许多优秀品格，特别是共产党人的崇高精神，都无不与这段经历有关。

听了蒋奶奶的讲述，我们深感大姐蒋金涛的革命人生，就好似一颗红色的"基因"，一直在影响着蒋奶奶。

在采访中，蒋奶奶对笔者说："在我心目中她和我母亲一样，从小教我干活。1931年我和三妹宪慧考取了振华女中，我们上初一，大姐上高三。记得在准备行装的时候，她教我们缝一些内衣内裤等；因为在太仓时没有学过英语，她又给我们补习英语，还教我们绣花，把英语绣在枕套上。大姐在去北平上大学后，就与我们很少见面。在假期中，她为了多学习，也为了节省路费，也很少回家。这一点，也教育了我养成勤俭节约的好习惯。"

第二次采访，蒋奶奶特地给笔者找出了一本2012年出版的《百年金涛》一书。她深情地回忆说："大姐有着曲折的革命经历。在革命征途上，特别是在白色恐怖的日子里，她真是提着脑袋干革命的。那时，她住处不定，也无法直接同我们通信，经常要转弯将信寄到法国的朋友那里，再经朋友转寄回来。后来，她到晋察冀解放区后，上海办事处也经常有人来

我家看望，那都是冒着生命危险来的。这些情况，处处感动着我，也教育了我，慢慢地我懂得了一点革命的道理，逐步认识了共产党，使我解放后比较早就提出入党申请。”

1949 年上海解放后，蒋奶奶参加革命，分配在华东局财经委员会财政部工作。1953 年，她被授予“先进工作者”称号。1953 年下半年调入上海市财政局。1954 年，蒋奶奶就光荣地成了中国共产党的一员。当时，中央为加强教育工作，她曾被派到长宁区万航渡路小学做了三年校长，并兼任学校党支部书记等职。她说：“我一生点点滴滴的进步，都离不开大姐长时间的潜移默化。”

蒋奶奶的百岁“探秘”：铭刻在她心间的振华女中的 6 年校园生活

长命百岁，这是一个充满希望和令人神往的话题。自古及今，不知有多少人为之一直在憧憬和追求着。

2017 年四五月间，担任《上海颐和苑》杂志执行主编的金四海先生收到一篇题为《我的 6 点长寿“秘诀”》的短文，这是当时年已 98 岁高龄的蒋奶奶写的。金先生读后，不由得在“卷首语”写了一篇《愿您成为颐和苑第一位百岁老人》。想不到如愿以偿，如今蒋奶奶已 101 岁，真是“长命百岁不是梦，人生不会有暮年”。那么，蒋奶奶的百岁“秘诀”在哪里？从她的人生旅途中，我们又可吸纳哪些有益的启示呢？

据医学界有关专家说，人的自然寿命可以很长，但大多数人都活不到那个岁数。这是因为人体健康

有五大决定因素：父母遗传占 15%，社会环境占 10%，自然环境占 7%，医疗条件占 8%，而生活方式占 60%，几乎起了决定作用。

我们的“探秘”先从“遗传因素”入手。于是，我们问蒋奶奶，她家族中，特别上一辈父母的寿命状况。蒋奶奶说，她父母的寿命并不长，父亲是 78 岁去世的，母亲更早。相反，在蒋氏家族中，包括姐妹、兄弟，有 5 位是患癌症去世的。大姐金涛，就是在 1972 年 11 月 20 日因罹患癌症不幸与世长辞，年仅 60 岁。蒋奶奶说，这个遗传“基因”是从她外婆家传过来的，唯有她糊里糊涂地虚度了 101 岁。

父母遗传因素被排除后，于是，我们又从蒋奶奶的人生轨迹入手，一步步寻求答案。

在交谈中，铭刻在蒋奶奶心间的振华女中的那段 6 年的校园生活，引起了我俩的关注。这是不寻常的 6 年，这是奠定她生命健康基石的 6 年。

蒋奶奶打开记忆的闸门，回顾了那逝去的闪光年华。她说，1931 年，她小学毕业，和三妹宪慧一起考取苏州振华女中（江苏师院、苏州十中前身）。在这里，她度过了无忧无虑而又有严格生活规律和学习规律的 6 年时光。

振华女中是由一生奉献教育的王谢长达女士创办的私立学校，后由她女儿王季玉接任。蒋奶奶说，这位校长一直未婚。当学生问她为什么不结婚时，她对学生说：“我已嫁给振华女中。”学校在这位女校长的严格管理下，一个个女孩经过这里的 6 年的历练，都无不成为人们心目中的“淑女”，出了不少人才。著名女作家杨绛，还有那被称为中国居里夫人的核物理学家何泽慧（钱三强夫人）等，都是振华女中毕业的。振华女中，收的都是住读生。在这里，蒋奶奶不仅受到了现代的正规中学教育，也受到了廉洁奉公、朴素正直、任劳任怨、为民服务的中华传统道德教育的熏陶。

在采访中，蒋奶奶告诉笔者，她一生中的许多生活习惯和学习习惯，就是在振华女中养成的。当时，学校管得很严，连吃饭都有规矩。进入餐厅，8 人一桌，定桌定位，桌上设有公筷，每桌有桌长。桌长没有入席，其他人不得动筷。周日，外地学生逢单或逢双可以出去，但平时不得外出。每天的作息时间很严格，

过的是很有规律的生活。6年的女中生活，天天如此。蒋奶奶说：“直到现在，这一点，我觉得做得还是好的。早上起来，就考虑今天做点什么，好像排课程表一样，尽量做到。”

教育，就是要养成良好的习惯。蒋奶奶一生中养成如此有规律的生活，这种好的生活方式，不正是她的健康长寿的“秘诀”吗？

蒋奶奶的百岁忠告：心态第一，一切顺其自然

蒋奶奶说，最近，好多人总是要她传授长寿“秘诀”。“说实话，我自己也没想过。但既然糊里糊涂地活了这么些年，也是该想想了。”

“我首先想到的是，心态第一，一切要顺其自然。”蒋奶奶说，“心态好，就是不想‘愁’的事。其实，‘愁’也无用，也没有什么想的。对人，要宽容，不生气。心里有点不开心，讲出来就好。要自得其乐。”

蒋宪哲的书法

她接着说：“其次，我想到的是，生活要有规律，有节奏。我入住颐和苑后的每天生活，大致是这样安排的：早晨，5：30起床，7：30早餐，8点左右吸氧半个小时，然后练字，内容大多来自古诗文。10：30开始走路锻炼，约有15分钟。11点午餐，12点至13：30午睡，下午14：00吸氧，17：00晚餐，18：30看新闻，21：30睡觉。其他时间，看报、看书、看电视，同时做做活动。

“再次是饮食，我也很随便。有人问我：‘吃不吃保健品？’我的回答很干脆，不吃。我的原则是，爱吃的吃，但也不多吃；不爱吃的，随便有多少营养，我也不吃。我从不挑食，这也许与振华女中的教育有关，养成了我这一良好的生活习惯。”

还有，蒋奶奶说，我最看重的是要多运动，多动动脑子。蒋奶奶说，这也是她的必修课。她告诉笔者，她每天锻炼，坚持记日记，练字和看书。她平时常看的报纸有三份：一是《上海老年报》，一是《作家文摘》，再一是《每周广播电视》，都是订阅了多年。她说，看什么书，读什么报，怎么“动”，要因人而异，不要勉强，贵在坚持，不要“三天打鱼两天晒网”。

最后，讲到疾病，讲到死亡问题，我们笑着问她：“蒋奶奶，您怕吗？”她满不在乎地说：“我有什么好怕的？！对待疾病，也要有正确态度。要重视，但也别太担心。”说到这里，她特别告诫说：“人老了，哪能什么指标都正常？所以，我除非痛痒难熬，我都自己去克服，不去找医生。其实，医生也不一定都能解决，大多都是老年性疾病。所以，我每年单位里体检，也有四五年没参加了。这不一定好，但要知道，好多人不是死在有病，而是死在‘愁’上。”

这就是百岁老人蒋宪哲老奶奶对我们的忠告。

人的寿命，是有多种因素决定的。但综观长寿者，如同蒋奶奶一样，都有一个共同的特点，就是都十分注意“养心”和“健身”。生活在颐和苑的老人，是幸福的，天时、地利、人和。目前，70岁以上的长者占入住总数的百分之九十左右。我们期盼继百岁老人蒋奶奶之后，有更多的长者长命百岁。

游于禄

上海颐和苑入住长者

五次战役屡建战功者

闪光的岁月

淮海战役立二等功一次

上海战役立二等功一次

抗美援朝立三等功两次

激情的岁月

1947—1948 年 ……… 解放军 26 军 78 师 234 团三连战士

1950—1952 年 ……… 志愿军 26 军 78 师 234 团一营机枪连文化干事

1953—1963 年 ……… 26 军 78 师坦克团一营指导员、教导员

1967—1969 年 ……… 南京军区坦克修理营政委

1970—1977 年 ……… 南京军区坦克独立一团副政委

1977—1988 年 ……… 南京市第二钢铁厂党委副书记

牢记战友 血洒战场

创立新中国之奋斗

不忘初心 继承传统

终身为国为民服务

游于禄

92 岁长者、志愿军老战士游于禄的传奇经历

周景新 李胜华

坐在我们面前的是入住上海颐和苑老年服务中心、92 岁高龄的游于禄老先生。我们怀着十分崇敬的心情，注目着这位在解放战争中参加过五次重大战役、参加过抗美援朝战争的共和国老战士、老英雄！

他个子很高，长型的脸上皱纹并不多，眼睛很有神，讲起话来声音响、思路清，走路也沉稳，不用别人扶；不知道他年龄的，还以为这是一位只有六七十岁的年轻的老年人呢！

他就是把自己的毕生都献给了人民的解放和发展事业的共和国的功臣游于禄同志！

1947 年，年仅 19 岁的游于禄满怀激情地参加了解放军，成为一名战士。当时的番号还是八路军第八纵队 24 师 72 团一营三连二排四班（后为 26 军 78 师 234 团）。

游于禄老英雄首先讲起了解放战争中的开封战役。攻打开封是 1948 年 6 月 18 日开始的。在攻城中连队一般以一排担任扫清外围，也就是除掉地雷、铁丝网等障碍物；二排实施用炸药包爆破敌人的碉堡、城门；三排担任突击歼灭敌人，巩固阵地。由于夜间敌人容易松懈，行动又很隐蔽，所以作战一般以夜战为主。可是战役打响后，6 月 19 日，游老所在连队却接到命令，要求连队凌晨开始在大白天攻占开封小南门，任务是解救先投入战斗而被围困的兄弟部队。当时由副指导员刘维荣率领全连前进。在全营的火力掩护下，战士们奋力冲进小南门，从早晨打到下午，打退了敌人近两个营的几次反扑，既解救了兄弟部队之危，又巩固了突破口阵地，使后继部队顺利进入城区歼敌。战斗结束后，刘维荣副指导员被评为战斗英雄，游老所在的三排四班被评为英雄班。

1949 年 11 月 6 日，著名的淮海战役打响，游老又有幸跟随连队投入战斗。在攻打碾庄外围小王庄的战斗中，由于侦察上的失误，一度战斗失利。原来估计敌人只有一个营的兵力，其实敌人是两个营加一个团部的兵力，结果我军攻了一夜也没攻下，伤亡惨重，游老所在的机枪班只剩他一人。望着眼前惨烈的现状，他欲哭无泪，心里想的只有为战友们报仇。撤出战斗后，营首长从二连调谭延勤到连队任指导员，带领连队剩下的战士，重新投入战斗。之后，这支连队又攻打了小阮上庄，为攻占碾庄扫清了敌人的外围据点，也为整个淮海战役作出了贡献。游老激动地说，淮海战役对于整个解放战争的影响很大，自己能够亲自参加，至今感到自豪，只是一想起牺牲的战友还是十分难过。

当年的游于禄跟随部队在解放战争中，南征北战，前仆后继，不怕牺牲，勇往直前，先后参加了洛阳战役、开封战役、淮海战役、渡江战役、上海战役等重大战役，但是最令他难忘的，却是抗美援朝战争的艰苦卓绝，志愿军战士用热血与生命在千难万险中赢得最终的胜利。

游老所在的兵团预备队 26 军从临江渡过鸭绿江入朝作战，那是 1950 年 11 月 21 日。起初的战斗任务是在惠山镇阻击美军。当主攻部队 20 军在长津湖歼美军王牌陆战一师一个整团后，敌人妄图逃窜，而我追击部队兵力又不足。此时兵团令 26 军日夜兼程追击逃窜之敌。当时正值冬季，天气寒冷，在追击中要克服零下三四十度的严寒，要克服饥饿，要克服敌军数百架飞机日夜的空袭。当时战士们还都穿着单衣，食品也经常供应不上，艰苦的程度可想而知。

志愿军部队追得紧，敌人则逃得急。沿途敌人的尸体随处可见。当志愿军翻越黄草岭，下山直扑咸兴城时，美军陆战一师更似惊弓之鸟，慌乱得各自争先弃车逃窜。志愿军战士一直追到咸兴市旁边的丰贺里时，才终于与其交上火。散了队形的敌人毫无斗志，有的拼命地逃，有的则倒在地上装死，只是在敌机掩护下，才幸免被全歼。丰贺里战斗是游老所在部队参加第二次战役的最后一战，之后又参加了第四次、第五次战役，才把敌人推回到了三八线。

游老于 1947 年参加革命，第二年加入中国共产

党，参加过战斗几十次，经历过大战役五次，出国作战一次。在工作岗位上共 42 年（部队 32 年，地方 10 年），入党 72 年，他把自己的一生都奉献给了中国人民的解放事业以及社会主义建设事业，他不愧为共和国的老战士、老英雄，人民的功臣。

总结自己的一生，游于禄老人最深的体会是：

不忘历史。中国人民解放军（志愿军）在党的领导下，战胜了无数艰难险阻，付出了重大牺牲，为人民建立了卓著战功，培育了亮剑精神。这一历史是中华民族精神的集中体现。

不忘战友。今天的幸福生活是无数先烈和战士用生命和鲜血换来的，任何时候、任何情况下都不应忘了他们的牺牲。忘记过去，就意味着背叛。

不忘传承。每一次战斗、每一个战功、每一位牺牲的英雄及活着的战士都是一座丰碑、一部史册、一个传奇、一种力量，他们体现的是一种中国人不屈不挠的精神，后人要把这种精神永远传承下去。

游老离开部队后，来到南京市第二钢铁厂工作。在那些年月里，他仍然像一名战士，战斗在社会主义建设的岗位，竭尽全力地为祖国建设作着贡献。他从南京市第二钢铁厂离休后，特意选择了 2019 年 5 月 4 日这一天入住颐和苑，这是五四运动 100 周年的日子，选择这一天入住，寄寓了一种深意：在幸福安详的晚年生活中，要始终铭记历史、不忘初心。

他的养老生活与其他老人不同的是，平时专门要看具有军人传统内容和精神的电视剧，比如《毛泽东》《延安颂》《彭德怀》《解放》《三八线》《井冈山》《朱德》等。他在观看中，有时陷入沉思，有时落下热泪，他始终忘不了那战火纷飞的年代，始终忘不了那么多牺牲的好战友，忘不了中华民族的精气神。

“我的经历并不重要，牢记传统最重要啊，传统是我们的血脉，是一本博大厚重的教科书，把这一‘传家宝’，一代一代地传承下去，才是对牺牲的先烈的最好纪念。”

游老的一席话，深深地打动了我们。“不忘牺牲的战友”—— 这是他老人家反复说的最多的一句话，我们的初心是要写他的光荣历史，写他的“生命之歌”，而当我们走近他、了解他、用笔记录他的时候，我们满满地被他的情怀所感动。坐在我们面前的老人，牢牢地记着中华民族艰苦卓绝的历史，深深地怀念着那些为民族解放而奉献的宝贵生命，而他安享晚年的生活中那份珍惜与感恩，让我们油然感到了我们的责任：写下游于禄老人的人生、记下他的传奇故事、传承他的革命精神，让我们颐和苑的夕阳晚景中，有一座“不忘历史，珍惜幸福”的丰碑永远屹立！

文兴惠

上海颐和苑入住长者
上甘岭战役荣获三等功的护士

闪光的岁月

参加金城阻击战、上甘岭战役救护工作，荣立三等功

激情的岁月

1933 年 5 月 ········ 出生于重庆
1949 年 12 月 ········ 参军，在 12 军卫校学习
1951 年 3 月 ········ 部队改编为中国人民志愿军入朝，任 12 军二分院护士
1953 年 12 月 ········ 回国
1954 年 ········ 中央保健局保健护士
1961 年 ········ 先后任 12 军机关卫生所，解放军 97 医院、69 医院、34 医院护士长、所长
1986 年 ········ 退休

跟着党旗的指引，永不掉队。

文兴惠

冒着敌人的炮火前进

—— 听 85 岁长者、志愿军老战士文兴惠忆上甘岭战役

余君伟

文兴惠，1935 年出生在重庆北碚三花石。在很小时爸爸就去世了，是母亲一人把文兴惠带大。

1949 年 12 月 2 日，北碚和平解放，中国人民解放军 12 军军部驻扎在北碚城区，卫生部及卫校就驻扎在北温泉三花石，12 军卫生部的领导都住在文兴惠家二楼。文兴惠平时住在学校里，这天初中毕业考试后回家，一看家里住着解放军，并得知部队卫校正在招生，就立即报名，并考入了部队卫校。当时，由于年纪小就多报了 2 岁，算成 17 岁。

1950 年 10 月 25 日，中国人民志愿军赴朝作战。文兴惠所在的卫校也随 12 军一起入朝，被分配在 12 军医院二分院。

在朝鲜战场，文兴惠和战友们一起，主要任务是抢救伤病员。白天，首先为伤势较轻的伤员打针换药，为重伤员处理伤口（被俘美军也得到同等对待），然后，到小溪边清洗换下来的脓血绷带。晚上，则卷绷带、叠敷料待用，还要将短期内不能治愈的伤员背下山，送到车上往后方转移。当时，文兴惠年龄小个头低，只能将伤员背在肩上拖着走。大家都是几天不合眼，实在太累太困了，就在地上打几分钟的盹。

文兴惠在抗美援朝中经历过无数次的战斗，但她印象最深刻的是参加著名的上甘岭战役。

1952 年 10 月 14 日，美军对我军发动猛烈进攻，上甘岭战役打响，双方不断增兵，由一次战斗而演变成了战役。她告诉我们，上甘岭抢救伤员的防空洞与以往的不一样，洞很深，里面有很多小洞，有进有出。那间小手术室是用敌人丢下来的照明弹“布”顶起来的，以防震动的泥土掉在伤员的身上。这么大的战役的救护收容工作，是不分白天黑夜的。这里除了飞机大炮的轰隆声，还有战斗的机枪声。一条条坑道，一个个的工事，随处可见。我们的志愿军的担架队、朝鲜女担架队不停地将伤员运过来。手术室、伤病室被炸弹炸得石头、泥土直往下掉。山石被炸成粉末，气浪呛人，焦土没膝。她们只能在烟雾中救护伤员。10 月 15 日凌晨，东方刚刚透亮，震天动地的轰隆声又传来，只见 30 多架敌机排成 5 排，每排 6 架，有时 8 架，一排紧跟一排，像老鹰一般黑压压的一大片，从南边飞过来，然后，在空中兜了个圈子，一架接一架俯冲下来扫射，成堆的炸弹投下来，炸弹爆炸时冲起的气浪夹杂着弹片和飞石直向志愿军扑来。这时候，战友们只能待在坑道里不出来。那几天阴沉的天空下起了毛毛细雨，接着，就开始下雪了，不少战友还穿着单衣，但大家连死都不怕，又哪会怕冷，都坚持在岗位。终于，部队发起了总攻，我们的“喀秋莎”火箭炮、榴弹炮向南齐发，收复了全部失地。

上甘岭战役，狠狠打掉了美军的痴心妄想。1953 年 7 月 27 日，在谈判桌上，美国不得不在朝鲜停战协定上签字。

文兴惠在上甘岭战场上，因抢救伤员突出立三等战功。1954 年回国后，文兴惠先后在 12 军机关卫生所、解放军第九十七医院、第六九六医院和步兵三十四师医院任军医和医院科长、所长。1986 年光荣退休，2014 年从军队移交到上海市浦东军干所休息养老，2016 年转到颐和苑养老中心，现已 85 岁高龄，身体仍非常康健。祝文兴惠老人晚年幸福安康！

闫 俊

上海颐和苑入住长者

曾屡获厂的“三八红旗手”称号

闪光的岁月

1981 年度上海汽车底盘厂五好职工

1984 年度上海汽车底盘厂先进生产工作者

1986 年度上海汽车底盘厂三八红旗手

1987 年度上海汽车底盘厂三八红旗手

激情的岁月

1959 年 9 月—1963 年 6 月 ········ 福州仪表厂 技术员

1963 年 6 月—1969 年 12 月 ········ 福州第三塑料厂工人

1969 年 12 月—1976 年 7 月 ········ 金山化肥厂技术员

1976 年 7 月—1993 年 3 月 ········ 上海汽车底盘厂 技术科副科长、工程师

愿以微弱之光照耀后者行途

闫俊

尺素缘 钻石情

—— 闫俊长者与志愿军战士王大均的爱情传奇

张石山

金秋十月，上海颐和苑老年服务中心为 26 对婚龄已满六十的老年夫妇举办了金婚庆典。每一对伉俪都有一段浓得化不开的罗曼史，每一个家庭都有它精彩的人生故事，着实让人歆羡不已。然而一位名叫闫俊的长者却无缘此次盛典，因为她的丈夫已在两年前故世了。不过她的爱情婚姻却丝毫不比别人逊色，甚至更有戏剧性。这是因为她与丈夫王大均的结合充满了传奇色彩，他们是机缘巧合地通过书信往来相识相知相爱，最终成为恩爱夫妻，并一直相伴到“钻石婚”。

那是 1953 年夏，闫俊刚升入河北廊坊中学不久，安次县女县长林凤作为赴朝慰问团的成员，出行之前来学校做报告，她向同学们讲述了志愿军战士浴血奋战的英雄事迹，号召大家写慰问信，由她带到朝鲜前线，交给最可爱的人。闫俊的信来到战火纷飞的朝鲜战场某高炮阵地，分到了副指导员王大均的手里。他很快就回了信，从此二人开始长达四年的通信。开始，王大均以为闫俊是一个男孩子，便对其倾注了大哥哥般的关爱，并且还把一本崭新的《庆祝中国人民志愿军出国两周年纪念册》寄赠给她。及至后来二人交换照片，大哥哥才知道小弟弟原来是一位妙龄少女，从而萌生了情愫。

1957 年夏天，19 岁的闫俊来到王大均所在的海防前沿阵地，两人举办了简朴的婚礼。想不到结婚的仪式刚结束，敌炮打过来了。炮弹一炸，新郎立即向炮位跑去，经过新娘身边，还冲着她喊：“敌人放爆竹向我们祝贺了！”这是何等慷慨激昂的革命英雄主义、革命浪漫主义和革命乐观主义情怀啊！

他们不离不弃，相互扶持，共同经历了六十年的风风雨雨。那是一场刻骨铭心的生死恋啊！

在硝烟弥漫的阵地上，死神无数次与王大均擦肩而过。福建前线大大小小的炮战，他都参加了，并多次立功受奖。

1964 年，王大均调到福州军区政治部工作，他

们住进了军区大院，有个安稳、温馨的家。但是丈夫工作紧张繁忙，多半时间要下到基层部队，照顾家庭的责任，就责无旁贷地落到闫俊的肩上。家务活和孩子们的学习辅导等，都由她包了。

晴天一声霹雳，灾难席卷中华大地，“文革”一开始，王大均也未能逃脱厄运，被划入“保皇派”，后来又被戴上“516”反革命帽子，身心受到严重戕害。后来，军区的掌权者搞了个假平反，替他摘掉反革命帽子，让他复员回金山老家，当了工人。1970 年，政治风浪再次袭来，福州军区重新给他定性反革命。金山县革委会又把他投入大牢。闫俊感到天就像塌下来一样，一家子到金山才半年多，人生地不熟，那时大儿子才读四年级，小儿子一年级，他们也受到株连，遭受歧视和欺负。她和两个儿子相依为命，她要保护好孩子，要保住这个家。闫俊的处境也很糟，单位里大字报铺天盖地，造反派要她与反革命丈夫划清界限，揭发他的罪行。但她坚信真理的光辉，必定会驱散邪恶的乌云，还丈夫一个清白。

“文革”结束，丈夫迎来了命运的转机。1979 年 1 月，县里召开全县大会，公开给王大均平反，恢

复名誉，他迎来了生命中的第二春，立即投身到艰巨繁重的经济建设任务中。

1985 年，已经 54 岁的王大均出任金山县建设局长兼党委书记，为金山地区的市政建设作出了巨大贡献。其中最值得称道的是被称作“四个‘两’”的光辉业绩，也就是争取到市政府两个亿的拨款，耗时两年，建成亭枫、亭卫两条公路，结束了金山县没有公路的历史。最后，也最难得的是“两袖清风”，本来市政建设是肥得流油的美差，王大均却一分不取，一尘不染，保持了革命军人艰苦奋斗，廉洁奉公的本色，实属难能可贵，他本人也获得上海市政工程功臣的崇高荣誉。这正应了我们常说的“一个成功的男人背后，必定有一个默默支持他的女人”，“军功章有他的一半，也有她的一半”。

在小辈的眼里，父母是他们的表率和指路明灯。她和丈夫都非常重视对孩子的教育，在严格要求的外表下，是充满慈爱的温情。他们在孩子成长的关键环节及时引导，努力给孩子创造条件，使他们能够实现人生的突破和转折。大儿子高中毕业，按照政策，长子应到农村插队。1977 年恢复全国高考，但是他的整个学习生涯都被无休止的政治运动给耽误了，因此实际知识水平很差，勉强参加当年的高考，结果一败涂地。父母并没有责备孩子，而是果断做出决定，回炉补课。他们把孩子送到在外地高校任师的亲戚家中，接受超强度的辅导。孩子从零开始，争分夺秒补习，要把失去的岁月抢回来。终于在 1979 年的高考中脱颖而出，考上了上海的本科大学。以后，小儿子也考入二军大，从反革命的“狗崽子”变成天之骄子的大学生，如今两个儿子都事业有成，大儿子担任金山区文广局党委书记，小儿子是市里一家三级医院的院长，还被评为“上海市十大管理杰出人物”。两个孙女也都受了高等教育，其中小孙女还留学西班牙，学成归国，现在两人都是国企单位的业务骨干。

闫俊和王大均二人牵手走过了一个甲子，如今丈夫辞世已经三年了，但她仍未从丧偶的悲痛中走出来，足见其伉俪情深。

为了永久的纪念，闫俊撰写了一篇忠实记录他们爱情婚姻经历的回忆录《信之缘，国之情——缅怀我的丈夫王大均》。回忆录的开头写道：“每当我手捧紫红色的纪念册时，不禁潸然泪下，这是已故丈夫 65 年前送给我的珍品，它凝聚着丈夫的心意，凝聚着祖国人民抗美卫国必胜的雄伟气概。”文章最后还是以纪念册为收尾：“纪念册见证了纯洁的爱情，见证了坎坷的人生路。”由此可见，这本纪念册在她心目中的重要位置。

闫俊大姐是幸运的，因为她有幸遇到王大均这样一位英雄人物，一位值得托付终身的革命伴侣，而且两人风雨同舟度过了六十年的恩爱岁月。

闫俊大姐是幸福的，她有一个美满的家庭，第二代和第三代都很优秀。这也是家风使然，父母对党和人民的忠诚，对爱情的忠贞，对家庭责任的坚守，言传身教，给孩子树立了一个榜样，这也是留给子孙后辈的一笔宝贵财富。

酷爱读书的闫俊老师

作者与闫俊（左）在一起阅读《信之缘》

曹颖平

上海颐和苑入住长者

“文华奖”最佳创作奖获得者

闪光的岁月

电影《阿 Q 正传》《南昌起义》的服装设计获 1982 年中国电影金鸡奖最佳服装奖

2010 年获第七届中国文化艺术政府奖“文华奖”最佳创作奖

2012 年 设计的《阿 Q 正传》服装设计由上海电影博物馆收藏并展出

激情的岁月

1938 年 5 月 29 日 ………… 出生

1959 年 7 月—1961 年 …… 就读于上海电影专科学校动画班

1961—1963 年 ……………… 任上海电影专科美术系助教

1963—1964 年 ……………… 上海电影制片厂服装设计

1964 年—1966 年 ………… 任上海电影职业专科学校美术教师

1966—1998 年 ……………… 任上海电影制片厂主任服装设计师，中国电影家协会会员，上海电影协会会员

1998 年 …………………………… 退休

人生有高潮、低谷；辉煌、挫折；贫穷、富有；有悲欢离合；有健康快乐；也有病痛难忍；这些都是生命进程中暂时的现象，要坚定必胜的信心、耐心、恒心，坚持不懈努力进取，直至生命终结。

曹颖平

一位有着双重头衔的艺术家

——走访原上海电影制片厂画家、服装设计大师曹颖平

余君伟

在上世纪90年代中期，大型历史故事片《鸦片战争》摄制组进入筹建阶段，老导演谢晋觉得应当请一位具有丰富创作经验的服装设计师来担此剧中人物的服装设计，于是在谢晋脑海里跳出了一位人选，他就是上海电影制片厂的画家、服装设计大师曹颖平。

“我接到这个戏的服装设计任务之后，说实话有几天都睡不着觉，整天都在想这部电影。”最近，笔者在走访这位艺术大师时，他仍不无感慨地说，“这个戏的难度真是太大了！”

这个“难度”确实是一般人难以想象的。因为人物的服饰，不仅要体现出不同人物的特点，还要为整个剧情服务。演员，他要变成戏里的角色，就要靠当年的服装、造型来进入情景。

尽管在服装、造型设计上，曹颖平有着独到的技能，但接到这个任务后，他非常重视，投入了全部时间去查找历史资料。他说：“清朝服装资料还好查，因为清朝皇帝、钦差大臣、一品文官、武官的着装都有规定，就是英国人物资料难搞，影片中从上到下有一整套人马，维多利亚女王、首相、武官、水手、炮兵，还有牧师，涉及英国的各个阶层、各个行业的人物都要有符合他们身份的服饰。”

这可苦了曹颖平。因为他主要是搞中国服饰设计的，对于19世纪中期的英法殖民军服饰不是很了解。于是，他特地借来英文资料，逐一查找当时一整套人马的服饰。曹颖平的儿子曹宁说：“当时还让我去翻译核对，他说当时打我们的是英国海军陆战队的人，不是陆军，其实对我们一般人来说，无所谓，都是英国兵，可爸爸他一定要区分清楚，他觉得是还原历史真实吧！他把设计图全部交给谢晋，谢晋再和英国的博物馆联系，英国寄来的实物照片和爸爸的设计图完全一样。”

曹颖平的妻子严媛华说：“曹颖平做事速度很快，很短的时间就能把一部戏的服装设计搞出来。他要把时间让给服装员去买服装的布料和后面的裁缝，所以他开头的工作抓得很紧。”曹颖平告诉我们，设计有难度，制作也更困难，海军陆战队那么多士兵，那么多服装都要制作，军队服装都很考究，紧身、收腰，这个东西我们裁缝都没做过，直统统地做下来，我说不行重做，要收腰，要做成英国陆战队的样子。因为这个工作量比较大，当时专门成立了一个制作车间。

曹颖平就是这样一位严谨的电影服装设计的大师。

1938年5月，曹颖平出身于江苏如皋的一个普通职员家庭，父亲在一家贸易公司做会计，母亲是当地医院的助产士。曹颖平4岁时，突发高烧，几天不退，当时也不知道，这是小儿麻痹症（医学上称脊髓灰质炎），再加上是动荡的年代，没及时看好，后来就留下后遗症。日军侵华的战火就蔓延到他的家乡，父亲

电影《阿Q正传》《南昌起义》的服装设计获1982年中国电影金鸡奖最佳服装奖

带着一家人逃难来到上海，从此在上海定居了下来。

曹颖平小时候腿脚不好，不能跟其他孩子那样去游戏玩耍，他就静下来，喜欢上了画画。曹颖平回忆说："我们兄弟姐妹五个，哥哥是建筑设计师，他画画，我就跟着他学，初中毕业考高中，我因为数学比较差，高中我就没考上，就参加了工作。工作后，我还是喜欢画画，所以我就去考了浙江美院和上海电影专科学校。"

1959年夏天，曹颖平被浙江美院和上海电影专科学校同时录取，对电影怀有无限遐想的曹颖平选择了后者。

"电影艺术是我一直向往的。到了上海电影专科学校，学的是动画。在学校环境熏陶下，我完全像变了另一个人，早上我四五点钟起来去画日出，画晨景，晚上画素描、画石膏头像。"曹颖平兴奋地回忆着。

对来之不易的实践机会，曹颖平倍感珍惜，他刻苦地练习绘画，有段时间为了观察一天当中太阳光线的细微变化，每天凌晨四点钟起床，一直画到深更半夜。当时曹颖平的全部生活，除了吃饭、睡觉之外，只有两件事，看电影和画画。没过多久，他的专业成绩就在班里名列前茅。两年的学习生活，不仅大大提高了曹颖平的美术素养，为他日后做电影的人物造型、服装设计打下了坚实的基础，同时也让他对水彩人物画产生了浓厚的兴趣。

1961年，曹颖平以优异的成绩从上海电影专科学校毕业，并留校做了老师。两年后，学校被撤销。25岁的曹颖平便来到了上海电影制片厂，因为他擅长画水彩人物，所以被分配到美术车间，做了一名服装设计师。

上海电影制片厂原总美工师黄洽贵说："曹颖平在人物服装设计这方面是强项。我记得他搞了一套三国人物图画，当时在看到迎献帝的那张图时，徐桑楚厂长曾大为叫绝。"

曹颖平水彩人物肖像画，实际上是自学成才的。他说："艺术是共通的，没有水彩肖像，我就看油画肖像。我心中有个目标，我要做到最好，英国的水彩画是世界上最有名的，我当时立志要超过英国人。"

由于水彩颜料在画纸上的浸润有很大的不确定性，所以水彩人物的画法，一般情况下很难掌握，要求一笔画成，不能重复。曹颖平靠着他不懈的努力，练就了一手过硬的绘画技法，他笔下的水彩肖像画生动而又传神，很多作品在画展上获奖。他画的邓小平肖像，更是双目传神，气度不凡，上影厂百年诞辰，特将这幅肖像画送给其家属永久留念。

当年41岁的曹颖平，曾为《傲蕾·一兰》这部影片绘制了上百张精致的服装设计图，根据这些图纸制作的服装，不仅准确地反应了17世纪达斡尔族不同部落的服饰特点，也为展示影片的时代特色，丰富人物形象起到了重要的作用。曹颖平的创作能力从此得到了大家的认可，很多导演都愿意与他合作。

“那时候忙得不得了，有时一年要搞三部电影。”曹颖平回忆说，“这时候，你自己要有想法，要给观众展现耳目一新的东西。”

坐在一旁的黄洽贵，对曹颖平最了解最熟悉了。他说：“曹老师做事是很认真的，如果不把这个人物、情景、故事的来龙去脉搞清楚，就不会轻易动笔，一旦动笔他是很有把握的。”

1981年他参加了两部影片的拍摄，一部是《南昌起义》，另一部是《阿Q正传》，这两部都是上影厂当年的重点影片。从服装设计上讲，南昌起义人物众多，大大小小有40多个角色，因为他们绝大部分都是有案可查的真实人物，所以服装资料相对好找。而《阿Q正传》的角色虽然不多，但却很难找到可供参考的图文资料。曹颖平说：“《阿Q正传》服装设计，我知道是很困难，鲁迅也讲过，这小说不大好拍电影，不大好排戏的。怎么样把阿Q这个人物在电影中表现出来，这个是难题。”

通过再三读原文与剧本，曹颖平将《阿Q正传》的调子定位灰色调。他说：“阿Q这个人物就是灰

电影《阿Q正传》剧照

色人物，从头开始，旧毡帽是灰黑的，衣服是灰的，浅灰、中灰、深灰，平时他就是穿一套中灰的破衣服，倒霉的时候穿更破旧的深灰，他赚了钱了回来，好像很开心，就穿了一套浅灰的服装。”

作为一名服装设计大师，曹颖平对作品和角色有着自己的理解，在剧情发展的每一个阶段，他都会给人物以符合年代、环境、身份、性格的服饰。如阿Q，曹颖平设计他的帽子，是终年戴着的破旧不堪旧毡帽。有一次，曹颖平和大家去逛马路，走到一个桥上面，往下面一看，有一个穿得破破烂烂的，头上的帽子旧得一塌糊涂，他说这个好，同事赶快追上这个人，追上去拿新帽子给他换。

1982年，对于44岁的曹颖平来说是一个不寻常的年份，在这一年的中国电影金鸡奖评选当中，《南昌起义》和《阿Q正传》这两部影片同时获得了最佳服装奖。这在当时电影界绝无仅有。

曹颖平至今已是83岁高寿，一路走来，献身艺术，孜孜不倦，成绩斐然。他前后完成50余部影片的绘画造型和服装设计，创作了几百张人物肖像造型；绘制了几千张服装设计图。退休后，特别在2016年以来，他在颐和苑过着平静安逸的养老生活。不过，他在夫人的悉心照护下，至今仍热情不减，手不释笔，创作了100多幅名人肖像画，有习近平、钱学森、钱三强、袁隆平，等等，现在他仍然每天坚持画画。最近，笔者去采访，他正在创作李大钊肖像，以纪念2021年党的百岁华诞。曹颖平在人生舞台上不断创造了一幕又一幕绚丽而精彩的华章。

陈锡林

上海颐和苑入住长者
抗美援越三等功获得者

闪光的岁月

荣获胡志明主席亲笔签名的贺卡

立过三等功，并获得奖章

激情的岁月

1957—1962 年 …… 就读安徽医学院

1962—1965 年 …… 任空军上海第一医院外科医生

1966 年 ………………… 随高炮二师医疗队抗美援越

1968 年 ………………… 任空军第一医学院外二科行政主任、副主任医师

1996 年 ………………… 退休

我是一个兵
敢死救伤为人民
陳錫林

“我是一个兵，救死扶伤为人民”

—— 访参加过抗美援越的军医陈锡林

姜树林

陈锡林医生是我入住颐和苑的邻居，常在散步时聊上几句。我知道他患有健忘症，话很少，但他总不忘说“颐和苑好，现在生活好”这样的话。我想他重复说这样的话，一定是内心情感的反映。所以我总觉得在陈医生身上，有着鲜有人知的故事。

最近，为解开这个“谜”，在征得唐医生（陈锡林医生的妻子）的同意和支持下，以老邻居聊天的方式，了解了陈医生的经历。

我们三人在吧台先后聊了四次，谈得很投缘。谈到高兴时，陈医生偶而还会开个玩笑，思路也清楚。

陈锡林医生在年轻时就要求进步，他在读高中时加入共青团。当年，他的理想是当一个医生。1957 年，他考入安徽医学院。1962 年毕业。

当时由于台湾正叫嚣反攻大陆，所以他一毕业，即被南京军区空军卫生部特召入伍，分配到空军上海第一医院当外科医生。1964 年成为一名共产党员。

1966 年他随高炮二师医疗队抗美援越，荣获胡志明主席亲笔签名的奖状和奖章，还立过三等功，并获得奖章。

1967 年回国后，任空军第一医院外二科行政主任、副主任医师。

1996 年退休，享受副军级待遇。

陈锡林医生行医几十年，工作十分出色，多次被院方评为优秀基层科室主管。院方每月发给他的津贴，他都原封不动交给科里保管，供集体活动用。后来他科里一位骨干调到神经外科当科主任，他的工作津贴也交到了科室集体用。这位主任说，这是陈主任留下的好传统，要继承下去。

陈锡林医生主持的外二科可谓人才辈出，先后培养出两位神经外科科主任，两位骨科科主任，一位理疗科科主任，一位整形科科主任，一位护理部主任。为此，陈医生领导的外二科多次被评为医院先进科室。

陈锡林医生多次随医疗队下乡为农民看病，与农民同吃同住同劳动，还挑过大粪。他说，下乡看病，

又劳动又受教育，得到锻炼，回来后能热情更高地投入到工作中去。

关于“抗美援越”那段经历，陈锡林医生回忆起来很激动。他经历的一次战斗，打了三天三夜，地面是敌我两军交战，天上是美军机地毯式轰炸，扔下的炸弹爆炸时弹丸像下雨一样，随时都有中弹的可能。战斗打得很残酷，双方死伤都很严重。战线向前推进一尺，医疗队就跟进一尺。

我问陈医生：“在枪林弹雨中抢救伤员，怕吗？”他说仗刚打响时，不怕那是假的。不过到后来，仗打到那个份上，看到我们的受伤战士，躺在手术台上，就只顾做手术了。说实在的，弹片落在身边都不知道。三天三夜呀，只要有一点点空下来，我们立即就会睡着。一有伤员抬进来，我们则会本能地站起来做手术。

听着听着，我情不自禁地跷起大拇指说：“陈医生，把美帝赶出越南，也有你的功劳。”

胡志明主席亲笔签名的贺卡

在交谈中，我问唐老师，陈老师有没有什么战地纪念品。唐老师说，他回国时带来一块美机扔下的子母弹的碎片。还有他用美机残骸制作的一个飞机模型、一把梳子，在梳子上刻有“援越抗美”四个字。

听到这里，我禁不住地问陈医生：“为什么把那块炸弹碎片带回国？”他说，它落在离他很近的地方，捡起来留个纪念。

采访快要结束时，我随意地问了一句：陈医生，你一生最开心做的一件事是什么？他不假思索，脱口而出：“我当了一个兵。”

短短的 6 个字，掷地有声，道出了他一生的感悟。

正在这时，他的麻友邀他去玩麻将。我很感动地对他说：“谢谢！快去筑长城吧，玩得开心点。”他

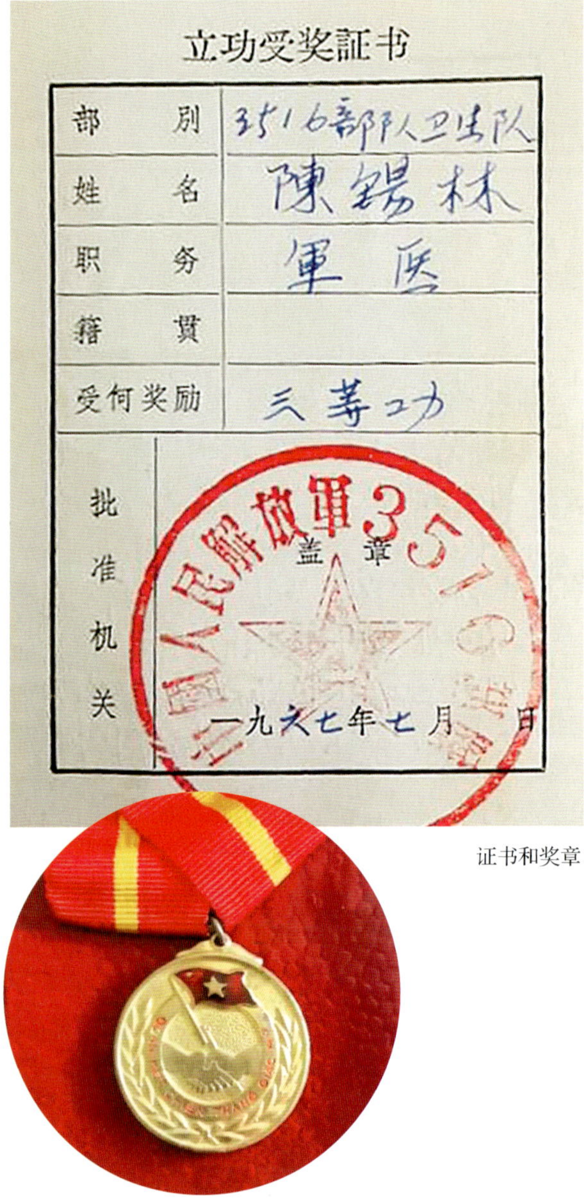

立功受奖証书

部别	3516部队卫生队
姓名	陳锡林
职务	軍医
籍貫	
受何奖励	三等功
批准机关	盖章 中国人民解放軍3516部队 一九六七年七月 日

证书和奖章

回答说：“我在颐和苑过得很开心，是共产党给的。”

一个军医，共产党员，受过战火的洗礼，一辈子兢兢业业地工作的平凡人，到老了，思路也有点不清楚了，但仍念念不忘感恩共产党。

这就是陈锡林同志的不忘初心。

采访后，我请他写一句人生格言，经过一遍又一遍的启发和鼓励，他终于冒出了一句：“我是一个兵，救死扶伤为人民。”

这次采访，对陈医生来说，是一次美好的回忆，他重新走了一遍人生的历程。而对我来说，是一次难得的学习和受启迪的机会。谢谢陈医生！谢谢唐医生！衷心祝福你们晚年幸福，白头偕老！

青春年华献给戈壁荒漠的颐和苑长者

前排左起：蒋耀津、李巾雄、王真真、陶诒英
后排左起：王澄宇、陈心良、吴文绶、沈志明

吴文绶：1960 年华中科技大学机械系机制机床专业毕业
王真真：1963 年上海二医新华护校毕业
王澄宇：1961 年复旦大学核物理专业毕业
徐　遐：1964 年复旦大学核物理专业毕业
陈心良：1958 年同济大学采暖通风专业毕业
蒋耀津：1958 年同济大学采暖通风专业毕业
沈志明：1965 年同济大学接排水专业毕业
陶诒英：1966 年上海机电工业高等专科学院机器制造工艺专业毕业
李巾雄：1960 年上海黄浦区速成师范学校毕业

“两弹一星”精神永存

伟大的事业，产生伟大的精神。“两弹一星”的精神是热爱祖国、无私奉献、自力更生、艰苦奋斗、大力协同、勇于登攀。它是爱国主义、集体主义、社会主义精神和科学精神的体现，是中国人民在 20 世纪为中华民族创造的宝贵的精神财富。

中国核城：他们在那里拼搏过、奉献过

余君伟

颐和苑里有一群七八十岁的长者，他们是吴文绶、王真真、王澄宇、徐遐、陈心良、蒋耀津、沈志明、陶诒英、李巾雄等，他们曾在中国核基地——中国核城，拼搏过，奉献过……他们有的是核武器、核材料科研生产一线的专家，有的是核工程建设的建筑设计师，有的是教育系统的老师，卫生系统的医务工作者。他们有的因工作优秀获得过单位的先进工作者和优秀党员的光荣称号，有的因科研成果突出获得过国防科工委颁发的国防科技进步奖。他们大学一毕业，就来到大西北，为我国“两弹一星”国防事业奉献了一生。

2020年5月的一天，刚过了桃花盛开的时节，天气晴朗，应本文作者之约，他们来到了苑里的露天咖吧座谈。共同回忆起60年代在甘肃玉门和青海高原金银滩的戈壁荒漠艰苦创业的往事，怀念投身核事业大会战的战友。他们在那艰苦的年代，攻坚克难，不怕牺牲，无私奉献，不负党和人民的重托，创造了惊天动地的奇迹，谱写了永载史册的辉煌篇章。

拉开历史大幕

1955年1月15日，面对西方核大国推行核威胁、核讹诈、核垄断，党中央作出了发展中国原子能事业的战略决策，通过了代号为“02”的核武器研制计划。毛主席指出：“搞一点原子弹、氢弹、导弹，洲际导弹，我看有十年功夫是完全可能。”

1957年10月15日，中苏双方签订新技术协定，协议规定在1957年至1961年底，苏方将供应我原子弹的教学模型和图纸资料，供应我国导弹的样品和技术资料等。中苏“10·15”协定签订后，中央组建了导弹和原子弹研究院，开始实施导弹、原子弹的研究设计、试制生产、勘测靶场和建立特种试验部队的计划。

1958年冬，青海金银滩的核武器研制基地开始建设；1959年春，马兰核试验基地开始建设。当一切准备工作有条不紊时，却发生了意想不到的情况。

1960年7月16日，苏联政府照会我国政府，决定召回全部在华苏联专家。不等中国答复，于25日又通知说，在华全部苏联专家将在7月28日开始撤离，9月1日前全部撤完。从7月中旬到8月下旬，苏方撤走了在导弹研究院工作的全部专家，带走了他们掌握的全部技术资料。听到这些情况，毛主席早有心理准备，语重心长地说：“要下决心，搞尖端技术。赫鲁晓夫不给我们尖端技术，极好！如果给了，这个账是很难还的。”中央果断决定，自力更生，自己动手搞出原子弹！核武器研究院很快组成四大部——理论部、试验部、设计部、生产部，排列出原子弹的各项技术难关，分工到各研究小组，分配到每个人，全面开始攻关，从而拉开了中国依靠自己的力量研制“两弹一星”的历史大幕。

走进神秘之门

到大西北的人们，都要经过一道道神秘之门。首先，看到的是大自然怒目相对的神秘之门，这里飞沙走石、天寒地冻、风雪交加、冰雹肆虐。

问苍茫大地，你是想要捉弄人，还是要锤炼人？

而奉命来到这里的人们，都经过了一道严密把守的神秘之门——政审。据吴文绶回忆，1960年8月，他从华中科技大学机械系机制机床专业毕业。学校当时推荐了22名应届毕业生到基地工作，最后只录取了8名，据说未录取的14名主要是政审未过关。在随后的面试中，他和另外7名同学被告知是从事国防高科技研究，具体干什么不知道，也不能说。他们都十分高兴，表示愿无条件服从分配，到祖国最需要的地方去。没过几天，他们每人就拿到一张火车票和一张介绍信，要他们立刻去北京某单位报到，就这样他们急匆匆连家也未回，甚至连学校的老师和同学都没有告别，收拾起简单的行李就走了。

核武器研究是国家高级机密，要绝对保密，参加研制的人员，要离开自己的家庭，还要隐姓埋名，即不在公众场合出头露面，不能著书立说，不能公开发表文章，更不能出国交流。自从进入了神秘之门后，

左起：蒋耀津、李巾雄、王澄宇、陈心良、吴文绶、王真真、陶诒英、沈志明

他们都拒绝了与外界的一切联系。

王澄宇和徐遐：夫妇同战“戈壁”

王澄宇和徐遐夫妇，从复旦大学核物理专业毕业，国家统一分配到二机部国营 404 厂。该厂是由苏联援建，其核反应堆与切尔诺贝利核电站同类型，位于荒无人烟的戈壁滩的风口区域。

当年，王澄宇和徐遐夫妇从事的是为反应堆安全运行保驾护航工作。王澄宇至今还记得，在反应堆首次投料启动时，他与两位同事一起冒着大剂量辐射的危险进行操作，他们的双手因超剂量照射，多次蜕皮，但他们坚守工作岗位，没有一人退缩。

1969 年冬天，出于战备和安全的需要，从基地抽调专业技术骨干，进川建 821 厂。从公布名单到登车南下，仅仅用了三天的时间。王澄宇夫妇从茫茫戈壁来到了川北深山，继续为中国核弹事业奋斗。他们与其他科研人员一起，为我国原子弹的制造作出了巨大的贡献。

吴文绶组织技术攻关：获科技进步奖

今年 83 岁的吴文绶，讲起这件事，既慢条斯理，又滔滔不绝，如数家珍。下面是他的讲述。

大约是在 1978 年，我们九院已从青海搬迁到了川西北大山沟。那里的交通十分不便。科研条件也很艰难。

不久，院里给所里下达了一项重要任务，那是核武器中的一个重要元件，经设计改型后要打炮试验再定型投产。这个类似碗状的薄壳元件精度要求很高，壁厚最薄处不到半毫米，又要承受相当的压力而不变形，如采用传统的机械加工方法无法达到要求，而要引进此类加工设备又不可能。怎么办？还是要发扬我们九院人传统的“自力更生，艰苦奋斗，有条件要上，没有条件创造条件也要上”的拼搏精神，土法上马。

于是，所里在车间组织了新工艺试验攻关小组，任命我当组长，并选配了专业技术员和生产骨干共 8 人开始了紧张的筹备和试制工作。开始我们也不懂电解加工技术，就边学边干，将一台普通的机床改装成一台适合我们所用的电解加工专用机床。我还自己设计了与机床配套的工艺装备和检测工具。在院、所的大力支持下，经过 100 多天的日夜奋战，终于完成了整个生产流程所需的所有设备。经多次调试后试制出了完全符合设计要求的产品，满足了实验部门打炮的紧急需求。

记得有一天，老院长王淦昌突然来所里视察，还特意来到车间的试验室看望我们。当时我们正在加工产品，他微笑着和我们打招呼，我说很快就加工完了。他就停下来边看边和我聊天，非常亲切，没有一点大科学家的架子。不一会，产品就加工好了，我取出产品交到他手中，当他看到那个光亮轻薄的元件时，不住地点头称赞并对我们说：“小伙子们，干得好。你们辛苦了，谢谢你们！”在场的车间领导和我们都备受鼓舞，十分兴奋。老院长的音容笑貌一直镌刻在我的心中，终身难忘。

后来，还因为这项科研成果，攻关小组获得了院先进集体的光荣称号，我也被评为先进工作者。不久，这项科研成果经上报又获得了国防科工委颁发的科技进步奖。

勤奋工作、默默奉献的其人其事

蒋耀津，1958 年同济采暖通风专业毕业，分配到二机部（核工业部）九院。当年，核弹研制基地设在大西北的青海金银滩的 221 厂，她就一直在那里从事工程建筑设计工作。这里有 16 个厂区，设计人员经常要到工程建筑现场了解施工情况，当场解决问题。她到过吴文绶工作的车间，有可能擦肩而过，但互不相识。

陈心良，1958 年同济采暖通风专业毕业，分配到清华大学当助教，1965 年因夫人蒋耀津在大西北，夫妻两人便一起调到四川绵阳核工业研究院设计院工作。1982 年秦山核电厂开始建设，二机部部内调整 400 余名专家和设计人员，陈心良夫妇就又回到了上海。

沈志明是接排水专业，陶诒英是机器制造专业，他们的工作虽然没有核辐射的危险，但在核工业中，也是非常重要的一部分，后来沈志明和陶诒英都参加秦山核电站和巴基斯坦核电站的建设工作。

王真真，221 基地医院的医务工作者，除了保障职工的健康，还有一项特殊的工作，就是核辐射的防护。

李巾雄是老师，她说，我们都经过严格的保密教育，我的地址是 45 信箱，我爱人在邮电局工作，负责电报通信。那里还有各种商店，为基地职工服务，是“大工厂小社会”的格局，但周围都有部队把守。

一代人梦想 11 年成真

“世上本没有路，走的人多了，也就成了路。”中国人硬是在荒漠中开出一条光明路。

一声霹雳惊天地，蘑菇云升起红戈壁。经过大家的艰苦奋斗，我们终于拥有了“两弹一星”。

1964 年 10 月 16 日，原子弹爆炸成功。

1967 年 6 月 17 日，氢弹爆炸成功。

1960 年 11 月 5 日，导弹发射成功。

1970 年 4 月 24 日，人造卫星发射成功。

1999 年 9 月 18 日，在庆祝中华人民共和国成立 50 周年之际，由中共中央、 国务院及中央军委制作了“两弹一星”功勋奖章，授予了 23 位为研制“两弹一星”作出突出贡献的科技专家。其中先后在核武器研究院工作过的科学家就有 11 位之多。

“两弹一星”精神永存

我国研制“两弹一星”的事业，是决定国家命运、改变世界格局、铸造民族脊梁的事业。伟大的事业，产生伟大的精神。“两弹一星”的精神，是热爱祖国、无私奉献，自力更生、艰苦奋斗，大力协同、勇于登攀”。它是爱国主义、集体主义、社会主义精神和科学精神的体现，是中国人民在 20 世纪为中华民族创造的宝贵的精神财富。

第四编

拼搏的年代

王桂根

上海颐和苑入住长者
“五个一工程奖”获得者

激情的岁月

1960 年 …… 以“白丁”身份考入上海音乐学院
1967 年 …… 小提琴专业毕业，进入上海人民艺术剧团
1970 年 …… 加入上海戏曲学校《沙家浜》剧组
1978 年 …… 参与新建上海交响乐团
1997 年 …… 回上海京剧院工作
2007 年 …… 以专业工龄 41 年退休

养老心语

世外桃源曾耳闻，
如今身入颐和门。
四时鲜果树上挂，
绕苑跑道不断人！
琴棋书画随处见，
歌舞体育足健身。
老来犹作田间翁，
忽听大鱼上钩声！

是金子
到哪里都要主动发光
王桂根

随着新中国成长

王桂根

我出身于一个理发店工人的家庭，父母都不太识字。记得爸爸为了追求进步，积极工作，但写“入党申请书”却还是由我——当年才三年级的小学生帮他动的笔。因此，我最早写的“革命文章”就是爸爸的“入党申请书”！

但是，对音乐的爱好是与生俱来的，并不因为经济条件困难而稍加压抑，我在课余报名参加了上海市少年宫合唱队，这就是我的音乐人生的起跑线！

1960 年，我小学毕业，正准备报考中学。同班好友约我一起陪他自幼学习钢琴的妹妹去考上音附小，这可挠到我的痒处了。来到淮海中路上海音乐学院，这里人头攒动，都是家长带着孩子来报考的，两位哥哥陪妹妹来的估计就我们了。看到黑板上贴了布告，说是附中也在这里报名，且“白丁也招”。原本不敢想象的机会就在眼前，哪能错过？于是，我们两人也报了名，当场初试，记得我就唱了一首《小鸟在前面带路》，老师又让我伸手在钢琴上试了试大小，接着口试，问了好多话，约定下周一来复试。出了办公室，最后，有心报考的妹妹连同哥哥都没进，我这个陪客倒被录取了。

进校后，逐步了解到，音乐学院以往只招收有演奏基础的学生。1959 年，国庆十周年前，中央提出“革命化、民族化、大众化”的方针，才开始招收“白丁”，我有幸踏入了艺术殿堂。

这里确实不愧为音乐人才的摇篮，我从一个不识五线谱的小孩，经过老师的潜心教学，成了一个小提琴演奏人才。

毕业后先后在上海人艺、京剧院、上海乐团连续工作了 41 年。其中最重要的有 1990 年作为“国家文化代表团”前往苏联演出。那次 135 人的大队伍演出了《梁祝》及奥尔夫的交响合唱《卡尔米娜·布拉拿》，受到了热烈欢迎。而全部乐谱都是我一个人手抄并独立装订完成的。

1991 年是建党 70 周年，为了纪念这一伟大节日，作为中共诞生地的上海决定组织艺术家创作一部大型交响合唱作品《七一》，代表上海人民赴京参加人民大会堂的国庆演出。我被选为创作组成员，夜以继日的辛勤付出，终于圆满完成了任务，受到市委宣传部通报表扬。

在上海乐团的 19 年时间里，曾多次出访新加坡参加亚洲艺术节，还去港澳地区演出并参加澳门国际合唱节。一个穷苦人家的孩子能够成为一个音乐家，如果没有党和国家的培养是绝不可能的。而我有幸做到了！

除了在音乐团体，我还在京剧院工作了 18 年。这期间参与了现代京剧《智取威虎山》《沙家浜》《红灯记》《平原作战》《奇袭白虎团》等在上海舞台上的演出。改革开放后又参与了新编历史剧《贞观盛事》《廉吏于成龙》《成败萧何》《曹操与杨修》《宝莲灯》《大唐贵妃》等剧作的创排演出，在戏剧舞台上同样洒下了汗水。作为一个文艺工作者，我可以说是无愧于此生！

2007 年，我带着 41 年艺术工龄退休了。退休这些年来，我利用空余时间培训了数以千计的小琴童。为祖国音乐事业后继有人贡献了力量。

2019 年 3 月起，我来到了风景如画的颐和苑养老。这里各种兴趣活动让七老八十的长者青春再现，活力四射，长者们的摄影、布艺、书画、歌唱、舞蹈、戏曲、小品等各种的技艺使养老院充满了生气！这里八十不算老，九十还不少，一百是目标！真可以说是为上海的平均寿命增光添彩！下面是我作的一首诗，可以说是写出了我的心愿：“人生如戏天作成，良机得来竟无声。名师指路勤修炼，无涯艺海任扑腾。朝沐阳光夜知恩，身处华夏先机胜。年逾古稀心不老，讴歌祖国再启程。”

田如漪

上海颐和苑入住长者

上海市先进总监获得者

激情的岁月

1964—1977 年 ……… 上海化工专科学校教师

1977—1999 年 ……… 上海化工设计院公用工程室副主任、党支部书记

1999—2009 年 ……… 上海环亚监理公司副总工程师、总监

养老心语

颐和苑里天年养，

保五争九记心上。

相濡以沫有老伴，

管家专员胜儿郎。

各类活动多参加，

动静结合利健康。

抽暇助人亦乐事，

怡养情操心宽广！

（注：“保五争九”指保 85 岁争 90 岁）

学习是精神生活的第一需求；

活到老学到老，学无止境！

田如漪

我的学习之路：在挑战中学习

田如漪

回顾悠悠岁月，是学习帮我渡过难关，是学习使我进步，是学习让我获得成就和生活的乐趣。

1977 年，我从上海化工专科学校（现为上海应用技术大学）调到上海化工设计院，被安排至人员紧缺的公用工程室给排水组，从一名化专的青年教师变成了不懂设计不懂给排水专业的“门外汉”，压力之大，可想而知。

一切从头学起：向书本学（自学同济大学给排水专业）；向老同志学（借阅老同志的设计图纸，读懂图纸，学会设计方法）；向实践学（从小项目做起，不断承担设计项目，边做、边问、边学）。我从普通工房给排水设计做起，一直做到十万吨醋酸工程施工现场设计总代表。

从上世纪 80 年代起，国家禁止在工业生产设备中使用“直流水”，而必须使用“循环水”。我就学习循环水的冷却塔设计。为了防止结垢型水质在循环过程中堵塞设备管道，腐蚀型水质腐蚀化工设备，我又去华东化工学院（今为华东理工大学）进修了三个月的“水质稳定处理”。当时，水质稳定处理工程被称为“给排水皇冠上的明珠”，因为牵涉到水质的化学分析与添加水处理药剂的配方，难度很大。我利用自己学化学专业的优势，经过努力学习，摘下了这颗明珠，并在我院给排水组里逐步推广。

1986 年，我院接受了“大连工学院（国际培训）计算中心”的设计任务。这是一项世界银行贷款的项目，那时的大连工学院院长提出一定要搞世界上最先进的卤代烷 1301 气体自动灭火系统（这是一种高级的化学灭火系统）。因为这是国内空白，当时没有一位老同志肯承担该项设计。我决心向自己挑战，向项目挑战。我首先到沈阳鼓风机厂去了解我国从日本进口的第一套 1301 气体自动灭火系统，又在上海消防科研所的帮助下，查找了日本、英国、美国的卤代烷 1301 气体灭火系统设计规范，进行计算和比对。当知道英国规范灭火剂喷放时间只有 10 秒钟（而日本规范喷放时间为 30 秒），灭火更迅速，我便采用了英国规范进行设计。最后，在南京消防器材厂的帮助下，用高压二氧化碳灭火剂钢瓶代替 1301 灭火剂存储钢瓶，经过反复试验获得了成功，并得到世界银行聘请的外国场地专家的认可。

此后，我一直利用业余时间学习研究化学气体灭火系统，发表了论文，出版了专著，参加了国家和上海市有关气体灭火系统消防规范编制。我也由此被聘为上海市政府人才库专家、上海市消防协会气体消防顾问。我参加了浦东国际机场、虹桥国际机场、中国农业银行国家金库等重大项目的气体消防方案的设计审查；参加了洋山港码头、外滩观光隧道、地铁一号线浦东新区管委会大楼等消防设施的施工验收。

上世纪 90 年代，国家在制度上不断创新，基建项目开始实行“工程监理制度”。1997 年我们化工设计院也成立了监理公司。领导动员，工程师以上都要去考“监理证”，我也考出了“国家级注册监理工程师”证。随后我先被借调到监理公司任监理，后来又被调到监理公司当总监兼副总工程师。我在工程建设的工地上摸爬滚打了整整十年，向土建工程师学，向施工单位项目经理及老师傅学，向书本学，对施工建设中的常见病多发病，尽量做好事先、事中、事后控制。

我曾经被评为上海市先进总监，并获上海市实事工程立功竞赛奖。人生就像攀登一座山，找山寻路都是一种学习过程。学习使我从慌乱中找到生机，在学习中取得进步。

叶启明

上海颐和苑入住长者

体制改革的探索者

激情的岁月

1975—1979 年 …… 上海枫围中学教师

1979—1986 年 …… 上海金山标准件厂工会主席、副厂长、厂长

1986—1992 年 …… 上海金山工业局副局长、局长、党委书记

1992—1995 年 …… 上海金山工业总公司总经理、党委书记

1995—1997 年 …… 上海金山对外经济贸易总公司总经理、党委书记

1997—2002 年 …… 上海金山三新外经贸总公司总经理、党委书记

2002—2008 年 …… 上海金山区民政局调研员

养老心语

追求快乐，与生俱来；享受快乐，有高低之分。

第一层面的快乐是肉体的快乐，那是饱、暖、物、欲。

第二层面的快乐是精神的快乐，那是琴棋书画、诗词歌赋、周游天下。

第三层面的快乐是灵魂的快乐，那是付出、奉献、受人尊重、被人尊敬，让他人因为你的快乐而快乐。

一切尽在自己的努力之中！

我漫漫人生的“三部曲”

叶启明

我与共和国是同龄人。我拿过镰刀（当农民）、捏过粉笔（当教师）、举过榔头（当工人）、握过钢笔（当公务员）。七十年来无论何时何地，不管在什么岗位上，共和国没有忘记我，我与共和国一起成长。

在七十年漫漫的人生路上，有三段与共和国紧密相连的经历，至今历历在目，永驻心间。

第一段：知青岁月——农村插队落户十余载，奉献最美好的青春年华。中学毕业，我毅然来到金山县枫围公社（现枫泾镇）红星大队（现菖梧村）插队。当时的红星大队地多人少，条件十分艰苦。我们这些“白脚爪”所遇到的困难可想而知。但困难都难不倒踌躇满志的热血知青。我起早摸黑拼命干，努力学习各种农活。就连生产队每年重要的“排茬口”（播种计划）工作，也由我来完成。我还运用手中的笔，当一名“土记者”，撰写广播稿、新闻报道，编写革命故事、文艺节目等，成为大队、公社的文艺骨干和主要“笔杆子”。农村期间，我还有幸当了四年乡村中学的语文老师。

知青岁月，锤炼了我吃苦耐劳、不折不挠、永不向困难低头的性格。知青岁月，让我在茫茫的人生路上学会了坚韧、无畏和刚毅！

第二段：工业和外经贸岗位——在计划经济向社会主义市场经济转型中践行。党的十一届三中全会后，我从农村回到城镇，由知青的身份变成县属工厂的工人。我脚踏实地从工人干起，一步一个脚印：车间工人、厂部统计、财务会计、工会主席、副厂长、厂长。这期间，我加入了光荣的中国共产党，完成了“电大”企业管理的学业，成为工业战线上的一名管理者。后来，上级组织让我到有三十九家下属单位，一万多名职工的金山县工业局担任局长、党委书记。为了加快计划经济向社会主义市场经济转型，在全县“撤局建委办公司”改制浪潮中，金山工业局带头转制为金山工业总公司，我是第一任总经理。1995 年，我又调任金山对外经济贸易总公司任总经理、党委书记，在任期间被上级组织多次记功授奖。

第三段：涉足老龄、养老事业——为探索居家养老与机构养老相结合的新模式倾尽全力。2002 年，我转岗到区民政局任调研员，协助负责区老工办（区委老龄工作委员会办公室）工作。老工办是负责、协调全区老龄工作的专门机构。我深知，人人都会老，人人要养老，老龄工作利在当代、功在千秋，是一项崇高的事业。我与老工办的同行一起，通过调查，掌握了大量养老行业历史和现状的第一手资料，从而对发展金山养老事业心中有“底”，对指导居家养老与机构养老心中有“谱”。正当我苦苦思索如何吸引民营资本参与社会化养老这一重大课题的时候，机会终于来了。

从改革开放中成长起来的企业家周保云怀着回报社会、回馈家乡的“仁爱”之心，决意创办非营利性养老机构。他到民政局商借我参与养老机构项目的开发建设。从此，我全身心投入，直接参与了颐和苑从开创前的可行性分析到正式运营的全过程。在给养老机构取什么名称时，根据投资人周保云对养老机构的定位和设想，我想到了游览过的北京颐和园。颐和园是清朝皇家花园，享福、养老堪称上乘。我便提议取名“颐和苑”，既与“颐和园”读音相同，又愿建成后的养老机构环境与皇城御景相媲美，让入住长者享受“皇家”尊者的待遇。实践证明，“颐和苑”三个字叫响了。看到入住长者幸福感满满的，我也感到非常欣慰。

我如今退而不“休”，仍以“志愿者”的身份活跃在养老事业的第一线，还在为养老机构建言献策，为养老事业赋能助力。

孙育玮

上海颐和苑入住长者
上海师大博士生导师

孙育玮（兵团下乡时期）

激情的岁月

1968 年 6 月—1978 年 3 月 ········ 黑龙江生产建设兵团下乡十年
1978 年 3 月—1982 年 1 月 ········ 黑龙江大学哲学专业读本科
1980 年 11 月—2000 年 3 月······· 黑龙江大学法律系法学院任教
2000 年 3 月—2012 年 2 月 ········ 上海师范大学法政学院任教至退休

养老心语

人到了退休生活的阶段，需要有几种适合自己的兴趣，实现“快乐生活”的理念和愿望，使自己每天的生活都能过得充实丰富，快乐而有意义。

台球是我现在非常喜爱的一项活动，它的强度节奏很适宜老年人，有利于防止四肢僵化和老年痴呆，而且充满了智慧与乐趣。通过它我大大改善了自己的颈椎病，还交上了一圈好朋友。

淡泊明志，宁静致远。
知足长乐，尽力心安。
孙育玮

我人生经历的六次“重要选择”

孙育玮

人的一生，充满着不计其数的选择，但影响重大的恐怕也就有数的那么几步。回顾自己已经走过的历程，对我最有影响的选择，总共有六次。

第一次选择：立志考入本省最好的高中

作为家中的长子，自幼父母就对我十分疼爱和厚望，我也从小就立志要好好学习，很少让他们操心。

但初中毕业后，是继续读高中奔大学，还是读技校早工作？最初父母有分歧：父亲倾向让我读技校早工作，好帮衬下家里；母亲则力主家里再困难也要把儿子培养成大学生，将来能有出息。后来，父母统一了意见，决定供我继续读高中上大学，我在父母的支持和转学不成的刺激下，立志要通过自己的努力考进重点校哈三中去，到本省最好的高中去上学。1965年，我如愿以偿，以优异的成绩考入了哈三中。虽然入三中不到一年就赶上了“文革”，学习受到很大冲击，但三中这所名校和名师给予我高水准素质教育的严格培养与训练，给我奠定的知识能力与品行基础，使我终身受益。

参加国际法哲学大会与著名法学家合影

第二次选择：高中毕业下乡选择去兵团

读完高中，我应该顺利地去上大学，可是“文革”袭来，使我们老三届高中生的大学梦随之破灭。1968年6月25日，我毅然选择去了当时新组建的黑龙江生产建设兵团一师三团（红色边疆农场）。

兵团十年，我把它比作像高尔基笔下记述的那样，是读了自己的“社会大学”；也如梁晓声多部知青作品所描写的那样，是一段十分艰苦的岁月。但我从没去懊悔那段经历，而是感恩那番阅历，使我们这代老知青人锻就了非同寻常的坚韧毅力和顽强意志。虽然“文革”蹉跎了我们的青春岁月，但也历练出了我们这代老知青人的非凡人格。更令我欣慰的是，那段刻骨铭心的生活岁月，馈赠给我一个十分温暖幸福的家，使我有了一位可以相守一生的伴侣，有了个在兵团出生的可爱儿子。

第三次选择：高考选学哲学

1977年下半年，在邓小平的推动下，国家做出了恢复高考制度的重大决策，这是改变上山下乡知识青年命运的一次重大转折，我和夫人正是这次转机的受益者和幸运者。那时我们儿子刚两岁，需人照顾，我和夫人只好分开两年来考。仗着我俩都有“三中”时打下的基础，先后都被黑龙江大学录取。我1978年3月入学到哲学专业，夫人1978年10月入学到经济专业。我们30岁重圆20岁失去的大学梦。当时的高校，夫妻同校、两代人同学的情况并不鲜见，我们班年龄最大的33而最小的才16岁，这种现象在共和国的历史上恐怕是空前绝后。

我选择读哲学专业的理由，一是黑大文科哲学的师资力量最强，在本省久有名气；二是“文革”下乡期间，自己接触了较多的哲学经典著作，深受影响而有兴趣；三是想在自己的“而立之年”，从凝聚着“人类思想精华”的“智慧之学”中汲取更多的营养，以利自己的世界观和思维方法更好形成。现在看，这个初衷还是有所实现的，自感那段哲学专业的学习让我一生获益匪浅，它帮助我能更好地认识外部事物，也能更好地认识和把握我自己。

第四次选择：本科毕业弃政从教教法学

我们77级同学毕业是在1982年1月，我没参加统一分配，而是选择了提前留校。1980年底，随

留校任教后在一居室的家里

着国家大力加强法制和恢复法学教育，各省的综合性大学纷纷成立了法律系，开办法学专业。黑大法律系也在这时成立，而且应组建师资队伍急需补充新生力量的需要，省文教办特批黑大从本科 77 级优秀生中选拔 5 位，提前留校到法律系任教，我便是其中的一个。同年 11 月中旬，我便到法律系报到，开始了我的从教生涯。

有朋友问，你是班级的党支部书记，77 级毕业是你极好的从政时机，为何没去党政机关而选择留校？我的回答是：选择职业是一辈子的事。选择大学的教师职业，并侧重于法学理论（法哲学）的领域，这既能很好地结合我原有哲学专业的知识背景，又能通过法律较好地贴近社会生活的实践，而且恰逢建设“法治中国”的时代机遇，这正为我个人的职业生涯提供了一个施展才能的极好机会和舞台。

秉持着这样的初衷和信念，为履行好高校法学教师为法治事业教书育人的神圣使命和职责，我在黑大不知疲倦地工作了 20 年。为能尽快进入法学之门和登上法学讲台，我到法律系报到半月之后即被派赴西安，参加司法部专为全国高校法学教师而举办的为期半年的培训班。我跟随着师辈们修完了四门主干法学课程并顺利结业。为能提高自己的专业能力和水平，我在 36 岁时在职赴吉林大学攻读了法理学硕士学位。为能提升“黑大”法理学硕士点导师组本身的指导能力和水平，我又带头在职读取了哲学博士学位。经过不懈努力，我的法理学学术论文在国家顶级的《中国社会科学》杂志上发表，并荣获了黑龙江省社会科学优秀成果一等奖。由于教学和科研的突出成绩，我被提前晋升为副教授和教授，并于 1993 年被批准享受了国务院政府特殊津贴，1998 年被国家人事部批准为“国家级有突出贡献的优秀中青年专家”。

第五次选择：两次放弃南迁机会后毅然选择来上海

南迁工作的想法我一直存在，而且有过两次不错的机会被我放弃。一次是在我读研毕业的 1986 年，北京的一所高校看好我的情况愿意要，但因为没有行政编制，提了副处的爱人工作不好解决，我放弃了那次进京的机会。第二次是 1996 年，参加学术会议的机会，被位于广州的华南师大相中。当时我 48 岁，已是教授，他们想把我作为筹建法学硕士点的学科带头人引进，并答应给解决房子。后因气候、语言、生活习惯都差异太大，也被我谢绝放弃。

1999 年底，来上海开会，上师大法商学院要上法学专业，急于物色学科带头人而相中我。校、院领导亲自出面做我工作，并诚邀我们一家三口来沪来校考察。这次我真的动心了，还请了上海我一位学界资深的同仁和有过兵团经历的至交好友来帮我斟酌。经过审慎的考虑，我果断决定来上海。我清醒地意识到，这次对我来说是机不可失、时不再来的理想机会。所以，我毫不犹豫、费尽周折地足足用一个多月的时间，才做通我黑龙江原学校、省教委和省委组织部三关的工作。记得黑大方面最后是上了常委碰头会，校长以“人才两校共享”的名义勉强在商调函上签署同意。2000 年 3 月，我和夫人一起正式调入上海师大工作。

来上海后我们工作生活得很愉快。我被作为法学学科带头人和硕士点的导师组组长，在不到一年的时间里帮助学校建起了法学本科专业和法学理论硕士点。我也很快得到了上海法学界朋友们的认可，出任了上海市法理法史学会的副会长。我带领师生们完成的多项研究课题成果，获得多次重要奖励。自己还被列入市委组织部的专家中心管理，享受了良好的专家医疗待遇，后又被评定为博士生导师和二级教授。

在上师大与指导的研究生合影

第六次选择：退休后以低龄老人身份选择来颐和苑

我 2012 年从学校退休，夫人是 2008 年退的。退休后的头两年，应学院聘请，我还继续担负了两年的研究生教学任务。至 2015 年初母亲病危，我辞去了学院的所有任务，全身心地去陪伴照顾父母，以弥补我多年未在二老身边尽心尽孝的愧疚。将母亲安详地送走后，又妥善地安排好了父亲，至 2016 年初，我开始认真地考虑我和夫人面对的问题：退休后的生活之路该怎么走？如何能使晚年的生活过得充实快乐而有质量？

当时面临的困难是：我俩身体都不算很好，只有一个儿子在北京工作。市区的住房虽然宽敞明亮，南北通透，但在五楼没有电梯。而且伴随身体状况的不济，料理一日三餐的“买汰烧”也渐觉是个不小的负担。尤其是 2016 年 4 月我陪夫人半夜经历的一次 120 急诊救护，使我真正感受了紧急情况无助难支的窘境。因此，必须寻求摆脱困境、改变现状的出路，目的很明确：一是免除爬楼之苦；二是解除一日三餐之累；三是紧急情况下有人相助。

出路只能是借助社会资源，选择一个好的养老机构，把退休后的晚年生活落脚在那里。2016 年，通过战友介绍、组团考察、本人亲访，以及一个月的试住，我们认定了颐和苑就是我们所寻求的可以安身的理想之家。

转眼来这已四年，现在我们已经深深地爱上了颐和苑，而且这种情感随着时光的流淌愈加浓烈和难以割舍。以至于我们现在无论是走到哪里，都盼着要早点回家，回到我们颐和苑这个家！因为在这里，不但有中丹合作非营利的优势定位，有优美宜人的花园式环境，有贴心周到的微笑服务，有丰富多彩的文化生活，还有文明友善的人际关系。如此理想的养老资源，早点来享用，何乐而不为！我们深感自己退休后的这次选择不但很对，而且很及时。在这里，我们开启了一种全新的退休生活，这种生活让我们充实而开心，让我们对未来充满希望；这种生活，带给了我们生命的勇气和力量，带给了我们实实在在的幸福与欢乐！

回眸这六次“重要选择”，它们编织起了我大半生的生命轨迹。对每一次的选择，我都无怨无悔，而是知足常乐。对未来的生命之旅，我仍愿以应有的激情和理性去坦然面对，去做适合于自己的最好选择。

孙虹江

上海颐和苑入住长者
中国艺术节“文华导演奖”获得者

激情的岁月

1960 年 ········ 上海京剧院学馆学员
1970 年 ········ 上海四方锅炉厂工人
1980 年 ········ 上海越剧院任导演
1990 年 ········ 中国戏曲学院导演研究学员
2000 年 ········ 上海大学艺术管理学员

养老心语

人老了也别闲着，常做一些欣悦的事儿能养人。想吃就吃一点，想喝就喝一点，心情放松胜过灵丹。正是多做一些能补脑子，多吃一点可补身子。

演出后与演职人员合影

得意时安然，失意时淡然，
人生一世当然则然，
一切顺其自然。

孙虹江 2020、7.14

我和我的舞台

孙虹江

我这辈子没有离开过舞台，我就是在“人生大舞台，舞台小天地”中折腾了几十年，直到今天，不知离谢幕还有多久？期盼着人生的谢幕如同我排过的戏一样，洋溢着掌声与喝彩，其实我知道这很难。

1949 年，还在襁褓中的我，跟随陈粟大军南下。父亲先行，母亲抱着我随家属大队尾后。他们先在苏州平门附近的华东革命大学工作了一段时间，当时父亲在华东革命大学文工团担任领导，至此，牙牙学语的我就已经开始接触到了舞台。50 年代初，“革大”文工团走进大上海，与华东各路文化单位共同组建了上海实验歌剧院。因为初到上海我们还没有分配房子，全家暂时挤住在歌剧院的地下室里，这为儿时的我能够随意进出排练厅提供了很大方便，舞台对我的熏陶也许从这时就开始了。

我 11 岁进入上海京剧院学馆。那时几经调动父亲已进入上海京剧院担任领导职务。某一个星期天，父亲要去剧院值班，还说要带我一起去。那天京剧院学馆在招收学员，记得华华老师特意跑到院长室，对我父亲说：“孙院长，让你孩子也去试试吧。”父亲则用征询的眼光看着我，华老师说：“让小孩过集体生活对他一生都是有用的。”（这是我清楚记得的一句话）当时年幼的我也不知道什么是害怕，竟大模大样地站上了考场。面对着一排正襟危坐的老师，我按照考试要求：唱歌、念字、动动腰腿，三下五除二地过去了，一点都不觉得有什么难的。记得在最后还有一个小插曲：一位老师举起一张纸，上面写的是一个“孙”字，我大声回答后引来全场一片笑声。我被录取了。我没有问过父亲，可我能够感觉，那个星期天他把我带到京剧院是有意而为之。但正是我的年少大胆和对表演天然的亲近感让我懵懵懂懂地走进了艺术殿堂，从此和舞台结下了不解之缘。

6 年的科班磨砺我就不赘述了，终于有一天我登台演戏了。我出演过“黄鹤楼”中的周瑜、“辕门射戟”中的吕布、“金玉奴”中的莫稽等大小十来个角色，听到过观众的喝彩声，也有过飘飘然的时候。记得 1963 年，在我嗓音和唱腔都达到了最佳时段的某一天，父亲特地邀请京剧艺术大师、上海京剧院院长周信芳先生到剧场来看我演戏。看完戏后周院长留下了“天才的小生”5 个字的手书赠予我，以示鼓励，当时的我自我感觉有些膨胀，事后父亲给我当头浇了一兜冷水，他说：“这字不是送给你而是送给我的。”直到年纪大了之后，我才理解了此话的真正含义。几十年后，我常和同行们开玩笑说，看过周信芳院长的戏还不算太希奇，请到周信芳院长来看我的戏那才叫稀奇呢。

上海京剧院学馆，1963 年演出《辕门射戟》中扮演吕布

学馆毕业的 1966 年正是“文革”开始的那一年，上海京剧院因为排演“海瑞上疏”等戏成了重灾区，

我父亲和周信芳院长等被打成了反党分子（家父是周信芳院长的入党介绍人，这也成为一条罪状）。由于受到父亲的政治牵连，不到 20 岁的我竟被莫名其妙地关了一个星期的学习班，这段经历给当时心智尚未成熟的我造成了很大的伤害，阴影跟随了我许多年。没过多久我就被送往上海四方锅炉厂“战高温”，实际上是被扫地出门。那天，当宣布到我的名字时，我禁不住泪流满面，心想：别了，我的舞台。

也许我就是为舞台而生的。我所在的四方锅炉厂的文艺宣传工作是彭浦工业区实力最弱的，每次汇演评比都“殿后”。我来到工厂，又找到了一方舞台。毕竟我经过多年的专业训练，业余演出对于我就显得驾轻就熟了。那时候年轻，有着强烈的创作热情，我创作、编排和参演了许多具有时代烙印的节目，有小话剧、对口词、表演唱以及相声等，我把小分队搞得有声有色。不久我们四方锅炉厂小分队就在业内异军突起，成为附近工厂、单位热邀的对象，还经常为市内其他单位演出。说起文字创作，我曾跟随著名编剧陈西汀老先生学习古汉语、古诗词等，陈老师渊博的知识和人文修养对我之后的人生发展都有着重要的影响。

1974 年，我终于回归文艺界，不过不能回到京剧院，而是分配到上海越剧院学馆担任教师。直到“文革”结束后，一位曾经在京剧院领导班子里担任过职务的同学告诉我，当年于会泳曾说过，像孙虹江这样的人就是要清理出文艺界。现在想想也挺有意思的，一个小小的演员居然能够惊动大部长，这不能不说是一出小小的悲喜剧。不过能归队我还是很兴奋的，不管怎么说，我朝正规舞台走近了一步，一种翻身感油然而生，我暗下决心要好好干。趁着小时候学过的东西还没有丢干净，我重拾旧业，在抓紧自身基本功恢复训练的同时，我将所有技艺一丝不苟、毫无保留地传授给学生。除了教授基本功课和戏课，我还兼上政治课。在越剧院学馆，我成了课种最多、课时最长的教师。此外，凡是院里需要编写、赶排应时应景的演出任务也都落在了我的身上。我们带着自己编排的节目下农村、下工厂、下部队，每次都受到观众的热烈欢迎，有的节目还被电台选中播放。

我笃信“贵人相助”这句话，当一个人在事业提升时最需要的就是能够有人伸出手来拉你一把，再扶你一程。我很幸运，我的“贵人”就是大艺术家袁雪芬院长。我进入越剧院学馆时正处在“文革”后期，袁老师仍属于控制使用。当时正巧袁老师主管我们学馆的业务教学，我的到来也刚好达到了她想让有京剧基础的人来提升越剧学员基本功的夙愿，加上我工作积极以及业务能力的良好表现，慢慢引起了她的注意。“文革”结束，我的机会终于来了，上海戏剧学院首批招收导演进修班学员，袁老师立即为我报了名，就这样，在戏剧教育的最高学府里我系统地学习了有关戏剧导演的所有课程，从此开启了我导演生涯的帷幕。

学成归来时，袁老师已经恢复了院长职务。我向她报到的那一天，她立即把我带到副院长、总导演吴琛先生跟前说：“你那一肚子本事总不能烂在肚子里呀，今天我把这个学生交给你了。”吴琛先生是中国戏曲界德高望重的大导演，越剧四大名剧中的《西厢记》、《红楼梦》以及《祥林嫂》都出自他手。吴先生欣然收下了我这个学生。在之后的几年里我跟随吴琛老师潜心学习，系统掌握了越剧经典名剧的创作思想和创作方法，为今后发展自己的创作之路夯实了坚实的基础。

我在越剧院的几十年里，袁雪芬院长始终关心着我的成长并给予我极大帮助，吴琛老师在离世前将他用多年心血写成的“导演阐述”和许多珍贵资料全都留给了我，我还得到了许多老艺术家的鼓励和教导。记得傅全香老师作为我和家骅的婚礼证人对全场说过的一句话，她说她看好我在越剧事业上作为。这些老艺术家对我的勉励和栽培是始终激励我前行的强大动力。

在我的导演生涯中，我有幸复排过上海越剧院全部四大经典剧目《西厢记》、《红楼梦》、《祥林嫂》以及《梁山伯与祝英台》，这在导演中我有幸成为第一人。复排这些传统优秀剧目的难点在于既要传承前辈的艺术精髓，又要与时俱进，根据当代的审美情趣和观剧习惯以及现代舞台技术做好二度创作，也就是说，既要保留传统，又要有所创新。这话说起来轻松，真正要做好可不是一件容易的事，全要依靠平日里积攒下的知识储备以及全体演职人员的共同努力。我复排的这些戏最终获得了观众的好评和专家的认可。

2007 年，与越剧艺术大师合影。左起袁雪芬，徐玉兰，孙虹江，傅全香，范瑞娟

这些年来，我还多次尝试跨剧种排戏，我排过京剧、沪剧、黄梅戏、山东梆子、吕剧、庐剧、淮剧、锡剧以及音乐剧等。跨剧种的创作使我对中国戏曲有了更全面的了解，在相互渗透和相互借鉴中让我创作起来更加得心应手，导戏的路子越走越宽。

我的艺术成绩也得到了社会各界的认可：我被评为国家一级导演。所排剧目多次获得国家“五个一工程奖”、中国戏剧节“优秀剧目奖”、中国黄梅戏艺术节“金黄梅奖”以及“中国文化奖戏剧类一等奖”等。尤其是我创排的沪剧《挑山女人》自 2012 年首演以来已演出 300 余场。沪剧作为一个地方小剧种，过去巡回演出有“北走不过常州，南走不过杭州”的说法，我们的《挑山女人》则走向全国许多地方，甚至还去过西北的陕西、甘肃和宁夏，南方的广东、香港等地。特别值得自豪的是我们三次受邀进入国家大剧院演出。《挑山女人》后来被拍成戏剧电影并获得了第 32 届中国电影金鸡奖最佳戏曲片奖。2017 年 6 月底，《人民日报》在头版头条位置刊发了《挑山女人》的相关报道，中央电视台也做了专题节目，引起社会的广泛关注。该剧荣获第 14 届中国艺术节“文华奖”（国家专业舞台艺术政府最高奖），我也有幸获得这个戏的“文华导演奖”。

我这辈子没有离开过舞台，我也没有细数总共排练过多少台戏，现在已经七十出头了，还不断有各地剧团邀约我去排戏。记得 2018 年我和妻子家骅来到颐和苑探望年迈的姨父，进入苑区，我们立即喜欢上了这里。优美的环境、良好的养老设施以及贴心的服务不正是我们向往的晚年生活吗？我和妻子立刻决定把这里作为我们今后的归宿，于是我们定下了一套寓所。至今未来入住的原因是今明两年我的应约档期都排满了，等忙完这阵我想我也应该休息了。最近，表弟周密带我去参观了颐和苑二期，发现那里也有一个不错的小舞台，看着小舞台我沉思良久，或许我的余生还能在这个舞台上再折腾几下呢。

朱景龙

上海颐和苑入住长者
上海市首批园丁奖获得者

激情的岁月

1948 年 9 月—1951 年 7 月 ········ 金山师范求学
1951 年 9 月—1955 年 8 月 ········ 金山县朱泾第二中心小学副教导主任
1955 年 9 月—1960 年 2 月 ········ 金山县泖港中心小学教导主任兼代理校长
1956 年 2 月—1956 年 7 月 ········ 江苏南京教育行政干部学校学习
1960 年 3 月—1961 年 8 月 ········ 下放劳动
1961 年 9 月—1992 年 8 月 ········ 金山县钱圩小学教导主任兼副校长
1992 年 9 月—1994 年 1 月 ········ 借调于金山县少年宫
1994 年 1 月 ································ 退休

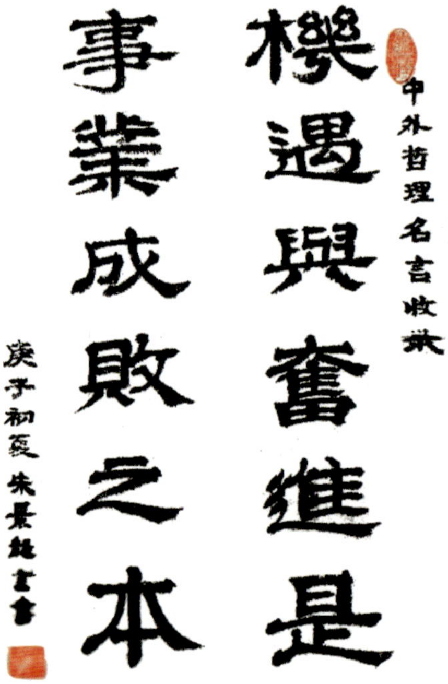

养老心语

健康长寿不是靠医生，只要自己做到吃得平衡，适当运动，按时作息，心态平和即可。另加一条：每天一定要快乐忙碌，选择一样你最喜欢、最感兴趣的事做做（看书、读报、写写画画等），保证你活到 100 岁不稀奇。

我的绘画人生

朱景龙

日子毫无声息地流逝，就在此时需要回头总结之际才猛然意识到时光匆匆。我今年八十又七，下面我来谈谈这些年走过的路。

读书岁月：用绘画服务社会

从幼小年龄起，我就喜爱上画画。1948 年，在金山师范读书时，老师发现了我的这个特长，就积极培养和鼓励我参加绘画实践。当时在美术老师的指导下，我全身心地参加学校班级内各种墙报、黑板报的报头、插图、花边等绘画工作。看到自己的画作呈现在师生眼前，并吸引了众多的眼光，我特有成就感。

记得 1950 年在干巷中心校实习时，为配合宣传抗美援朝作战，我就在镇上大街旁一垛山墙上，画了一幅"雄纠纠气昂昂跨过鸭绿江"的大型宣传画，受到过往市民的赞赏。后来在开展的冬学扫盲运动中，我还创作了一幅"点灯引蛾学文化"的宣传画，后来因其形象鲜明生动吸引群众，又配合中心任务，被《金山报》看中发表。这是我第一幅被报刊采用的作品，从此更坚定了我学好绘画艺术，为党和社会服务的决心。

教学生涯：醉心教书育人

1951 年 7 月，三年师范学生时代结束，县教育部门根据我绘画专长，分配我到县城朱泾第二中心小学工作。我深知这是上级组织对我的关心和器重，也是一种信任和培养。我坚持努力钻研教育教学业务，积极参加校内外各种团队活动，不断发挥作用，不到两年就担任了大队总辅导员，三年后提升为副教导主任。1955 年下半年又调任泖港中心小学担任教导主任，并于 1956 年下半年进江苏省教育学院进修学习。1961 年 9 月，我又从泖港中心校调入钱圩中心校担任教导主任，1984 年调任副校长暨教导主任，时间长达 33 年，直到光荣退休。在这漫长的教学岁月中，我无怨无悔，没有辜负党和政府对我的培养和任用，服从组织安排，尽心尽力地工作，做出了实实在在的业绩，受到师生们的肯定和拥护。

组织学生在松江佘山开展夏令营活动

在 43 年教学生涯中，我培养了不少优秀学生与专业画家，如王峰（嘉兴师范学院美术系主任、中国美术家协会会员）、朱希（原金山农民画副院长、国家一级画师、上海市美协理事，享受国务院津贴）；为学校各科教师绘制教学挂图、幻灯画片数千幅，多次在县教育行政会上介绍经验。我不仅获得上海市首批园丁奖称号，还三次被选为县人大代表，担任过第十届人大教科文工作委员会委员。

退休时光：再入创作佳境

1994 年 1 月，我正式退休赋闲。可我又是一个闲不住的劳碌人，我想好不容易退了下来，不再早出夜归，何不趁此有闲岁月，重拾我的绘画专长，来一次创作上的朝花夕拾，重圆绘画人生的追求之梦？真是无巧不成书，刚刚家里凳子尚未焐热，金山县人事局退管处主任邀请我担任县机关事业单位退休人员书画组组长，义务为喜爱书画的老年朋友服务。说服务，其实就是组织老同志一起泼墨挥毫，共绘丹青。这正是我梦寐以求的，既可服务老同志，又让自己从事创作实践，提高绘画的水平，可谓一举两得，合作共赢。

25 年来，我为艺术书画社或书画组的许多老同志做了大量工作，如订制年度活动计划，定期组织书画笔会，经常性开展户外采风，开阔视野，以提高创

右一为朱景龙老师

作境界，提升作品立意和品位。尤其注重重大节庆期间的各种作品展览展示。为鼓励组员创作书画作品的积极性，进一步提高组员书画水准，我主编出版过五本画册，并每年出版年历卡、台历挂历赠送给广大老年朋友，表示我的祝福和谢忱。

25 年来，除了服务老年书画社或书画组，我还腾出一定精力从事绘画创作，从临摹名人佳作入手，融会各家用笔、点染到立意、构图的特点，专心致志地投入自己的美术创作。已有上百幅作品在市区各级展会展出，获颁各个级别等级证书及荣誉，有的作品还在全国画展上获奖并编入画册。

2017 年，作品《睡狮》在由中华人民共和国国史编委会诗书画院举办的“迎十九大胜利召开公益书画展”上展出，获金奖。

2018 年，作品《硕果累累》在由中华人民共和国国史编委会诗书画院举办的“纪念中国改革开放 40 年公益书画展”上展出，获金奖，并入编《盛世中华——翰墨名家大典》一书予以收藏。

2018 年，作品《国泰民安兴万年》经中国国宾礼特供艺术家评审工委评议审定，认定为中国国礼作品。作品已被中国紫光阁国礼中心收藏。

我作为新中国培养成长的最早一批人民教师，深感生逢其时。所以，不忘初心、牢记党恩始终是我的创作动力和作品主旨。我也深深知道，我从未受过专业训练，所以我是利用一切机会，拜能者为师，在画技方面广采博收，反复练笔用色，谋篇立意，使创作大型作品成为可能。在耄耋之年我还邀请市侨联专业画家来朱泾传经送宝，亲眼观看画师们的人物画绘制过程，一边效法琢磨，之后几易画稿，完成了《水浒一百零八将》人物组画巨作，该作品由上海东方电视台录制播放，并由金山电视台录制成《魅力金山》电视专题片播放。

2013 年 4 月，上海市首届市民文化节期间，我成功地举办了《朱景龙个人画展》展出画作一百余幅。

2016 年 5 月，我入住上海颐和苑老年服务中心养老。在这里，丰富多样的兴趣小组给我带来了多姿多彩的休闲时光。我担任书画组组长，每周三为 40 多位书画爱好者老人指导画画。三年来，我创作作品上百幅，作为布置苑的客厅、居室之用，又为丹麦外宾、客户、外单位来苑慰问团队礼品之用。

我今年已 87 岁，这么多年来，我始终受到组织的关心，我十分珍惜这种幸运，我时常要求自己，要做到老骥伏枥，志在千里；不忘初心，牢记使命，用画笔来颂扬崭新的时代！我要将有限的生命，为党的神圣事业、为祖国的繁荣富强作最后的贡献！

李巾雄

上海颐和苑入住长者

在“中国核城”任教 28 年的园丁

为毕业班学生备考留念

激情的岁月

1959 年 7 月 …………………………… 上海黄浦区速成师范学校就读

1960 年 7 月—1967 年 7 月 ……… 上海市杨浦区鞍山一村小学任教

1967 年 7 月—1987 年 6 月 ……… 支内建设调往中核 404 厂第四小学任教

1987 年 6 月 …………………………… 因病提前退休

1997 年 1 月 …………………………… 离开 404 厂，回到上海养老

养老心语

生命在于运动
推着小车行走
助我一臂之力
参加打拳健身
来本苑仍坚持
无论天气多变
坚持推车步行
老慢支未复发
体重减轻达标
我还坚持静养
改变急躁性格
身体健康愉悦
养生何等重要

我的人生，由我作主。
远离上海，扎根荒漠。
环境恶劣，顽强搏斗。
自力更生，艰苦奋斗。
做奠基石，当螺丝钉。
困难面前，无怨无悔。
教书育人，励志报国。
兢兢业业，桃李天下。
蘑云升起，无限自豪！
作出贡献，理所应当。

李巾雄
于2020年5月21日

我在“中国核城”教书的难忘岁月

李中雄

与学校党支部党员合影（第二排右二为作者）

404 厂位于河西走廊的西部，是 1958 年经中央专委批准建设的我国最早、最大的核技术生产、科研基地。404 厂的创建，为我国“两弹一星”的研制、为我国核工业发展作出了重大贡献，被誉为“中国核城”。1963 年，我爱人从兰州调到那里，他参加了 404 厂的早期建设。

随着 404 厂工业区的建立和发展，在嘉峪关南片建立起居民生活小区。地处大漠深处的核城逐渐焕发出勃勃生机，居民生活一天比一天改善。紧跟着的，就是发展核城的教育事业。核城当地成立了教育局，主管中小学教育。在短时间内新建了两所中学，五所小学。办学需要师资，于是从全国各地调动了大批教育工作者到大漠核城任教。1967 年，我响应国家支内的号召，放弃了大上海优越的生活，带着 4 岁的孩子，来到 404 厂。从此，我们一家在大漠核城团聚了。我被分配到第四小学，任毕业班的语文老师。当时核城的工作区与生活区相距很远，从事核事业的学生家长十分辛苦，每天早出晚归，两头见不到太阳，没时间管孩子，教育孩子的重任几乎全落在我们教师身上。我们认真上好每一堂课，对学生进行文化知识和思想品质的教育。部分学生家长下班特别晚，我们就把他们留在学校里，辅导他们复习功课，做作业，开展唱歌跳舞体育等课外活动，一直到家长领他们回家。

在一次家访中，我发现有一位姓曲的男生，12 岁，父亲是总工程师，母亲患有精神病。他父亲马上要出差。于是我和爱人就主动把小曲接到了自己家里，我一方面照料他的生活，一方面督促他学习。一个多星期后，小曲的父亲回到家，见儿子在我家生活有规律，学习有进步，非常感动。他一定要付给我们他儿子的生活费，我们谢绝了。我们深知：小曲是核工程师的孩子，管好他，就是对核事业的贡献。

核城教育局对各校也抓得很紧，提出各种标准和要求，经常组织教学观摩课。核城地区教学质量在甘肃省是数一数二的，小升初的考核率百分之百，中学升学率将近百分之百。学生中有参加过全国物理竞赛获得名次的，有保送北大、清华的，还有出国深造的。

404 厂老一辈的子孙们，有的大学毕业或出国深造后又回到 404 厂，成为核二代、核三代。

2018 年 11 月 15 日，国家工信部将中核 404 厂确定为“第二批国家工业遗产”，使核城人的功绩永驻成为国家记忆。

2020 年 1 月 9 日，在上海西郊宾馆，我们受邀参加了“不忘初心，永葆本色——庆祝上海市百名将军活动中心成立十周年暨弘扬‘两弹一星’精神公益捐赠仪式”。

在 404 拐角楼与新买的永久自行车合影留念

我更加热爱我的第二故乡——大西北大漠戈壁滩中的“中国核城”——中核 404 厂。那里有我“难忘的回忆”，一段光荣的历史。

张石山

上海颐和苑入住长者

长篇小说《骊珠记》作者

激情的岁月

1958 年 3 月—1959 年 1 月 ········ 上海钢铁研究所技术员

1959 年 1 月—1964 年 4 月 ········ 中国人民解放军第六十军直属工作处文书、文化教员

1964 年 4 月—1969 年 1 月 ········ 上海市人事局办事员

1969 年 1 月—1972 年 8 月 ········ 上海市直属机关五七干校下放劳动

1972 年 8 月—1984 年 4 月 ········ 中科院上海有机化学研究所科级宣传干事

1984 年 4 月—1999 年 1 月 ········ 中科院上海分院进修学院办公室主任、副院长

养老心语

《淮南子 · 主术训》中有两句话：“非澹泊无以明志，非宁静无以致远。”它表达了君子应有的操守，体现了古人的大智慧。诸葛亮在《诫子书》中也借用它来教育后人。

如今中国正处于历史的转型期，社会风气变得浮躁，急功近利。我们要始终保持澹泊、宁静的心态，树立明确的志向，实现远大的目标。

只问耕耘，不问收获。

有一分热，发一分光。

張石山

十年磨一剑 霜刃照汗青

—— 我的长篇小说《骊珠记》创作前后

张石山

步入中年的作者

两年前，颐和苑读书写作组曾为我举办过一次“《骊珠记》作品讨论会”。《骊珠记》是我在退休之后，花了十年时间创作的一部五十余万字的长篇小说。它以我的家世为背景，我的叔父为原型，描述了一个出身剥削阶级的青年知识分子，如何接受党的教育，走上革命道路，最终为人类最壮丽的事业献身的故事。

我1939年出身在云南省一个剥削阶级家庭里，祖父辈在中国的锡都个旧经营着一个锡矿，在老家石屏还有一些田地，我的童年就是在这样一个双料的剥削阶级家庭中度过的。

我的叔父张万彬先生早年离家到上海求学，在1938年加入中国共产党，并从事地下工作，以后又转移到苏北抗日根据地从事武装斗争。在1942年的延安整风运动中，随着肃反扩大化，他被怀疑是混入革命队伍的阶级异己分子，遭到残酷斗争无情打击。甄别平反之后，组织上派他回到家乡，利用云南龙云地方势力与蒋介石中央势力的矛盾，借助家庭经济地位和社会关系开展工作。叔父回乡后，阴错阳差地没有接上组织关系而脱了党。但是他没有就此消沉下去，而是在云南省立师范学校校长的任上，积极宣传党的政治主张。在他的影响下，一批青年学生走上了革命道路。后来他的活动引起了反动当局的注意，只得重新回到上海寻找党组织。终于在解放前夕恢复了党的关系，继续从事地下工作。

新中国成立后，在走马灯似的政治运动中，叔父的曲折经历让他挨了不少整，虽然多次得以侥幸保全，但最终还是躲不过“文革”浩劫。在清理阶级队伍运动中，他被戴上“叛徒”“阶级异己分子”的帽子，身心受到极大摧残。叔父最终在下放干校时，突发脑溢血不治身亡。

叔父离开老家时，我只有八岁，他不想让我在这样的环境中继续生活下去，便把我带到上海读书，以后一直留在他身边，对于叔父，我满怀感激与崇敬之情，感谢他用革命思想哺育了我，让我树立起正确的人生观与世界观；感谢他深厚的文学艺术修养，为我打下较为坚实的学识根基。

我从小酷爱文学艺术，虽未从事文学专业，但从未放弃对创作的爱好和追求，每念及上个世纪前半叶发生在中国（尤其是云南）大地的风云变幻，心潮难平，便打算以叔父为原型，以其革命经历为经，重大的历史事件为纬，努力去织就一幅社会历史的壮丽画卷。

我的老领导王水大姐得知我有这样的心愿，就把我介绍给她的老战友张军先生。张军先生曾任上海作家协会书记处书记，文学功底深厚。听了我的构想，看了我写的样张，给了三个“相当有”的评语：题材相当有特色，学识相当有根底，文字相当有功力。这使我深受鼓舞，也坚定了实现目标的信心与决心。

在职期间，由于繁杂的行政事务缠身，没有精力从事创作。退休后有了充分空闲，便得以专心写作。我不是专业人士，而且一上手就尝试大型文学作品，困难之大可想而知。我也曾几度有中途放弃的念头，但叔父百折不挠的精神激励着我，还有一种崇高的使

作者夫妇拜访著名作家李乔先生

作者在写作

命感鞭策着我，让我得以坚持下来。就个人命运而言，叔父身上有着浓厚的悲剧色彩，他命运多舛，曲折坎坷的经历让人抚膺叹息，尤其是遭遇的不公和悲惨的结局更是令人扼腕不平。但是他出演的绝对是一场威武雄壮的正剧，他在其中饰演了一个极具典型意义而且戏分不算少的角色。和剧中众多的人物一样，他们为民请命，他们毁家纾难，他们杀身成仁，舍生取义，他们那一辈人是我们民族的脊梁。

我在写作过程中，得到许多人的帮助。云南作家协会名誉主席、著名的少数民族作家李乔先生，是叔父早年的挚友，他向我详细介绍了大锡的生产流程和矿工的生存状态，使我在这方面的描述不致于向壁虚造。他还给我讲了许多云南军政两界的历史掌故，使我的文章生色不少。上海师大杨国华教授仔细看了书稿，对每一章都提出修改意见。

书成之后，交由云南人民出版社出版。张军先生为此书作序，他在序中指出："主人公的人生道路，极具典型意义。上个世纪三四十年代，风云急变，外族入侵，国土沦丧，中华民族处于危亡境地，大批热血青年，不顾家庭阻拦，不顾生命安危，离乡背井，参加抗日、反蒋斗争，前仆后继，视死如归。他们把个人的前途命运和国家民族的生死存亡联系在一起，和民族解放国家强盛联系在一起，这就是这部小说要表现的积极意义。强烈的爱国情怀，是文学创作中值得永远高扬的。"出版社郭木玉编辑认为，《骊珠记》"奇异地还原了一个魔幻的云南"，"作者显然并未辜负生活给予他及家人的传奇经历，在这部有着极强可读性的作品中，他以娴熟的叙事技巧和细腻生动的人物刻画承载着作品中的人性魅力，表现出风云诡谲的大时代蕴藏着的无数可能性，起承转合像是一场人间传奇"。

然而时过境迁，此书成了明日黄花。毕竟当前中国社会正处在一个转型期，快餐文化大行其道，很少有人能潜下心来认真读书，更遑论读完大部头作品，致使此书印数相当有限，销售状况也很差。

我用了十年时间，以水磨功夫打造了一柄剑，它的霜刃放射出凛冽的寒光能够折射出那段特定的历史风貌，也映照出那个时代革命者的一片丹心，但却在市场经济中换来冷遇，不免令人气馁。但是入住颐和苑后，在这里遇到了知音，入住的老人有着丰富的阅历，深厚的学养，广泛的爱好、充裕的时间，《骊珠记》还是比较合他们阅读兴趣的。周保云理事长是一位儒商，他喜欢读书，重视精神文明建设，为颐和苑营造了浓郁的的文化氛围。让我深受感动的是，他在不长的时间里将《骊珠记》连读了三遍。读书写作组还为我举办了一场作品讨论会，周理事长也拨冗参加。与会者都作了热情剀切的点评，让我深受启发，而有些溢美之词则令我汗颜。

我在生命的最后岁月里，总算做了一件有意义的事，为弘扬主旋律和传承民族优秀的传统文化尽了一点绵薄之力，圆了自己年轻时的一个梦，也可以告慰叔父在天之灵了。

陈亦冰

上海颐和苑入住长者

《中国教育报》原上海记者站站长

激情的岁月

1964—1980 年 ········ 上海市茶陵中学教师、教研组长

1981—1984 年 ········ 上海教育杂志编辑部记者、编辑

1984—1992 年 ········ 中国教育报记者、记者站站长

1992—2001 年 ········ 上海教育报刊社副总编辑

2001—2011 年 ········ 上海教育报刊总社党委副书记、纪委书记、副社长

2013—2018 年 ········ 上海杉达大学传媒学院院长、名誉院长

养老心语

我的颐和养老辩证法：
随心所欲而不逾矩，
忘乎所以而不忘本。
有劳有逸而不偷懒，
没心没肺而不失爱。
若想百病自愈试试乐而忘忧，
只要活得有趣便能返老还童。

澹泊以明志
宁静而致远
陈亦冰

心中的红叶

—— 我的珍藏与记忆

陈亦冰

记忆是生活大河的沉淀，有时静伏，有时泛起。或如宽流深沉，窄川险峻；也似夏日热烈，冬夜孤寂。

珍藏是生命之歌的寄托，有人选择价值，有人选择情义。一枚钻石的价值当然远高于一片红叶，但许多时候红叶的意义会远胜于钻石。

一本特殊的国家机关工作证

在我的书桌抽屉里，珍藏着一本枣红色的工作证。封皮上印着烫金的“中华人民共和国国家教育委员会”字样。

1983 年邓小平同志亲笔题写报名的《中国教育报》正式创刊。在《中国教育报》所有的地方记者中，我是唯一获得这个国家最高教育管理机构正式证件的幸运儿。那年秋，报社筹备在上海设立第一个地方记者站，报社领导决定调我进京出任上海站的专职记者。商调的进展并不顺利，一是需要进京编制，二是我当时工作的《上海教育》编辑部也缺人手。无奈只得由国家教委副主任彭佩云亲自出面，找上海市教育局的吕型伟副局长帮助协调，事情总算解决，而编制就挂在国家教委。于是，我就拥有了这本特殊的国家机关工作证。

报纸初创的日子非常艰难。我虽然编制正式进京，但采访工作主要在上海，所以，时不时要在京沪两地奔波。奔波的岁月的确很苦，吃饭、住宿全靠同事帮助解决。进京转眼就是 9 年。在这几乎不着家的 3000 多个日夜里，我曾先后跟随中央领导到多地视察、调研多所大中小学和职业学校，专访了苏步青、刘佛年、谢希德、翁思烈、杨福家、吕型伟、赵宪初、段力佩等著名教育家；结识了于漪、袁瑢、毛蓓蕾、顾泠沅、唐盛昌、仇忠海、刘京海等教育功臣、特级教师、特级校长，以及无数辛勤耕耘在教育第一线的优秀园丁。直到 1992 年年底，上海市教育局又向报社商量，调我回沪主持《上海教育报》的改革并负责上海记者站工作，我的编制才重返故里。

一幅珍贵的大师题词

那是我刚当记者不久，时任全国人大常委会副委员长的周谷城先生书赠我墨宝：“得天下英才而教育之，一乐也。”30 多年来，我几经搬家，但这幅珍贵的题词始终悬挂在客厅的墙上。

那年，周谷城先生的《中国通史》和《世界通史》被列为全国高等院校文科教材，我奉命采访。那是一个晴好的下午，我如约来到他泰安路的寓所，时年 85 岁的周老在书房接受了我有关两本历史教材的专访。他开门见山，就“世界是一个多元的有机整体”“历史汇合着各时代截然不同的时代精神”的论点作了深入浅出的阐述。我又请周老给年轻学子提点希望，他说：“大学生是国家未来的希望。大学生不仅要读懂历史，而且要有未来的理想。不懂历史的艰难就体会不到今天幸福生活的来之不易。没有理想就没有奋斗的动力。”

临别之际，瞥见周老宽大的写字桌上正放着宣纸和笔墨。早就耳闻周老的书法一向不拘一格，我就壮着胆子求他赐一墨宝。周老爽朗一笑，略加思索，提笔挥毫，为我这个小记者写下这句孟子的名言。

一份泛黄的送审稿修改原件

在我书柜的文件袋里，存有一份泛黄的送审稿修改原件。那是当年中共中央政治局委员胡乔木同志来沪调研工作中，视察上海第一师范学校时，我的报道手稿。

1986 年 6 月 4 日，胡乔木同志在上海市教育局局长姚庄行的陪同下，来到已故著名教育家陈鹤琴创办的上海第一师范学校视察。在学校接待室里，乔木同志和师生代表进行了亲切的座谈。座谈结束后，乔木同志语重心长地对师生们说：“师范教育非常值得全社会重视，现在受到的重视远远不够。我希望年轻的师范毕业生，要勇敢，要敬业，在任何困难的环境里有所前进，在困难面前决不低头。”话毕，他挥笔

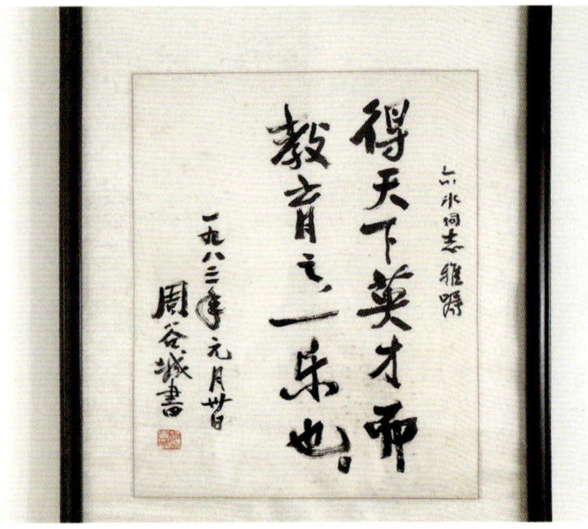

周谷城先生题词

前排左一为姚庄行局长，左二为胡乔木同志，后排右二为作者

为学校题词：“在太阳底下没有比教师更崇高的职业”。

为了及时发出这条重要的独家新闻，我就在接待室的会议桌上赶写报道。晚上 7 时整，我赶到西郊宾馆，在 3 名警卫人员的相继引领下，来到一座掩映在高大绿树中的小楼前，秘书已经在门廊等候。他接过送审的新闻稿，轻声告诉我：“首长正在披阅中央文件，请先在会客厅休息。”大概过了三刻钟光景，秘书从里屋出来，悄声说，“首长已经亲自修改了稿子，夸你写得不错哦。”我这才放下忐忑不安的心。

我开着摩托车直奔四川路电报大楼，要尽快把新闻稿发往北京总社。在电报大楼的营业大厅里，静下心来仔细察看了乔木同志亲自修改的稿子，只见送审稿上清晰地留着乔木同志多处字斟句酌的修改笔迹，我的心头禁不住愧意顿涌。中央领导对教育和新闻工作的关爱，更让我增添了做好教育新闻工作的使命感和责任心。

一段难忘的“再上岗”经历

我 65 岁正式退休回家，原想可以兑现对老妻的承诺，可还没等旅游计划成行，原上海师大校长李进已找上门来。原来他已接任上海杉达大学校长，他诚邀我再度出山，帮助建设、管理新办的传媒学院。架不住老友的劝说和激将，我再次“上岗”重返校园。

在先后担任传媒学院院长、名誉院长的 5 年间，我和学院上千名师生一起群策群力，办成了三件大事。

第一件事：成功申报开设“网络与新媒体”专业。这些年，互联网已经成为社会发展最重要的载体，新媒体也已成为信息传播和人际交往最便捷的媒介。新专业的成功开设，一下子就吸引了许多有志高三毕业生前来报考。

第二件事：领先建成全媒体实验实训中心。全新的全媒体实验实训中心，集虚拟演播、音视频制作、高保真录音、超大幅全景电子屏、舆情监测与分析、图文创作与编辑等多形态传播功能于一体，其新颖的设备和先进的技术，让每个来到这里的学生都流连忘返。

第三件事：迅速拓展区校共建、校企合作项目。相继与浦东新区宣传部、东方网、新闻晨报社、上海教育报刊总社、上海教育电视台签署了合作共建协议，为学院的应用型发展建设、学生的专业实践和就业选择创造了便利条件。

在完成上述小小五年计划的同时，我还和学院里的一位老师合作编著了一本高校新闻传播学教材《新闻评论实用教程》。

转眼我已年过七旬，完成了和校长的约定，终于可以彻底卸任回家，陪伴老妻安心养老了。

2019 年国庆 70 周年刚过，我收到中华全国新闻工作者协会寄来的“从事新闻工作三十年”的荣誉证书和荣誉证章。屈指算来由教师转行到记者，从新闻采访当记者，到新闻策划做主编，再到新闻教育任院长，我已在这条战线上整整奋斗了 35 年。

红叶虽飘零，经世更亮丽。回首已经逝去的岁月，我不会因为碌碌无为而羞愧。这些人生旅途上不朽的红叶将永远珍藏在我的心中。

陈敬业

上海颐和苑入住长者
地区优秀教师获得者

激情的岁月

1958—1975 年 …… 支援苏北文化建设，创办农村中学，任江苏滨海县蔡桥中学教导主任
11975 年 8 月—1997 年 7 月 …… 在江苏大学工作，先后任系总支书记、校学工委主任、副教授、校党委宣传部长
1997 年 8 月 …… 退休后参加社会工作
1998 年 7 月—2000 年 12 月 …… 在镇江市老年大学任教务处长
2004—2013 年 …… 上海闸北区大宁新梅社区党总支委员、党员代表议事会长、大宁老年协会顾问

养老心语

促进健康长寿，一要树立正确的养生观；二要继续学习新知识，人的健康同智力的发展有密切关系；三要保持乐观的精神，努力做到知足常乐、自得其乐、助人为乐、天伦之乐；四要控制情绪，要善于自我调节心理状态。

教师这份职业所赋予的责任与重担，对于我来说，就是人生的意义与价值。一个好的教师，可以改变一个学生的命运。

品行是一个人的内涵，名誉是一个人的外貌，做人德为先，待人诚为先，做事勤为先。

陈敬业
2020.6.

难忘的苏北十七年办学历程

陈敬业

我是一名教育战线上的老兵，在江苏从事教师工作整整 40 年。17 年中学教师，23 年大学教师，一辈子和学生打交道，我热爱教师这个职业，和学生建立了深厚的感情。

在 40 年的教育工作中，最使我难忘的是前 17 年的中学教师的经历。那是 1958 年春。当时江苏和全国一样要搞经济建设，需要人才，人才哪里来？必须大力发展教育事业。当时国家经济困难，办学校，一缺教师，二缺财力。江苏南北差距特大，尤其苏北特别缺少学校和教师。省委号召苏南的知识青年支援苏北文化建设。为了响应国家召唤，我和女友一同自愿报名到苏北最苦、文化最落后的滨海县当教师。

1958 年 5 月中旬，我们从镇江出发到滨海县。那是我们出生以来，第一次出远门，由苏南到苏北，从城市去农村，这是我们人生的一次大转折。当时苏北交通很不方便，从镇江到滨海坐船需两天一夜，两条大木船前面由一艘机动小轮船拖着，在大运河里行驶，十分缓慢。第二天傍晚才到达滨海通榆桥码头。

当时，我和女友傅俊成同分到蔡桥乡，由蔡桥中心小学代管。傅俊成暂留中心小学任教，并在“蔡小”食宿。我在乡政府的安排下，在当地农民家借用一间民房住宿兼办公，吃饭在乡政府食堂。我的任务是帮助乡文教委员筹备蔡桥农业中学的招生工作。当时一无所有，没有教室，没有任何的教学设备，一切白手起家。开始招收了 20 名学生，他们均是小学毕业后辍学的，年龄在 18 到 25 岁之间，有的学生年龄比我还要大，主要是当地没有中学，无法继续读书。教室临时设在乡农具厂的大院内，在一棵大树下面上课，树杆上挂块小黑板，学生自带小板凳听课，教师带只小钟，掌握上下课时间，到上课时间就吹哨子集中。农具厂这个院子，也就成了蔡桥农业初中的最早校址。每逢下雨天，就转移到厂食堂上课。学生实行半耕半读，上午上课，下午在家参加劳动，就这样坚持了一个学期。后来乡里将附近小镇上的一个大草棚作为教室。师生动手在草棚的四周搞了个泥巴墙。这就是我们的第一个教室，坚持了近两年。

随着学生和年级的增加，乡里将附近一所因迁移而停办的小学破旧用房让给了农中。从此，这里就是蔡桥农中的新校址，当时已有 3 个年级，3 个班级，学生近 100 人，教师 5 人（镇江支援去的 3 人，当地的教师 2 人），我被任命为学校教导主任。学校没有食堂，也没有工人，吃饭师生自己动手，轮流做饭。当时学校有个顺口溜：“教师兼教工，上课自打钟，师生齐动手，烧锅带剥葱。”

农业中学的性质是实行半耕半读，除了上课及参加农业劳动同时还有农忙假，每到农忙假，学生在家参加生产队劳动，教师参加附近生产队劳动，有时带学生去支农，参加集体劳动，这对我们来说既学到了农业知识，也得到了劳动锻炼。

省教育厅为了提高农中教师的文化知识和教学水平，1959 年与 1960 年先后在扬州省干校和南京师范学院（即现在的南师大）办了干部师资培训班，每县有 4 到 6 个名额，我很荣幸，这两个培训班的学习都参加了。

在南京师范学院培训班进修，时间有一年半，那是专门培养高中教师的。这样的学习机会，真是不易，对我来说是一次系统“充电”，整个学习期间，没有寒暑假，连星期天也在学习。那时我爱人在滨海蔡桥中学怀孕生女儿，我都没时间去看望和照料。就这样，我读完了师范院校本科的主要课程，以优异的成绩毕业，回到学校。

几年后，蔡桥农中送走最后一批毕业生后停办了，而蔡桥中学则扩大了招生。从此，我调入蔡桥中学任教，并担任该校的教导主任，兼教高中数学。当时学校有教职工 28 人，学生 700 多人，初高中共 12 个班级，教师的工作量还是较大的，晚上还要备课、批改作业。

我负责教务处的工作也是很繁杂，除了教一个高

47 年前的师生合影

相隔 47 年的师生合影

中班的数学课，还要安排各年级的课程，抓各教研组的活动，组织教师相互听课，开展公开教学活动，帮助教师以老带新，提高教学质量。就这样在蔡中一干又是十多年。我在滨海创业 17 年的过程中，亲眼看到学校的变化，一切从无到有，从小到大，逐步发展成为具有一定规模的完全中学，经历是十分艰辛的，成果是十分可喜的。从此，我们也跟滨海人民结下了深厚的感情，滨海蔡桥已成为我的第二故乡。

这 17 年中，我为滨海的教育事业作了一些奉献，也得到了多方的关爱与培养，多次获得上级组织的嘉奖，曾两次评为优秀教师，还获得“盐城地区先进教育工作者”的荣誉。

2019 年，我接到滨海蔡桥中学七二届高二（2）班学生的邀请（47 年前的学生，均已退休），邀请我与太太重返滨海参加他们举办的师生联谊会。学生代表专车到上海接我们。重返滨海心中感慨万千。当我们一到滨海县城，眼前一亮，变化太大了，放眼望去，面貌全新，高楼鳞次栉比，马路纵横，交通极为方便。马路两边商业一片繁华。过去的县城只有一条 200 多米长的、东西方向的小街。没有公交车，交通工具只是独轮车和二轮车（即自行车）。眼前的一切与过去相比，真是天壤之别。

回顾 40 年的教师生涯，尤其是支援苏北 17 年的创业历程，使我终身难忘。我感到自己选择教师这个职业是光荣的，每当看到滨海的变化，看到自己的学生在不同的工作岗位上为祖国作出贡献时，感到十分欣慰，心中无比的高兴和幸福。

陆国贤

上海颐和苑入住长者

全国十大科技成就奖获得者

激情的岁月

1960 年 5 月—1995 年 1 月 ········ 上海交通大学助教、讲师、副教授、教授

1995 年 ·· 退休

养老心语

降低节奏慢生活，放松心情不攀比，散步、按摩、哼歌、发呆，微信交流、试做智力游戏，以防思维退化。上世纪 50 年代的劳卫操是我沿用至今的锻炼活动，适当喝水，进食不过饱，自在常乐。

人生旅途．珍惜当下．夕阳余晖．高光时刻．
缜思慢悠．岁月静好．随遇而安．闲庭信步．

陆国贤

我的创新尝试

陆国贤

上世纪 50 年代，我在苏联上大学，1957 年国家领导人访问苏联时，比喻我们是早晨八九点钟的太阳，说世界归根结底是属于年轻人的。现在，曾经的早晨太阳已经步入了夕阳年纪。

我自从 1952 年进入清华以后，将近 8 年时间一直在不同的学校学习，全靠国家培养。来到上海交大工作后，当时在极左氛围下，蹉跎了不少岁月。但不管有什么干扰折腾，身为教师，我还是力求做好本职工作，对于讲课、编教材、培养本科生和研究生、搞科研和设计各项业务工作，倍感珍惜，都会本能地全力以赴。

“文革”期间，应船厂要求，校方派我和其他几名教师前去，同厂方一起做造船设备的设计制造。我们设计团队历时半年完成了这项设计，该机械的参数性能、机械结构和外观型式都比原有机型大有改进。当时通行的是技术无偿共享，所以该型机械很快推广到各厂，它们在船台旁发挥了主力机型的作用。我接连又主持设计了三款造船设备。由于我从 1973 年开始就应用计算机优化理论，对机械的运行和操作性能、在机械的结构和外观方面都进行了全面的创新与提升。1986 年，该机械设备获国防工办重要科技成果奖。

我国在渤海湾有个胜利油田，一般，陆上和海上都可以打井，但在从滩涂到水深 2 米以内的极浅海区域，钻井设备难以抵达，因为在这片区域无法航行，设备也无法拖行。为此，油田提出要造一台自行式钻井设备，这个设备还要能像用拐杖支撑交替离地一步步挪动。我被安排承担这个无例可循的设计。我摒弃传统球铰式样，设计了一种具有万向功能的组合式支承。后来该支承装置落实到某重型机械厂去加工，不料图纸在该厂工艺部门被卡，他们认定设计是错误的，在意见严重对立的情况下，我签字画押了一纸声明，答应他们若属设计错误，加工方完全免责。

待到整个设备组装完成后，几千吨的庞然大物直接在下水仪式过后，试车运行。在场人员唯一关注的就是这台设备的步行功能的成败，如果步行功能一失效，那整台机械将动弹不得而成为躺在泥沙中的一堆废铁。

作者参加项目技术鉴定会

终于在开机令下达后，众人目送它稳稳地一步一步远去，直至步行到数千米以外。后来在鉴定书上说明，设备的特点在于步行机构，液压缸的组合式球铰支承在步行机构中被列为第一项创新设计。该钻井设备在 1992 年获得石化部科技成果一等奖，同年获全国十大科技成就奖，并被列为十大专利金奖。

1990 年初，我作为高级学者被教育部派去美国访问，成为“六四”风波后第一个赴美访问学者。当时美国校方在集体招待各国交流学者时，特意强调各国学者在到期后，原则上都应返回本国，但只有来自中国的可例外。管理处曾发给我有关表格，我未作响应，言而有信，践行了出国前的承诺，半年到期回国。后来退休后，有机会拿到绿卡，在美国居住了几年时光，但我一直抱有叶落归根的愿望，不入美国国籍。2019 年 4 月，首次访问颐和苑，就决定要入住，于是返美办理手续，半年后正式入住颐和苑，欣然加入夕阳队伍。

陈荣生

上海颐和苑入住长者
从事家纺专业技术工作老专家

激情的岁月

1952—1956 年 ········ 在纺织工业部直属上海学校调干生学习四年
1952—1988 年 ········ 上海纺织工业局（至退休）
1988—2000 年 ········ 上海家纺协会秘书长，总工程师顾问
2000—2004 年 ········ 任中国家用纺织品行业协会第一届理事
2004 年至今 ················ 任中国家用纺织品行业协会第四届理事会专家顾问

陈荣生荣获 2004 年中国国际家用纺织品设计大赛银奖

养老心语

读书学习、著书立说也是老年人健脑养生之道。讲起学习，我是常年订阅《解放日报》《老年报》和多种报纸杂志的，这是写作的基础。我的健脑养生也是从学习中取得成果。我今年已 93 岁了，但仍觉得我的头脑思维还很敏捷，这是得益于读书学习的长期锻炼。

纺织部郝建秀部长、蔡祖鲲司长接见陈荣生同志（右一）

我的家纺工作40年成果
是荣誉也是责任
陈荣生

我为祖国的家纺事业贡献了 40 年

陈荣生

我是上海市纺织工业局行业管理处从事纺织家纺专业技术工作的一名高级工程师和副总工程师，也是新中国后的第一批由国家选送的调干生。1952 年至 1956 年经过 4 年纺织工程技术学习，由国家统一分配，调入上海市纺织系统，在一家专门生产毛巾被单的名牌厂任厂长并兼任中共上海市杨浦区纺织复制行业党委组织部组织干事。1960 年，我被调入上海市纺织工业局巾被行业管理处（原为上海市纺织复制公司）任技术科长，后晋升为工程师、高级工程师、副总工程师。

1988 年 10 月，我当选为上海市家用纺织品行业协会常务理事兼秘书长，并两次荣获上海市协会先进工作者称号，其间还当选为中国家用纺织品行业协会第一届理事会、第四届理事会专家顾问，至 1990 年，我在上海市纺织工业局从事专业技术工作已达 30 年，已超过了退休年龄，单位又聘我为总工程师室高级顾问。

1991 年 6 月，鉴于对我从事上海纺织复制行业工作 30 年，为行业振兴和发展作出了贡献，上海市纺织复制行业协会授予了我第一张荣誉证书。1992 年 2 月，上海市纺织工业局对我从事专业技术工作 30 年，为发展纺织行业科学技术进步作出贡献，特授予我荣誉证书。但我的家纺专业工作一直延续到 2004 年，我正式退休后还继续工作了 12 年，所以我从事家纺专业技术工作长达 44 年。

从 1987 年到 2013 年，我共获国家级和上海市级的各种荣誉和奖励 14 次。

1985 年至 2013 年，我先后写了《家用纺织品》《上海家纺品牌》《家纺织物词典》《上海纺织工业志行业篇》《家用纺织品发展新视野》《上海毛巾被单产品》《毛巾被单开发与研究》《毛巾被单技术与信息》《上海毛巾被单名优·特·新产品购销员手册》等 9 本书，约 92 万字，分别由中国纺织工业出版社、上海华东纺织工学院、上海翻译出版社、上海文化出版社、中国纺织总会产品调研中心出版。我还在上海、全国的纺织专业刊物上发表的相关论文与文章 60 多篇，其中有 17 篇获得不同层次的荣誉证书。

在我从事家纺专业工作期间，中国家纺领导、上海纺织局等给我的评语是这样的：“陈荣生是一名从事家纺技术工作长达 40 年的老专家，在退休后仍然全身心地投入到家纺行业的发展中，积极参与中国家纺协会组织的‘孚日杯 2003 中国国际家用纺织品发展论坛会’以及其他各项科研活动，并以论文为媒，利用自己在家纺行业工作几十年所积累的宝贵经验，为企业的发展牵线搭桥，甘当家纺铺路石。家纺行业太需要像陈老这样与时俱进、上下求索的专家了，作为我国新的经济增长点，无论是纵向产业链的延伸还是横向各个领域的扩展，家纺行业都需要大批的有识之士加入进来，在文化、生产、设计，管理等行业的方方面面作出系统性、深入性的研究。”“陈老是建国后第一批由国家选送的优秀调干生，在上海家纺行业有着 40 年的技术工作经历，从事过家纺行业发展规划编制、技术引进、产品开发、行业管理等工作，在编制‘八五’‘九五’上海家纺发展规划曾两次获上海市编制规划成果奖。“从陈老不平凡的履历中，可以品味出他对家纺行业的热爱。也正是因为这种无限热爱，他年愈古稀仍笔耕不止，奋斗不止。”

这是国家对我一生工作的肯定和鼓励，我能为祖国的家纺事业作出一点贡献，感到非常自豪和高兴。

现在我已入住了颐和苑，我会在快乐养老的基础上，继续关心国内外大事，关心苑里的发展建设。我相信，伟大的祖国一定会建设的更加繁荣昌盛，她的儿女们一定会生活得更加美好！

李胜华

上海颐和苑入住长者
国家科技进步奖获得者

激情的岁月

1957年9月—1962年4月……上海冶金陶瓷所
1962年5月—1973年12月……长沙矿冶所
1974年1月—1979年12月……上海光机所
1980年1月—1994年4月……上海交通大学

养老心语

快乐的老年生活：坚持体育锻炼能增强体质；心胸开阔，友善待人，于己健康有利；老有所学，与时俱进。

宽心人知足，开心人幸福。微笑人健康，乐观人长寿。

人生一世莫忘本，
扎扎实实地做人。
李胜华

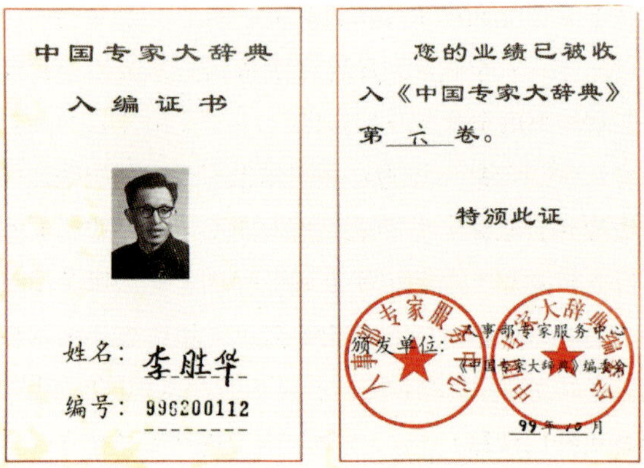
中国专家大辞典
入编证书
姓名：李胜华
编号：996200112

您的业绩已被收入《中国专家大辞典》第六卷。
特颁此证
颁发单位：人事部专家服务中心
《中国专家大辞典》编委会
99年10月

我与高科技结缘的一生

李胜华

我 1934 年出生于黑龙江嫩江县，1948 年考入嫩江中学，开始接受进步思想，秘密加入中国民主青年同盟，11 月转为新民主主义青年团。正值初中毕业，美帝发动侵朝战争，解放军空军学院来校招生，我积极报名参军，但因体重没达标不合格。回校后校长拉着我耳朵说："你这个瘦猴继续升学吧！"

1951 年，我考入省立实验高中，1954 年考入东北工学院冶金系（现东北大学）。1957 年，我毕业分配到中科院上海冶金陶瓷研究所。1959 年底党组织送我去苏联进修，在北京学习俄语，但后来因中苏关系紧张未能成行。1961 年，长沙矿冶所求调两名水法专业的科研人员支援国家急需发展的金属铀的研究，我服从组织决定去长沙工作，于是，我母亲陪我一起到长沙落户 11 年。

与高科技材料研究结缘是上世纪 70 年代初，当时我们和物理所合作开展"超导化合物"Nb_3Sn（铌三锡）的制备研究，我任副组长。1973 年底，我调到上海光机所，参与激光晶体"掺钕钇铝石榴石"的研究。

1979 年底，我调到上海交大物理系。1980 年，我主持承担上海市科委的科研项目——"可调谐色心激光"研究。这项研究，获得了上海交大科技进步三等奖。

在多年的科研中，我先后在《中国激光》《人工晶体》《自然杂志》《兵器激光》等刊物发表论文近 20 篇，获得高教部 5 万元经费资助，调整工资时连升二级。1985 年晋升副教授，同年 9 月加入中国共产党。这些年来，我的社会工作也不少，曾担任过中国物理学会固体缺陷专业委员会委员，交大校工会教育部长，并获 1986 年度上海市优秀工会积极分子称号。1986 年暑假前夕，系里调我到新成立不久的理化分析中心任副主任。报到后 863 项目负责人张志明邀我参加课题研究。尽管艰难，我俩先做起来。实验用的大量氢气，就是我俩用黄鱼车从氢气站拖回来的。接着做实验备样，送到冶金所检测，并筹备与冶金所合作等事。这项研究不仅大获成功，还实现了产业化。

1990 年 3 月，我主持承担国家自然科学基金"外延金刚石单晶薄膜"的研究项目，在《交通大学学报》上发表论文三篇。

1991 年 863 功能材料组编辑了《金刚石薄膜研究进展》一书，其中收录了我们的研究论文三篇。

1992—1993 年度，我用中心的顺磁共振谱仪参与"乳腺癌早期诊断"研究，获黄浦区科技进步三等奖，1993 年晋升教授，1994 年 4 月退休。

我也有坎坷，1987、1988、1989 连续三年失去父亲、爱人和母亲三位亲人，突然间头发全白。我强忍痛苦，拼命工作，保护好家庭。

退休不久，我们 863 项目获得国家科技进步奖。

2002 年春节，经袁老师介绍，认识潘蓉芯老师，结为夫妻。2018 年，经徐颉老师介绍住进了颐和苑。下面这首诗表达了我进颐和苑的感受："有幸逢盛世，安然度晚年。欢聚颐和苑，锦上花又添。"

谢永祥

上海颐和苑入住长者

一位有 65 年党龄的老党员

激情的岁月

1953 年 …… 常师师范附小任教

1955 年 …… 调市委文教部任职

1956 年 …… 入华东师大政教系学习

1960 年 …… 上海市张埝中学任教

养老心语

烦恼像根葱，若往里看全是空。

旅行出去走走，看看青山绿水。

接触森林沙漠，赏赏不同风光。

看看花朵阳光，心情就会开朗。

立在高处欣赏，全是智慧力量。

取舍自知，能收能放，扶摇直上。

莫道耄耋桑榆晚

休言已到风烛年

只要留得童心在

人生永远是春天

谢永祥

感恩之心看人生

谢永祥

在新疆与牧民合影

在莫高窟与当地驴友合影

我少年时代有一段生活，适逢动乱阶段，再加上年幼丧父，母亲在上海，打工的袜厂倒闭，失业在家，我只能寄食在舅家。但长久总非办法。为此，母亲把我送回江苏祖籍，由祖母照料。

在乡下，年迈祖母托人把我送进私塾就读，后来又进正规学堂，插班进入四年级。由于我学习勤奋，小学毕业后考上了初中。读初三时，地下党员谭同老师当班主任，初三那年适逢解放，他培养我入了团。不久，全国解放，学校里成立了第一届团支部，我担任支部组织委员。

初中毕业后，在谭老师的建议下，我考入了国家办的中等师范学校，毕业时留校任职。在师范工作期间，领导十分器重我，培养我入党，我写了入党申请报告。仅两年，1955 年，组织上就正式批准我成为一名共产党员。

1956 年，党中央发出号召，马上要大发展大建设，急需培养接班人，指定各党政机关把优秀人才输送给上级党组织进行培养。我们单位七挑八选最后定下来由我去，于是，我白天去重点高中参加复习，晚上回机关把应做一份工作完成。那时的我浑身有一股冲天劲，把复习和机关工作做到两不误。1956 年夏，华东师范大学红色大信封送到机关，我被录取为调干生，带薪学习，这点也大大帮了忙，我和母亲生活费用有了保障，那我就可以一心放在学习上。

1960 年，我大学毕业，连年的自然灾害侵蚀祖国大地，学校号召毕业生到祖国最艰苦的地方去，扎根、开花、结果。我是党员，带头报了名，来到了上海“西北利亚”——远郊的一个贫困小镇的中学任教。

报到那天，在教育局里办完手续，我便搭小汽轮来到古镇，总算找到了学校。总务处领导领我到寝室休息，这所谓“寝室”，实际是楼下一间十多平方米左右又暗又湿的弄堂房，既无盥洗设备更无卫生之处，也没有自来水。最令人难以忍受的是男教师寝室和男学生集体宿舍都不具有卫生间，一个四合院二层楼卫生仅靠一室一只大粪桶过夜，但我还是坚持了下来。

我们当时就是在这样的生活条件下踏上工作岗位的。我的学习、工作差不多跟共和国同步前进的，共和国日新月异、一日千里地向前进，我们都看在眼里，记在心头。几年之后，自来水来了，电灯电话也装上来了，教室、寝室、礼堂、办公室都搬进新楼房，人的精神面貌也焕然一新，这都是全国人民为实现伟大的中国梦所作的努力，取得的丰硕成果。

回顾过去，看看现在，想想自己作为一名老党员该懂得感恩，该永记党的培养和教导。我要聆听初心，努力跟上时代，传递正能量，增强责任感，为实现伟大的中国梦奉献自己的一份力量。

陈福祥

上海颐和苑入住长者
城市规划设计专家

21 岁留影

激情的岁月

1959 年 9 月—1964 年 7 月 …… 同济大学城建系城建专业五年制本科就读
1964 年 8 月—1991 年 11 月 …… 上海市城市规划设计研究院工作
1991 年 11 月—1997 年 7 月 …… 浦东新区金桥开发公司工作
1997 年 8 月—2002 年 11 月 …… 浦东新区规划设计研究院工作

养老心语

钱多钱少，够用就好。家富家贫，和气就好。人俊人丑，顺眼就好。体胖体瘦，健康就好。谁对谁错，理解就好。人的一生，平安就好。

同济大学同班同学聚会，五年同窗情谊，永生铭记心中，右三为作者

虚心使人进步，
骄傲使人落后。
沉舟侧旁千帆过，
病树前头万木兴。
陈福祥

我把毕生精力献给大上海的城市规划事业

陈福祥

1953年6月中旬，我和30余位同学从印尼巨港市启程回国，正巧7月1日通过边境罗湖口岸，广播里传来《歌唱祖国》的乐曲，心中无比激动，两眼含着泪花，口中轻轻地对自己说："我一定好好学习，掌握本领，将来为祖国建设作出贡献。"

回国后我夜以继日，刻苦学习，初中阶段二度被评为"三好学生"。高中三年，依然保持成绩优异。最终我以第一志愿被同济大学城市建设专业录取，学制五年。完成大学学业后，学校领导照顾我是归侨学生，把我分配到上海市城市规划设计研究院。

老同事聚会，共忆当年浦东开发岁月，展望新区美好未来。第二排左三为作者

在老同事的带领帮助下，从学生成长为一名名副其实的城市规划专业人员，并从技术员、工程师晋升高级城市规划师。

上世纪80年代初，我从规划设计研究院借调到上海市城市规划局工作，分工负责上海市重大新建项目的规划选址，经手的项目不少，其中有一个项目记忆特别深刻。当时，市政府决定建造一座具有国际水准的头孢制药厂，但生产过程会产生较多有机污水，为防止污染环境，不许排入河道水系，故污水排放成为选址的难点。此时，上海西区污水排放总管已经建成，这条总管经过浦东张江地区，于是我就建议将这个大型工厂布点在张江。随后若干年，又有几个制药厂在张江扎堆建厂。在浦东新区开发开放初期，张江地区曾经被称为"中国药谷"。后来的张江高科技工业园区就是由这几个现代药厂为基础发展壮大而形成的。

值得我永久回忆的是，在我退休之前五年半时间，赶上了改革开放，有幸投身于浦东新区的建设热潮之中。当时金桥出口加工区的总经理朱晓明高瞻远瞩，知道一个成功的新颖开发区必须规划先行，需要有一位富有城市规划经验的老手来掌控规划布局，于是，他指派人事部经理到规划研究院来物色人选，我被挑中了，被委任总规划师的职务，负责全开发区的规划布局和项目工程实施。

为了使新开发区能有崭新面貌，我编写了《金桥开发区规划建设公约》，指导各建设项目的平面布局，规定建筑覆盖率、容积率、绿化率以及建筑后退红线尺寸等；要求厂区围墙镂空，不建实体，让外界人士能目睹厂内景观；要求道路上管线全部埋入地下，马路上空没有架空线；规定各厂家不设锅炉房，由金桥热力公司给各厂家输送高压蒸汽。金桥开发区建设由于有城市规划专业人员进行把关，很快从一片农田村落，演变为让人眼前一亮的现代化新区，信谊制药厂、理光精密仪器厂、909工程配套厂、别克轿车厂、通用机械厂等大型企业在金桥建成投产；生活园区公建配套齐全，特别是引入了宋庆龄幼儿园、信和国际双语学校，国际工商学院，文化品位提升；碧云社区引入欧式建筑风格，品质优雅，一时成为上海高级白领抢购的房源。

在浦东新区的四个开发区中，金桥走在前列，声名远播。到访上海市的国家元首、政府首脑多数要到金桥、陆家嘴园区参观。金桥一时成了中国改革开放的新区样板。

机遇对于人生很重要，我为自己能有机会参加浦东新区开发开放感到荣幸。回想当年的往事，仍历历在目，难以忘怀。

金正扬

上海颐和苑入住长者
上海作家协会会员、编审

激情的岁月

1942 年 ········ 出生于江苏滨海
1963—1968 年 ········ 上海师范学院中文系求学
1968—1970 年 ········ 江苏泰州红旗军垦农场锻炼
1970—1974 年 ········ 上海市向明中学教书
1974—2002 年 ········ 上海教育报刊社从事教育新闻工作
2002—2010 年 ········ 主编《语言文学周报　双语周刊》

养老心语

要使自己的晚年生活幸福，我们生命的脚步还不能停下来，还要有所追求，要为自己的退休生活制定一个生活目标，做自己喜欢做的事情。

在人生的旅途上，我除了读书、休息，几乎都在为他人做"嫁衣裳"，都在为基础教育鼓与呼。

金正扬

我的编辑生涯，从掘得“第一桶金”开始

金正扬

人生之旅，变化无常。有时，往往会发生一件令你意想不到的事，使你的人生出现“拐点”。我的职业生涯，从教师到记者、编辑，就经历了这样一个人生“拐点”。

我是一个“生在旧社会，长在红旗下”的“40后”的一“族”，也是我们“金家门”从穷困中奋斗出来的第一个大学生。1967年，我毕业于上海师范学院中文系，后因“文革”的原因，又经过两年军垦农场锻炼，1970年分配到上海市向明中学教书。我教一个班的语文，并做班主任。转眼4年过去了，1974年2月底，我满怀深情地送走了自己用心血所带出来的第一届毕业生。

就在此时，校党支部书记就交给我一个通知，说上海市教育局要借调我到那里去工作一段时间。可这一“借调”，竟改变了我的人生。

原来这是著名教育家吕型伟先生遵照当时市教育局党委的意见，要办一个写作班（对外叫“大批判组”），为普教界培养一批“笔杆子”。于是，我们10位从上海10个区各中学借调来的青年教师，在这个“写作班”里，边读《鲁迅全集》，边“做点调查研究”，前后整整待了两年。这两年，是对我人生的一次磨练，一次洗礼，我好像又上了一次大学。

天下没有不散的“宴席”。两年后，我又面临着一个重要的人生选择。这一年，华东师范大学创办了一个刊物，叫《教育实践》，吕老知道我爱好写作，推荐我去做一名记者。从事教育新闻宣传工作，这正是我梦寐以求的事，我欣然接受。《教育实践》杂志的主编，正巧就是我熟悉的原上海师范学院的副院长宋兰丹先生。于是，我便“半路出家”，从教师成为一位记者。

一年后，随着教育春天的到来，经教育部批准，1958年创办的《上海教育》杂志正式复刊。负责杂志复刊工作的吕老便又让我回来，参与编辑《上海教育》这一机关刊物，并让我担任教学编辑室负责人。

从教师到记者，再到编辑，这虽仅是我职业角色的一次转换，但要成为一名合格的记者，一名优秀的编辑，还有一个学习、磨炼的过程。

回望逝去的岁月，我从开始的一个普通的小记者、小编辑，到1988年被评为副编审，并经市妇联推荐和评选，荣获市百名“六一”育苗奖；再到1996年被评为编审，并连续两届被聘为市新闻出版系统高评委，这一系列的成功，追根溯源，可以说，是从全国著名语文特级教师、现被授予“人民教育家”的于漪老师那里掘得“第一桶金”开始的。

事情要从1979年下半年说起。当时，上海教育出版社的一位资深编辑要我与另一位同事去采访刚评上中学语文特级教师不久的于漪老师，总结其教学经验，并说要出一本书，为名师“树碑立传”。我觉得这对于我这个刚踏上教育记者岗位的一新兵来说，这是难得的好机会。因为教育期刊的编辑、记者，担负着指导教育部门干部和教师搞好教育、教学工作的重任。“眼高”才能知主知次，辨真识伪，见微知著，才能对那一篇篇教育、教学的精神产品进行正确地鉴识与审选。

于漪老师就好比一座“金矿”。早在“文革”前，有人就把于漪誉为上海中学语文教学的四大“名旦”之一。她的教学情思横溢，既富有情趣，又能激起思维的火花。我俩经过半年多的又“采”又“访”，写好后又经反复修改。1980年，一本全面总结于漪老师教学经验、封面为红色的书——《中学语文教学探索》，终于与读者见面了。第一版8万册，很快销售一空，一时“红”遍上海，“红”遍全国。

这掘得的“第一桶金”，对我来说，其意义不在于这桶“金”的本身，而在于掘“金”的过程中，即在全程参与解剖于漪的典型教学经验中，它不仅大大地提高了我的“眼力”，使我在编发稿件时有了一个鲜明的“比照”，而且正如上海语文学会会长、上海社会科学学会联合会主席罗竹风先生在此书的“序”

拜访荣获“人民教育家”国家荣誉称号、全国著名语文特级教师于漪老师

中所指出的那样，也为期刊编辑工作“开拓了一条新路”，使我从当初的幼稚逐渐走向成熟。

记者、编辑做的是“文字工作”，无论是编稿、审稿，还是自己撰写文章，都要靠深厚扎实的语言文字功底。我国著名语言学家吕叔湘先生说过：“当好一个编辑比当好一个教授难。”难在哪里？难就难在，编辑不仅要精通编辑业务，精通某专业期刊的专业，而且还要有娴熟的驾驭文字的技能与技巧。在某种程度上，编辑担负着文化构建中的文化选择、优化的重任。

我在从事记者、编辑工作 45 年中，先后主编和创办过 7 种期刊。在我担任《上海教育》主编的岁月，我始终遵循“把握刊物方向，注重刊物质量，办出自身特色，寻求发展机遇”这一工作方针。在这一方针指导下，经全体采编人员共同努力，《上海教育》杂志在 1996 年北大图书馆组织 600 多位专家对全国 1500 多种刊物的 6 项指标的分析评比中都名列前茅，被评为全国中文核心期刊。当年获此殊荣的全国同类教育刊物中，仅《上海教育》和《人民教育》两家。同时，《上海教育》还被评为华东地区优秀期刊。

2002 年 10 月，我“退”而不“休”。在担任北京《现代教育报》驻上海记者站站长的同时，我还应上海教育出版社之邀，帮他们创办并由我主编的一份少儿报纸——《语言文字周报 · 双语周刊》。这份“双语周刊”，历经 8 年精心打造，2010 年 5 月，经国家新闻出版署组织专家评审，荣获“优秀少儿报刊”的光荣称号，并向全国少年儿童推荐。

《语言文字周刊 · 双语周刊》办得如此出色，红红火火，其很重要的一点，就是记者、编辑经常生活在孩子中间。“双语报”自创刊以来，活动一直不断，特别是在“迎世博”中举行的“上外附小”杯“我与世博会”当代少年征文演讲比赛活动，更震动了上海整个教育界，赢得了一致好评，并获得了由上海世博会事务协调局等单位颁发的迎世博“宣传教育贡献奖”。

这里，特别值得一提的是，在这项“迎世博”的大型活动中，最引人注目的一幕是“世博心语日记本”传递活动。这一传递活动，开始是由我主编的“双语报”承办的，它先后分 16 路，在本市 200 多所学校、近 40 万名中小学生中传递。鲜红的“世博心语日记本”，每传到一所学校，犹如一股春风，催开了孩子们心中朵朵鲜花。成千上万的小朋友把自己的心声化作一条条中、英文“世博心语”，用文字和绘画，记录在这样鲜红的“世博心语日记本”上，相互传递交流。

不久，市有关委办获悉这一创举后，联合发文在全市 150 万名中小学生中展开。市语委、市教委副主任张民选在全市启动仪式上满怀激情地说：“‘世博心语日记本’的传递，不仅抒发了广大师生对世博会的情怀，而且也从一个侧面反映了我们当代中小学生的精神风貌。”

前面讲到的这由我主编的一刊一报，在全国、全市之所以能获此殊荣，并影响如此之大，我想，一个重要的原因，这与我在从事记者、编辑工作中，在坚持精心采编、审稿和坚持写作的同时，就是在我平时能自觉地踏上了一条锤炼语言文字的征程，几十年如一日，天天如此。

我做的第一项语言文字“锤炼”工作，就是从名人修改的文稿中吸取营养。我曾约请一位高中语文教师一起编写《名家文章修改浅谈》一书。从古今中外 45 部长篇小说和 79 篇短篇小说及 52 篇散文中，共摘得各类修改实例上万条，对照比较，从中寻觅修改的痕迹，体味创作的苦心，研究写作的途径，领略成功的奥秘。这项“锤炼”语言文字的工作，虽很苦，但收获很大。名家的那种创作精神，那种精益求精的写作态度，几十年来，一直在感染着我，指引着我。

我做的第二项语言文字“锤炼”工作，就是在主编《学生写作词语分类辞典》和《小学生规范词典》中，不断提高自己的语言文字能力。

这两本辞书的编写，先后是从 1984 年和 1991 年开始的，前后共花去我近 20 年时间。编好后，分别由文汇出版社和汉语大词典出版社出版。

我作为这两本辞书的主编，在这近 20 年的编写过程中，几乎天天在与这些词语打交道，对每一个词的理解、运用，都要经过一番斟酌。有些词目，还要拿出来共同讨论。这对我的语言文字功夫，无疑是一种极好的磨炼。

文字修养，不是一朝一夕可以做到的；编辑工作，要靠平时勤奋学习，长期磨炼。我这 45 年来，在采编工作中，文字的根底之所以能日渐加深，文章也更显风采，编辑更加到位，其中的秘诀也许就在这里。

但编辑工作是穷无止境的。郭沫若曾对编辑家茅盾的语言文字功夫作过这样的赞誉：“胸存万汇凭吞吐，笔有千钧任翕张。”要达到这么高的境界，作为记者和编辑，又怎能有丝毫的懈怠呢？！

撰写的部分著作和主编的辞典

我一生学做记者编辑，一心为教育鼓与呼。2015 年 6 月，一本由我撰写的近 60 万字的新著《教坛风云——我的采编人生》由上海社会科学院出版社出版。她与我两年前出版的《岁月留痕》，相辅相成，可谓“姐妹篇”。这是我对上海 30 多年来基础教育改革与发展历程的历史见证。

与此同时，上海市期刊协会、上海教育报刊总社和上海社会科学院出版社，在 6 月 20 日，正值第 364 期希望工程全国教师培训班结业之时，为我举办了“资深教育记者金正扬《教坛风云》出版座谈会暨捐赠仪式”，向来自贵州赫章、陕西镇安、河南方城和四川德阳的百名乡村教师捐赠了《教坛风云》。

“送上一本书，献上一份爱”。为继续把这份“爱”不断奉献出去，2016 年 10 月，我又应上海颐和苑老年服务中心——上海市唯一一家非营利养老机构之邀，不拿分文地帮他们创办了一本由我担任执行主编的《上海颐和苑》杂志（内刊），在养老的同时，为新型的养老事业继续“鼓”与“呼”。

人老，心不老。这完全出于期刊人的一种使命感和责任感。我要让后来的期刊人不断听到我——一个老编辑、老出版者还继续在前行的“足音”。

周 芸

上海颐和苑入住长者

部队卫生队的白衣天使

激情的岁月

1964 年 7 月	上海市中国中学初中毕业，由学校推荐保送入伍
1964 年 7 月—1967 年 12 月	中国人民解放军南京空军护校六区队学员
1967 年 12 月—1983 年 12 月	南京空军 87034 部队卫生队 护士、药剂师、医师
1984 年 1 月—1998 年 5 月	上海标准件五厂党委副书记兼纪委书记、工会主席，中美合资后任行政人事部经理
1998 年 5 月	美方撤资，总公司倒闭、企业关停并转，本人退休

养老心语

春生桃李万千柔，
冬绽红梅竞风流。
似水流年在刹那，
曲终人散谁能留。
吾辈古稀万事休，
唯有当下不可丢。
昔日芳华皆云烟，
逍遥自在度春秋。

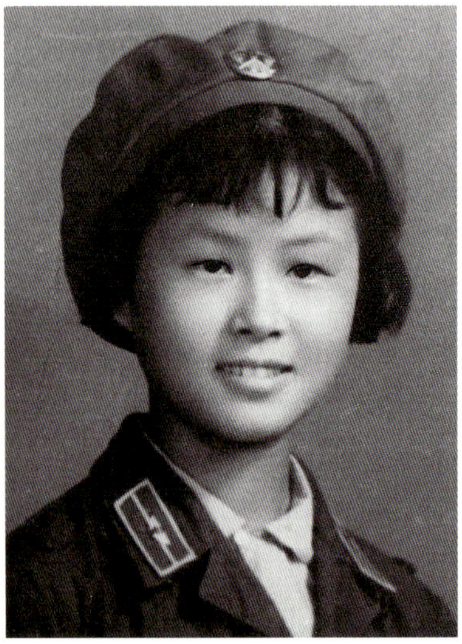

昨天一切已过眼云烟！
今天恬静享受每一天！
周芸

我的军人情结

周芸

每个人都有自己心中难以抹去的情结，而我就有浓浓的军人情结。毕竟最美好的青春年华献给了部队，我不但不后悔，还为之感到自豪。

军旅生涯近 20 年，其间发生的趣事、傻事、难忘事太多太多了，但有件事，让我印象最深刻。那是 1971 年 1 月，部队在进行冬季野营拉练途中发生的一件事。

部队从南京驻地出发，进入安徽境内。一天中午，部队来到一条大河边，炊事班正准备挖灶做饭，突然河边的一条船上传来求救声。我循声望去，只见一位中年妇女边叫边向我们走来：“两条人命呐，解放军同志，快救救他们吧！” 原来她是一个接生婆，碰到船上一位难产的妇女，她处理不了，只能向我们求救。我和邢队长二话没说，各背一只药箱，朝那条船飞奔而去。

产妇年龄约二十五六岁，这次怀的是第二胎。我们立即给她做检查，发现产门已开三指，羊水已破，但孩子是左侧头横位，自然顺产已不可能。这时，我脑子快速转起来，对！用体外旋转复位法试试看。这种方法，还是我在妇产科实习时，在老医生指导下做过，但从未单独做过，而且船仓狭小，条件简陋，设备缺乏，所以心里有些害怕。这时，邢队长向我投来信任、鼓励的目光。我俩简单地分析了一下，觉得该产妇年轻、劳动妇女体质好，而且已经生过一个孩子，这些都是有利条件。干！真是“初生牛犊不怕虎”，我在体外摸到孩子头后，配合产妇的阵阵宫缩，双手慢慢顺时针旋转，终于使孩子的头落了盆。脐带剪断处理后，可孩子没有哭声，邢队长一检查，因为产程太长，孩子吸入了羊水，引起呼吸困难。没有吸痰设备，我们俩就轮流口对口把孩子堵塞的羊水吸了出来，孩子虽然得救了，但心跳呼吸很微弱，随时有可能夭折。我们就和产妇丈夫说明情况，一定要把孩子送到县医院继续抢救治疗。产妇丈夫立马起锚，向当地县医院驶去。我们则在船上观察孩子的细微变化，时不时地做人工呼吸、心脏按摩。

当年卫生队战友合影

到了下午五点，船开到县医院附近，我们赶快抱着孩子直奔医院。在县医院我们叙述了抢救过程及孩子的现状，县医院的几位医生马上投入进一步的抢救治疗中，并说是我们为抢救孩子赢得了时间。噢！那刚出生的是个男孩，孩子的父亲，一个老实巴交的男人，一下子跪在我们面前，边磕头边说：“谢谢解放军同志救了我儿子和他妈，请你们给我儿子起个名字吧！”旁边的一位医生说：“就叫爱军！”我们队长说：“就叫爱民吧！” 这时我只觉得，刚才我俩的付出真是太值了，一幅多美好的军民鱼水情画面呀！这时部队首长通过当地县武装部找到县医院，才找到我们，开吉普车把我们接回了部队。

为此，我和邢队长受到南空直属政治部通报表扬。

这是发生在 49 年前的一件事。当时就是凭着一个朴素的信念：老百姓信任解放军，解放军应该帮助老百姓！这孩子到今年应该有 49 岁了。每当回忆起这件事，我常常会在心中默默地祝福他：平安、健康、幸福每一天！

虽然脱下军装多年，再也听不到熟悉的军号声，但军队的生活常在梦中萦绕！这就是我的军人情结！

徐人定

上海颐和苑入住长者

一位老党务工作者

激情的岁月

1950—1991 年 ········ 上海市军事管制委员会房屋工作队（后归入上海市房地局）

1991 年 ························ 退休

养老心语

2018 年 7 月 7 日入住颐和苑，我和老伴相依相伴、相濡以沫。我们锻炼身体、心情开朗。家人放心，我们开心。深切感受到了颐和苑是我们的老年新家，我们深爱颐和苑。

徐人定夫妇在老年活动中心起舞

做党的人！

为党的事业奋斗终身！

我平淡而充实的人生

徐人定

我，徐人定，今年 89 周岁。知道颐和苑正在为纪念开业五周年而编写出版《生命之歌》一书向大家征文，借此我对自己的工作生涯作个回顾。

1950 年 2 月，时年 19 岁的我参加工作（上海市军事管制委员会房屋工作队，后归并到公共房屋管理处），1953 年 1 月我光荣加入了中国共产党。我在房管系统工作了整整 42 年，退休前就职于上海市房地产管理局，在党的培养教育下，我勤恳工作一辈子，没有轰轰烈烈壮举，却真诚做人踏实做事，得到过不少荣誉，留下了美好的回忆。

42 年工作生涯，我先后担任过干部工作、人事工作（劳动工资）、仲裁工作、党务工作。还担任局机关团支部书记、机关党支部副书记等职务。用一句话来说就是“党叫干啥就干啥”。

勤政廉洁，这是我的工作原则。在我从事劳动工资管理工作中（现称人事管理），对资源调配有很大的权力，比如，每年的招工、工作分配、人员调动，经常有人塞条子求情，我一律拒绝，但确实有困难又符合政策的人和事我会一管到底。我认为是党交给我的权力，我必须为人民服务。

踏踏实实，这是我的工作作风。一直以来，我对工作从不马虎，无论是人事管理还是仲裁事务，工作政策性都非常强，我都会提前学习领会，熟悉工作流程并正确指导基层，对下属也是如此要求，我在工作中从未发生过偏差，能真正做到把工作做实做好。

乐意奉献，这是我的一生追求。工作期间，我 5 次积极报名参加献血，我觉得这是公民的义务，献血光荣。还有一件事值得回忆，作为老上海人应该还记得 1969 年文化广场的那场大火。当时我骑着自行车前往卢湾区房管局办事，恰巧看到，我没加思索地就冲进现场救人救火，至今除家人和邻居以外没人知道此事。退休之后，我和爱人积极参加社区献爱心活动，汶川地震那年我们自觉向党组织缴纳特殊党费，每人各自缴纳 1000 元以支援汶川大地震的救灾工作。至今我一直感到帮助他人是件快乐的事情。

不断学习，这让我与时俱进。我原先的文化程度并不高，但从没放弃学习，特别改革开放以后我自学完成大专学业并获毕业证书，学习成了我的生活习惯，退休后我参加老龄大学学习十余年，中医、推拿、针灸、《黄帝内经》、写诗，直到学校限制年龄才退出。当智能手机出现，我立即向小辈学习，不断摸索和实践，很快学会了操作微信，通过微信了解形势，与亲朋好友联系。如今身在颐和苑的我每天与家人通过微信联系或视频。手机上的《学习强国》也是我每天学习的载体，学习中我认真做好摘录，写下学习心得，断断续续写了 9 本笔记。

我的人生平淡而充实：热爱工作，任劳任怨；热爱学习，学无止境；热爱生活，幸福快乐。如今，我来到颐和苑生活近两年，在周保云理事长和全体员工的关心下，感受到颐和苑对长者无微不至呵护，让我和爱人安心，让子女放心。在温暖的大家庭幸福养老，我们的余生依然美好。再次感谢颐和苑，借此机会，祝颐和苑越办越好，把爱洒满人间。

徐人定夫妇参加颐和苑会议

柳志康

上海颐和苑入住长者

上海第二军医大学原政委

激情的岁月

1949 年 7 月—1952 年 7 月 ······· 工厂做工

1952 年 7 月—1956 年 1 月 ······· 温州市文教局干事

1956 年 1 月—1957 年 1 月 ······· 海军东海舰队训练团学习

1957 年 1 月—1958 年 5 月 ······· 海军“枣庄”舰轮机兵

1958 年 5 月—1959 年 2 月 ······· 海军武昌预科学校学习

1959 年 2 月—1963 年 10 月 ······ 大连海军水面舰艇学院学习

1963 年 10 月—1988 年 9 月 ······ 第二军医大学（现改为海军军医大学）学员队干事、指导员、政委

1988 年 9 月—1996 年 3 月 ······· 总后转业干部移交组驻沪联络员

养老心语

之前一直坚持运动，身体挺好。退休后渐渐不跑了，身体发胖，有了“三高”。住进颐和苑 4 年多来，每天坚持沿绿道走两大圈，三高、脂肪肝全都消失了。

我体会到，健身方法很多，可各取所需，贵在坚持，持之以恒，必有成效。

信仰的力量是无穷的，它能让人为之抛头颅洒热血，无怨无悔！

柳志康

我的军旅生涯：从水兵到政委

柳志康

人的一生是在奋斗中前行的。我从最初的童工，到成为第一批新中国的舰艇水兵，再到部队院校深造，后来担任军医大学学员队指导员、政委等职，这中间，我每前行一步都在为实现一个梦想而努力奋斗着。

应征入伍：从童工到水兵

1955 年 8 月 1 日，《人民日报》公布了新中国第一部《兵役法》，实行义务兵役制，得到全国青年的热烈响应。当时我正是 19 岁适龄青年，虽已在温州市文教局工作，但还是立即报了名。

大约两周后，许多适龄青年陆续接到入伍通知书，我左等右等就是没有信息。我想，自己体检已经合格，又是党员，还有什么问题呢？我去人事局找负责征兵工作的张科长询问。张科长说："这次登记的青年很多，名额有限，不是每个登记的都能去。你已经是国家机关干部，行政22级，相当于部队的副排级，是属于免征的，所以这次没有批。"我一听，顿时就懵了。

当天夜里，我躺在床上翻来覆去睡不着，我想22 级是组织上给我的荣誉和待遇，也是我的责任和义务，怎么就成为我参军的障碍呢？为了能应征入伍，我先后向上级有关部门送上三份决心书。单位和家庭也鼓励支持我。我向党支部书记表示，要以"保尔·柯察金""吴运铎"为榜样，要把一切都献给党，愿为解放台湾献出我美好的青春。

1956 年 1 月 26 日，我终于收到入伍通知书，正式加入了中国人民解放军的行列，成为一名光荣的解放军战士。

入伍后，我进入了海军东海舰队训练团，投入了紧张的军事训练和专业技术学习。

结业圆梦：正式成为一名"枣庄"舰上的轮机兵

1957 年 1 月，训练团学习结业后，我被分配到上海吴淞水警区"枣庄"舰当轮机兵。

"枣庄"舰原是国民党的轻型步兵登陆舰，排水量仅 300 多吨，航速 15 节，抗风 8 级，是美国第二次世界大战后卖给国民党的一艘早已超期服役的"老爷"舰。解放后改装为扫雷舰，并以英雄城"枣庄"命名。舰艇陈旧落后，战斗力弱，即使这样，我们还是当作"宝贝"来使用，在工作中发扬我军英勇顽强的战斗精神，克服种种难以想象的困难，除了扫雷外，此舰还担负着巡逻警戒、护渔护航等任务。

1956 年 3 月 1 日授水兵军衔

但是，由于舰艇实在陈旧落后，完成任务相当艰巨，有时甚至难以完成。例如，一次我们在舟山海区训练时，有两架国民党侦察机在我舰上空盘旋，我们只能用仅有的一门三七炮射击驱赶，眼巴巴看着它逃跑，却无力把它打下，舰员感到屈辱又无奈。另有一次，长江口有一艘货船触礁，上级命令我舰前去营救。由于风大浪急，舰艇航行很慢，等我们赶到，货船已经倾翻，船员已被附近渔船救起，这使大家深感不安。还有一次，我们运送 3 名苏联专家到舟山考察，途中左主机发生故障，不能正常工作，机电长率领几个老

我国自行设计建造的新型导弹护卫舰，命名为“枣庄”舰

兵抢修，但因为机器是美国的，舰上又无配件，无法修复，最终迟到3个小时才到达目的地，影响了工作，苏联专家为此大发雷霆，舰长深感内疚和无奈。

护渔是我们主要而经常的任务。通常是两艘舰同时执行，有一次另一艘舰另有任务，由我舰单独担任。这一天，我们正在苏北吕泗渔场巡逻警戒，忽然接到报告，渔场北侧有日本渔船骚扰，等我们赶到时，小日本早已逃得无影无踪。可是，当我们离开了，他们又来了，简直是和我们捉迷藏。小日本就是欺负我们航速慢，赶不上他们。我国渔民意见很大，指战员深感屈辱又无可奈何，虽然义愤填膺，但无法施展自己的力量，只盼着有朝一日能够驾驭着新中国自己建造出来的战舰，亮剑于深蓝，驰骋于大洋。

2019年人民海军成立70周年大庆的前夕，终于出现了一艘最新型的、世界各国都非常关注的，并仍用英雄城“枣庄”命名的导弹护卫舰——“枣庄”舰，舷号542。这是我国自行设计建造的054A型护卫舰的30艘中的最后一艘，它是人民海军严格意义上的远洋型多用途导弹护卫舰，已经成为中国海军水面作战舰艇的中坚力量。

现在，我国海军的综合作战能力已远超亚太和欧盟各国，位居世界前列。我们的强国梦、强军梦、海军梦终于实现了。中华民族受人欺负的时代将一去不复返了，真正可以扬眉吐气了。祝愿我深爱着的“枣庄”舰在人民海军的战斗序列中砥砺奋进，扬帆远航，迈步走向中国海军辉煌的百年。

新的征程：被选送到军队院校培养深造

上世纪五六十年代，部队为适应海军建设发展需要，陆续选送优秀战士到军队院校培养深造。1958年5月，“枣庄”舰领导保送我去海军武昌预科学校学习文化。我原先只是小学毕业，经过8个月的学习，读完了许多课程，达到了初中毕业的程度。由于我如饥似渴，刻苦勤奋地学习，取得优异成绩，被记了三等功。

1959年2月预科结业后，直接转入大连海军指挥学校（后改为海军水面舰艇学院），经过半年补习高中数理化，就进入本科航海系专业学习。在四年的学习中，除圆满完成学业外，我还兼任了中队团支部书记和党支部委员，我个人也两次被评为五好学员。

大学毕业时，学校授于我中尉军衔，我从一个普通的轮机兵，成为海军初级指挥员，感到无比高兴和自豪。正当整装待发，中队指导员找我谈话，宣布我不去舰队，改去上海第二军医大学海医系工作。从此，我的人生改变了方向。

1963年10月15日，我去第二军医大学海医系政治处报到，接待我的同志对我说，原计划你要到军事教研室当教员，现因工作需要改任学员大队政治干事。就这样在学员队我整整工作了25年，任过学员队政治干事、指导员、政委等职。我先后带过五届学员，他们在军事训练、专业学习、作风养成等方面，都取得较好成绩，多次受到学校领导好评。1978年我任指导员的76中队被学校评为“学习硬骨头六连先进单位”。

1985年中央为提高部队战斗力，对部队进行整顿整编，裁军100万，大批部队干部要转业地方工作。安置好这批干部是完成裁军任务的最关键工作，为此，各军兵种都成立转业办公室，负责转业干部的安置移交工作，我被抽调到总后勤部担任驻闽浙赣沪三省一市联络员，一直工作到1995年退休。

夏令筑

上海颐和苑入住长者
全国模范教师
上海百位杰出女教师

激情的岁月

1965 年 7 月 ………… 新疆建设兵团农二师三十团职工
1972 年 2 月—1989 年 7 月 ……… 内蒙古额尔古纳左旗根河一中、二中任教
1989 年 9 月—1998 年 7 月 ……… 上海市闵行中学任教（1993 年起任政教主任）
1998 年 9 月—2006 年 ………… 上海市七宝中学任教（2000 年起任新疆部政教主任）
2006 年 9 月—2013 年 ………… 上海市七宝中学新疆部顾问
2011 年 9 月—2015 年 10 月 …… 上海市群益职业技术学校新疆部顾问

养老心语

有生之年要活得潇洒一点，糊涂一点。心态年轻，岁月不老。虽然体形、容貌不如以前，但也得注意仪表。除了按时服非吃不可的药之外，每天适当运动，增强抵抗力。为人要善良，乐观豁达，注意人际交流，千万不要闷坐家中。

以爱唤爱　以德启德
以魂铸魂
夏令筑

如有来生，我一定还当老师

夏令筑

不忘初心，牢记使命

去新疆家访慰问贫困学生家庭

从小立志当一名外科医生的我，1964 年毕业于上海市第六女子中学，北京协和医学院是我高考的第一志愿，但当年不仅没被录取，连上大学的梦想也彻底破灭。为什么呀？直到在市教育局工作的好邻居告诉我，我才知道，因为我父亲是旧社会过来的知识分子，政审不合格，故不宜录取。于是，我不顾家庭反对，毅然报名参加新疆生产建设兵团。

1971 年底轮到我探亲，因妈妈在内蒙古帮姐姐照看孩子，我就申请到内蒙古额尔古纳左旗探亲（姐姐系华东师范大学中文系 67 届毕业生，被分配到地处大兴安岭的额尔古纳左旗）。当地师资缺乏，姐姐、姐夫就将我的情况向当地教育局反映，经研究同意，让我当上了代课老师，这是我命运的第二次转折。

1972 年 2 月 23 日，当我第一次踏上讲台的那一刻就告诫自己：一定要争取当一名学生喜爱、家长放心、社会认可的好老师！

可实现这目标对于没有接受过高等师范教育的我，是很难很难的。我虚心向老教师学习，不耻下问，勤奋努力。加上我在上海生活十八年，在新疆锻炼了近七年，有一定的阅历，学生们都喜欢听我的课。

一年后，我接了高一两个班的语文课，担任一个班的班主任。担任班主任的这个班的班长很特别，他很朴实，劳动不怕苦和累，但极不爱学习，平时脏话连篇，还爱教训人。为了弄清原因，我带着班委会成员一起到他家了解情况。一进他家，我发现院子打扫很干净。进到屋里，土炕上被褥叠放有序，屋内摆设虽然简陋，但干干净净。令我震惊的是，他母亲竟然是位盲人。

这位母亲得知我带着学生来家访时，万分激动地说：“这么多年老师来家访还是第一次！因为我家没男人，我又是瞎子，家太穷，大家都看不起……”接着她向我说：她 4 岁得病没钱医治，导致双目失明，后嫁了个伐木工，生了五个男孩，丈夫能干，对她也很好，一家人日子过得不错。眼看着老大、老二快成人能分担家里的负担，不料丈夫在一次采伐中被木头砸中当场死亡。老大、老二只能辍学外出谋生。我班的学生是老三，在家当起了老大，帮母亲干起了力所能及的重活，还要管着两个弟弟，所以根本顾不上学习。了解这些情况后，我感到自己有责任要设法将这位学生从繁重的家务中解救出来，回归正常的学习状态。为了不伤害他的自尊心，我请数学老师将他叫到办公室帮他补习数学，我和全班同学商量切实可行的计划，分小组轮流去他家帮着干家务活。我每学期两次去帮他母亲剪头发和做些针线活。该生慢慢变了，上课专心了，课间也能和同学说说笑笑，由“老大”变成了名副其实的一班之长，积极带领同学们参加学校各项活动，学年末班级还荣获校级优秀班集体。

教师不仅要传授知识，更要以身作则，给学生树立正确的人生观，价值观。

一次高考，我监考时发现一名男生低头往课桌里看的时候，简直不敢相信一个平时学习挺好的学生会作弊！我毫不犹豫地按考场规则取消了他的考试资格。事后他再也不愿见我，我给他父母和他写了一封长信，坦诚地说了自己这么做是为了他一辈子做个诚实的人。后来，他复读一年后考上东北某审计学院。

2017 年，我受邀去呼伦贝尔参加七七届学生毕业 40 周年和七五届学生的聚会。有一天，我正和八二届学生相聚在海拉尔“蒙古包”大饭店，突然有一个人快步走近一下子将我搂在了他怀里，嘴里不断说着：夏老师，是您成就了我的今天，感谢您啊！是您使我下决心做个堂堂正正的男子汉……这就是当年作弊的那位学生，因为他的及时醒悟和不断努力，此时他已担任了地区税务局的总会计师。

党的十一届三中全会后，父亲蒙受二十年的冤案终于得到平反。他光荣退休后，主动办理捐献遗体手续，以弥补二十年没有为国家贡献的遗憾。他的举动令我们感动，我和先生也办理了捐献遗体和器官手续。我鼓起勇气向校党组织递交了入党申请书，表达了自己要跟党走一辈子、要为党的事业献终生的意愿。四年后我终于在鲜红的党旗下举起右手宣誓，成了一名共产党员。

1989 下半年，为了照顾家中年迈的老人和年幼孩子，我怀着依依不舍的心情，告别了生活 18 年的内蒙古，回到了阔别 25 年的上海，被闵行中学聘为英语教师。两年后，我任教的两个高中班英语成绩在高考中列全市 26 所市重点中学排名第七。

1998 年，我调到了上海市七宝中学。学校考虑我曾在新疆工作、生活过，任命我当新疆部政教主任。学生学制四年（高中三年加一年预备班），他们绝大部分是南疆农牧民的孩子，根本听不懂老师讲的普通话，我们就把他们当作小学一年级的学生一字一句地教。有一次，我问一个来校两周的叫买提沙依木的男同学：“我上课讲的，你听得懂吗？”他茫然地看着我。我又问了他一遍，他仍没有回答。我放慢语速再问了一遍，他回答说：“你的讲话，不懂的我！”当时我只感到肩上的担子很重、很重！我和老师们定了一条规定：每一学科的老师都要担起传授汉语的责任。同时再开设语言课。两个月后每周布置学生写周记，由每班的两位班主任和语文老师进行面批。开始时，往往不满 200 字的周记错别字不少于二三十个。经过耐心、细致的讲解，再要求学生将正确的抄 1-2 遍，渐渐地，他们的汉语水平大大提高了。就是这位叫买提沙依木的男同学，大学毕业后当了警官。时隔十多年，他到上海交大培训，有一天利用晚上的时间来到养老院看我，已能说一口流利的汉语，令我惊喜不已。

不仅在学习上，在生活上我也时时关心他们，把他们当作自己的子女来对待。记得我第一次在一名女生头上看见虱子和虱子的蛋，浑身都起了鸡皮疙瘩，我耐心做学生工作，建议她将头发剪短，便于梳洗。我还教女生每天搞好个人卫生，勤换衣裤……有一天，我无意中发现一个漂亮女生的手很脏，我问她洗手了吗，她很干脆地回答：“洗了呀。”“怎么黑黑的？”“生来的呀！”我把她领到洗手间，用肥皂帮她洗了一只手，白白的手展现出来了。我让她照我的样子自己洗另一只手，她笑了，从此再也不用我帮她了。

回顾人生，我已和学校心心相连，和学生密不可分。如有来生，我一定还当老师！

被评为“新中国 60 年上海百位杰出女教师”

郭明发

上海颐和苑入住长者

国务院政府特殊津贴获得者

激情的岁月

1954 年 4 月 ………… 从印度尼西亚孟加锡回国

1954—1955 年 ……… 在广州华侨补习学校补习

1955—1958 年 ……… 就读天津市第一中学高中

1958—1962 年 ……… 就读河北工学院化学系无机专业

1962—1996 年 ……… 国家医药管理局上海医药设计院工作，高级工程师

1996 年 ……………… 退休

养老心语

我和老伴都已退休，儿子在海外，考虑很久，决定寻找一个养老院。在 2017 年随上海市侨联来到上海侨爱心休养中心颐和苑基地休养，觉得这里就是我们的归宿。我们于 2018 年 7 月入住。两年来，感觉到安心、舒心、放心、顺心、开心、称心，这里就是我们的家，幸福安稳的家。

自己的人生格言：

老老实实做人

认认真真钻研

踏踏实实工作

郭明发

我在祖国的“舞台”上奉献才智

郭明发

金桥国际油漆厂施工现场同外资合作方合照（左二为作者）

我于 1954 年 4 月从印尼孟加锡市乘轮船启程回到祖国，当我们踏上罗湖桥时，心中无比的激动，我们终于回到了伟大的祖国。

回到祖国后，我被送到了广州华侨补习学校，通过半年的补习后，于 1955 年 8 月到天津重点中学第一中学读高中。1958 年高中毕业后，我考入了河北工学院，用了四年的时间完成了大学学业。

1962 年，我服从国家的统一分配，到上海市国家医药管理局上海医药设计院工作。我们院分有医药专业和化工专业两个专业，我是在化工专业。我先后搞了二十几个小、中、大型设计项目，涉及的范围很广，内容和性质也各不相同。我在实际工作中得到了锻炼和提高，积累了许多经验。

当年的上海石油化工总厂化工二厂的醋酸装置项目，原来考虑从日本进口全套设备和技术。我想我们上海有一家解放前的老厂——上海试剂厂生产醋酸，虽技术较落后，但我们可以去向老师傅学习取经，自行设计，以改变我们国家醋酸生产落后的状况。我坚信我们可以通过自己的努力去攻克技术难关。就这样，我们开始了自力更生。当时单位的经济也有困难，在没有资金、没有设备、没有资源的情况下，我们白手起家，利用厂里的废旧设备，自己安装设备、管道等，搭起了乙醛氧化制醋酸的流程，并开始了中试试验，我们竭尽全力克服许多大大小小的困难，发扬了艰苦奋斗的精神，一个问题一个问题的攻，一个难关一个难关的破，历经数月，我们做的中试试验终于获得了成功，并开始了为上海石油化工总厂化工二厂年产 3.5 万吨醋酸装置的设计。化工二厂是我国当时规模最大的项目之一，并首次采用乙醛氧化反应外冷却新工艺。建成投产后，有关部门鉴定，醋酸成品质量达到了优级品标准。醋酸是生产腈纶和涤纶主要原料，因而也为我国的服装产业蓬勃发展提供了坚实的基础。

醋酸生产线在上海石油化工总厂化工二厂胜利投产后，在此基础上，我院根据国家的规划安排设计第二套醋酸装置，即大庆石油化工总厂化工二厂的醋酸装置。大庆的醋酸装置，工艺的设计是采用我院为上海石化总厂化工二厂设计的工艺流程，但又结合了化工二厂的新技术，重新设计了以外循环冷却及内冷却相结合的双塔氧化新工艺，从而使氧化液中的醋酸含量由原来的 94% 提高到 97% 以上，该装置超过了上海石化总厂化工二厂的优级产品水平。

一个个奖项实现着我当年许下的诺言和理想。我也于 1992 年 10 月获得国务院特殊津贴。所有的鼓励和奖励都是对我努力的肯定，感谢祖国给予我这么宽广的“舞台”让我去奉献才智。当年坚定不移地回国支援国家建设的初心，也见证了我们在各自的专业领域为祖国作出的一份贡献。这真是——

往事难忘泪盈眶，赤子回归为国强。

艰苦奋斗数十载，扪心无愧度夕阳。

徐红元

上海颐和苑入住长者
两次三等功获得者

激情的岁月

1957—1959 年 ········ 江西省贵溪县粮食局耳口粮管所业务员
1960—1964 年 ········ 福州军区福字 334 部队服现役
1965—1967 年 ········ 福字 331 部队政治部宣传科宣传干事
1968—1969 年 ········ 福字 331 部队政治部审干办干事
1970—1975 年 ········ 陆军第 184 医院内科副教导员
1977—1979 年 ········ 陆军第 184 医院政治协理员
1979—1982 年 ········ 陆军第 182 医院政治处主任副政委
1982—1987 年 ········ 江西武警部队鹰潭市支队支队长
1989—1995 年 ········ 江西省鹰潭市公安局副局长
1995—2000 年 ········ 江西省鹰潭市国家安全局局长

养老心语

时间不等人，岁月催人老。人老贵在心态要好。劝君在生多行善，留作千古后人念。

好钢经过锻打一定能发出强火花，人只有在同困难作斗争中才能磨炼成才。

徐红元

难忘的岁月：军营在艰苦中建成

徐红元

有人说，人生有“三晃”：从出生起一晃就长大了；成年了一晃便老了；再一晃就没人了。我从1940年出生至今，一晃就80多岁了，变成一个“白头老翁”。

加劲当兵，当个好兵

1959年11月，我18岁刚过，福州军区后勤部在我的家乡——江西省贵溪县征兵，我报了名。经政审、体检合格，我正式入伍了。新兵开走的那天，我的六十多岁的母亲前来送我，边流眼泪边对我说：“你到部队要加劲当兵，当个好兵。”打这以后，母亲那句到部队要“当个好兵”的话一直在我耳边回响，在我记忆中回荡。

当兵的岁月，我一直努力要求自己“当个好兵”。在部队各级领导的培养教育下，我很快从一个新兵成长为一个合格的战士，入伍第二年就入了党。当兵五年，年年被评为五好战士，记三等功两次。当兵第六年时被提干（正排），同年调到师级机关政治部工作。

军营在艰苦中建成

上世纪70年代后期，解放军进行大整编，我和爱人工作的江西省上饶市陆军第182医院改编为江西武警总队医院。

1983年的一天，江西武警总队电话通知我到武警总队去接受任务。第二天我从上饶坐火车到达南昌，直奔总队报到。当时总队首长找我谈话，说江西省全省十一个地级市都要成立武警支队，要我担任鹰潭市武警第一任支队长，负责机关组建工作，支队第一政委由鹰潭市公安局周局长担任。

接受了任命后，我当天就来到鹰潭。第二天上班，我去临时办公室看了一下。临时办公室放有一部电话座机，四张办公桌凳，其他什么都没有。第三天，办公室来了一个上班的人，通过互相了解，才知道他是消防科的徐干事。后来随着人员增多，临时办公室挤不下，经市政府同意，武警机关干部到“共大”去办公，吃住也在“共大”（“共大”离市内约有十多里路）。当时我心里一乐，大学里条件肯定很好。我带着后勤处的同志，提前一天去“共大”去考察。

到了“共大”，令我十分失望，当地一位同志给我介绍说：“共大”是文化大革命时期当地政府办的一所学校，后来当地生产大队又在“共大”办起了养猪场，养猪场后来也不办了，就荒废成现在这个样子。”我们到处看了看，只见杂草丛生，乱石成堆，高低不平，没有一块平地。

看完“共大”后，回到住宿地方，晚上在床上怎么也睡不着，觉得自己当兵越当越窝囊。但又想：建支队这是总队首长亲自给自己下达的任务，再重的担子也要挑，环境再怎么艰苦也要克服。想到这里，自己暗下决心：不把鹰潭支队机关建设好，就一不休假，二不回家。我要同机关干警同甘共苦，做好过艰苦日子的准备。

回忆起支队机关营房建设的那些日子，可以说是开头难、事事难。

第一，等批建营房的土地。支队营房建在哪里？用多少土地面积？不是你说了算。土地规划要一级一级批准，一等就是很长时间。1984年三四月份，支队等到了市公安局在市梅园新区划出的一块60亩的土地，终于有了自己的地方，可以开始建设营房了。

第二，平整土地难。市公安局划给支队的是一块山丘地，高低相差很大，平地工程量很大，需要使用推土机和一台大车运推土机到工地。怎么办？想来想去，唯一的办法只有找我的老部队，请求帮助解决。在部队首长关照下，这两样东西终于都圆满解决。

第三，平整土地困难解决了，营建的图纸又没有，

徐红元和佟玉珠夫妇在鹰潭市武警支队留影

工地没有建房图纸，怎么开工建设？我又去请求部队老首长帮助解决。老部队机关有个营房处，营房处长答应所有营建图纸可以帮助解决，并派人到工地查看地形、地貌，做好了设计。

以上困难基本得到解决后，下一步就等开工建营房了。住地（“共大”）到工地约有十多里路，当时，管理工地是个难题，不去不放心，要去风风雨雨天天都得去。工地事多，有时得一天时间。就连节假日，工地停工，我也得留守看工地，防止工地上建材被盗。当时，我心里想得最多的是，要尽快把支队的新营房建好，解决支队机关干警的办公条件。

时间过得说慢也慢，说快也快，转眼间不到两年的时间，在 60 亩的山丘地上，建成了鹰潭支队机关新营房。

1986 年初，江西省总队召开党委扩大会，我在大会上讲述了鹰潭市支队营房建设中的艰苦奋斗的过程。总队首长听后，指示总队摄影组跟江西省电视台联系，以我的发言稿为依据，拍了一部纪录片。这部以“军营在艰苦中建成”为名的纪录片，在江西省电视台“赣江两岸”栏目中播放后，大大地激励了鹰潭市武警支队全体干警。

退役后的又一次奉献

1989 年我退出现役，转业到地方工作，分配在鹰潭市公安局任副局长。

1995 年国家安全部跟公安部分开办公。全国各省，市（地级市）参照中央的做法，成立省国家安全厅，地级市成立国家安全局，与公安厅局分开办公。当时组织上派我去组建鹰潭市国家安全局。接受任务时我都年过 55 岁了。

组建鹰潭市国家安全局也是白手起家，但比起十几年前组建鹰潭市武警支队条件要好得多。一开始，我就向市总工会租借两层办公大楼，作为来安全局工作的同志办公用房。随后，我的主要精力放在国家安全局新建办公大楼上面。

为使大楼主体设计新颖一点，打破办公大楼都是火柴盒式的模样，我从大楼内部功能和美观要求出发，同设计人员共同研究，力求做到大楼主体上有高有低，错落分明，大楼的大厅高大、宽阔、明亮，四周环境体现出“房在树中，树在房中”的良好生态来。

办公大楼工程完工后，社会各界普遍反映较好，说大楼有特色。鹰潭市倪市长从北京开完人大会议后回到鹰潭市，特意前来视察，结束时，召见安全局全体领导，说了我局的四个好：“你们局领导班子好，队伍带得好，案子破得好，房子建得好。”

1997 年上半年，国家安全局从市总工会搬进新大楼办公。这年，我已 58 岁，市组织部来人找我谈话，说照规定要退居二线工作，我无条件照办。两年后，时间是 2000 年，这年我的年龄也随时代潮流到了 60 岁，我愉快地接受组织上谈话，主动交好班，仰天大笑出门去，卸甲居家度晚年。

第五编 人生的感悟

轮椅

王礼炳

今年的月季美得出奇，
开得又大又多又密。
号称花中之王的玫瑰，
也比不上你的魅力。
但是，
让我在颐和苑中选美，
冠军还轮不上你。

桃花一听乐了，
那肯定我得第一！
我称得起
果园里的半壁江山
没有谁
拥有我如此辽阔的土地。
阳光下
像无数闪光的宝石，
月光下
像湖面上五彩缤纷的涟漪。
但是，
告诉你：
桃花
请你不要生气，
我还不能授予你最美的锦旗。

路边的小花纷纷鼓掌，
评得公平评得合理！
评委应该眼睛向下，
为我们这些无名的野花撑腰打气。
不过，星星点点的小花，
我们从来不会因为小
而看不起你，
你们也为园中的美化
增添了生机活力。
但是，
不能因此就说你超越了
桃花桂花玫瑰月季。
那么
这花园中究竟什么最美？
告诉你们
各种美丽的花朵：
是轮椅，轮椅，轮椅！
你们无论如何也比不上那
轮椅车上的一对老夫老妻。

那一个又一个推着轮椅的白发老人，
他推着我，我扶着你。
别看他们年迈多病，
有的已经半身不遂。
无法直立行走，
更不能健步如飞。
但是精神之花并没有枯萎，
他们的生命意志十分坚毅。

每当朝阳从绿树丛中升起，
你就会看到一辆又一辆轮椅车
缓缓的穿过草地。
听听他们在轮椅车上的对话，
一句句都充满着深情厚意：

老伴！
你这样辛苦的照料我，
我越来越感到过意不去，

从早晨帮着我起床穿衣，
到夜晚扶着我上床休息，
要知道
你也是上了岁数的老人，
身体也比我好不到那里。
你这样忙碌辛苦，
还不都是我拖累了你！

说什么拖不拖累，
说什么过不过意？
几十年的共同生活，
每一步都无法使我忘记：

我曾经长年奔波在外，
家里的事经常无法顾及，
还不都是你独自支撑，
孩子的养育就够你费心费力。
更不用说在我遭受挫折的日子里，
你始终对我不离不弃。
曾经有富男帅哥来追求你
你依然决然的把我紧紧地抱在怀里。
你说：
只有共同面对失败，
才能分享成功的甜蜜！

现在青春已经远离我们，
但枯藤老树却别有一番诗意。
满头的白发
凝聚着我们几十年的恩爱，
满脸的皱纹
刻录了我们酸甜苦辣的经历。
珍惜我们的每一天相处，
细细品味晚霞红云的美丽。
我爱看你在鲜花丛中的微笑，
我爱听你晚上在枕头边上的呼吸。
无论今后我们谁先离去，
我们都要安然面对
学习百岁老友创造幸福养老的奇迹！
让子孙们也为爷爷奶奶点赞，
懂得夫妻恩爱白头到老的含义。
你们为爷爷奶奶拍了很多照片，
但是有一张你们一定要加倍珍惜：
那就是
爷爷奶奶在百花园里
快乐地推着
轮椅，
轮椅，
轮椅！

作者近影

轮椅上的长者

活到老学到老

王 洺

周总理有一句座右铭："活到老，学到老。"仔细想想，在年轻时是不会有这种体会的，到了晚年这句话才觉得其十分珍贵。如今，年已古稀，总会不知不觉流露出自己修养的不足，深感自愧。据此"活到老学到老"是个很有意义可以扪心自问的话题。

有人说，到了这把年纪还学什么？要学会做人。说话，是一门艺术。善解人意能使人开心，直言不当也会伤害感情，这是常有的事。而知识改变命运，兴趣决定人生，事业得以成功乃都是不断学习的结果。这就是做人。这是人生在世一辈子的事，否则岂不功亏一篑？周总理是终身为人学习的榜样。

我的父亲生前有一首诗：春意方浓花下酒，诗情小涩雨前茶。浮将好梦如游泳，路过羊肠慎刹车。想一想，为人处世总有底线，凡事都要有个度。生活中享乐与祸福，挫折和无奈总是伴随人生。能驾驭能转危，靠的是学习和积累。这也是做人。

然在暮年，荣誉成就和光环，职位权利的离去，如同光阴流水和烟云。能保持晚节淡泊名利，仍需活到老学到老。只有豁达开朗，无私奉献，不卑不亢，光明磊落；不计较赞美得失只享受过程，不求索功名利益只图个快乐，足矣。

这是颐养天年修身养心的感悟，活一天学一天，直到永远。

什么是快乐

毛 震

我搭乘苑里班车，准备去朱泾镇社区医院。刚落坐，上来一位老先生，矮小的个子，略有些驼起的后背，及那张布满皱纹的脸庞，看上去已有九旬模样了。他一声不吭地在我边上坐下了。

车快要开时，又有一位拉着购物车的老人准备上车，只见我边上的老人猛地站起身子，去帮那位拉车老人，很费力地把车子拽了上来。我望着他的背影，半响说不出话来。

不大会儿，司机说："去社区医院的请在这里下车。"下车后见我边上的老人也下了车。我正准备寻找去医院的方向，突然，老人拽住我的胳膊说："你再往前走几十米就到了。"望着他那张慈祥的笑脸，我的眼睛有些湿润了……

以后在聊天时，我才了解到，老人名叫"胡家检"，今年已有89岁了。早年在金山区财政局退休，膝下原有二子，不幸的是长子因患肝病去世。后来次子又因工作需要去了北京。身边还有位八十多岁的患痴呆症老爱人需照料。颐和苑开办不久，经人介绍他俩就住了进来。老人慢慢地叙说着他的坎坎坷坷，声音显得那样平静，就像是谈论着他人的寻常事，只是语气中略显出他骨子里的刚毅和坚强。

日后，当我再次提起和他初次相识时所发生的那两件小事，他只是淡淡一笑："尽自己微薄之力去帮助他人，那怕只是点点滴滴，不也觉得快乐吗？"

而今，老先生已驾鹤西去 。然而，他的话语，却时常在我耳边回响……

做人就要有爱心，就要无私奉献

石立华

在颐和苑，有一对值得尊敬的长者——89 岁的袁深扬和 86 岁的孙维铭夫妇。初次相识是在 2016 年 6 月，当时我们来颐和苑试住和调查。那天，我们在管家的陪同下来到他们家中，袁公十分热情地边向我们介绍情况边让我们参观他们的新家，而后又像对待亲人一样详尽地向我们介绍了他们选择来颐和苑的理由及颐和苑的优缺点。这次初识，令我十分佩服的是他们的养老理念。

我们正式入住后，对二老有了更进一步了解，他们互敬互爱、相濡以沫、无私奉献的感人故事很多。两位老人虽然身体都不好，但他们还是参加了苑里的义工活动小组。

在一次小组座谈会上，袁公发言说：“我们参加这个小组，就是想在我们有生之年，在力所能及的情况下，为需要帮助的长者做点事情，献出我们的一份爱心。从未想过要什么回报，图什么索取。”质朴无华的发言，充分表达了他们大爱无疆、无私奉献的精神境界！更令我感动的是，两人在 14 年前就已办妥遗体捐赠事项。

袁公夫妇是我们颐和苑模范夫妻的代表，他们身上的“做人就要有爱心，就要无私奉献”的精神一直感动着我。

这里夕阳格外美

叶　萍

入住颐和苑已两年多了，我每天都会去果园和花园里散步，无论是微风拂面的春天，或是阳光灿烂的夏天， 无论是细雨蒙蒙的秋天，或是雪花飘飘的冬天，不同的自然景色都会带给我不一样的愉悦和遐想。

与友人聊天时，友人常感慨青春逝去，不再回来，而我却觉得自退休后才是人生最美好时光的开始， 因为我找到了颐和苑。

去年，当我走进颐和苑建立四周年的成果展览室，眼前是一幅幅国画、书法、照片、布艺、丝网花……我惊讶极了！长者们不是这方面的专业人士，但他们的作品却比专业水平毫不逊色。悠久的中华文化在历史长河里深深地哺育和熏陶了一代又一代的中国人，而这里的长者更彰显出浓厚的文化底蕴。他们文明礼貌、阅读书报、谈论艺术、创作作品……如此环境，真让人感到轻松自如，而且还能丰富和提升自己的艺术知识和艺术欣赏水平，这不正是享受着人生最理想、最可贵、最美好的时光吗?

常以小善而为之

刘　云

我与祖父母共同生活近 50 年，常听他们说的一句话是“勿以善小而不为，勿以恶小而为之”。他们是这样说的，也是这样做的。

大院门口有一口供生活用水的深井，井的东面不远有一条通县城的大路，那时没有汽车，但来往行人很多。有肩膀扛的、手里提的、扁担挑的……总之都是体力活。夏天天气炎热，祖父他们就在井边放几只木桶，放上水，再放几条粗布手巾，供来往行人洗脸擦汗用。

我父亲兄弟四个，父亲是老大。我们兄弟姐妹五个，负担较重。二叔主要负责大弟读书等费用，四叔负责我的费用，从初中到大学毕业。他们自始至终都兑现承诺，直到我们工作。

耳濡目染，我从小也做一些小善事。

读大学时正好是困难时期，同学多数是农村人，一位女同学享受助学金只够吃饭，她堂哥给她点零用钱。后来她堂哥去世了，学校补她每月一元，我也再给她一元。不久我毕业了，就每月多给她些，直到她毕业。当时的一元钱，相当于现在的上百元钱。

“勿以善小而不为，勿以恶小而为之。”这句话时常萦绕在我耳畔。随着当今生活水平不断提高，善事当然做更多，我想这是应该的。

经历与感悟

毕文杰

生长在松花江，奉献在黑龙江，落脚在黄浦江，是我一生经历的基本概括。我的人生特点是什么呢？总结一下，大约有以下三点。

一是以苦为基。幼时耳手术造成反应迟钝，故想法弥补。工作期间，早 5 时到 7 时，晚 8 时到 10 时，把业余时间变成学习工作时间。上班前每天写一纸条规定一天要做的事情，完不成晚上加班完成。刚来沪时听不懂上海话，于是，把发音写成汉字，每晚背诵 10 个单词，十年之久方能听懂。我的感悟是，以苦为基，向上阶梯。

二是以学为首。坚持多年订阅“两刊一报”（《调查研究》《读者》《中国剪报》）。在担任农场党委书记的繁忙期间，读完“黑龙江电大”“哈尔滨师大”。每任新领导职务或遇艰巨任务时，均以先贤“受任于败军之际，奉命于危难之间”等名言激励自己。坚持每月读摘一本书，常逛“三书”（书摊、书店、图书馆）。在担任全国农林工会委员、黑龙江省北安国营农场管理局工会主席时，创造性地提出“为企业解难题，为职工办实事，为自身壮筋骨”的思路，为全局发展和 8 万职工脱贫作出贡献，被评为全国优秀工会干部。我的感悟是以学为首，动力长久。

三是以勤为要。把“勤能补拙”四字抄在“工作笔记”和“读书笔记”首页激励前行。身带“随记本”，随时记下智慧之言和实用之法，做到“白天行、践、炼，晚上思、结、撰”。把“多走、多看、多问、多记、多思、多写”贯穿人生始终。我的感悟是以勤为要，稳妥可靠。

回顾自己的人生经历，生命中有故事、有情趣、有贡献、有价值、有回味，可谓无怨无悔！

病危之际的感恩

许巧娣

疫情期间的4月24日，我先生在会所北边的草坪边晒了一会太阳，坐上陪伴了将近一个月的轮椅，回到8号楼的房间刚坐上床边，一阵眼睛发黑就倒下失去了知觉。我顿时被这突如其来的状况吓得六神无主。

我一再叫唤着：“你别吓我啊！我怎么办啊？”

同时按下了床头的警铃。不一会儿小小的房间里来了将近十个人。有马医生，有隔壁的张老师，更有好几位管家，她们不住地安慰我，帮我打120电话，关照让他服“麝香保心丸”……

很快送到了六院金山分院急救室，病情迅速得到了控制。

事后得知周理事长专门联系了医院的领导，使我先生的治疗得到重视。

随救护车前往医院的叶晓春起到了家人的作用，各种跑腿联系，挂号付费全由他包下了，让我减去了不少劳累，真是全靠他了。

第二天转到中山医院急诊重症监护室，经过18天住院后回家又口服溶栓药两周，经复查情况好转。在住院期间，又收到苑领导及长者的慰问，给了我们战胜疾病的力量！

当我先生的生命危险过去后，我们第一想到的是快回颐和苑！因为这里有适合养病的环境，有那么多关爱我们的朋友，更有在危急时及时伸手的管家和关心到位的苑领导，在这里我们才安心！

此时此刻，我们心里只有两个字：感恩！

选择有家感觉的养老机构

朱美英

我是一个普通又平凡的教育工作者。退休后，我们曾住在儿子家，但发现与孩子们住在一起也有不少问题。即便自己的儿子，见面说话的机会也很少。

随时光的流失，新的问题又出现了。膝盖不行，走楼梯有困难，每天吃饭在底楼，睡觉上二楼，洗澡在三楼，太阳能上水要爬到四楼，爬楼梯真是力不从心，所以决定找养老机构。

第一次选了候鸟式养老，花了10万元买了张乐享卡，它提供990天免费住宿，有几十个基地，分布在全国各景区。每月返利833元，分六年返回6万元左右，开始感觉很好，也跑了很多地方。但随着年龄变化，体力不支，虽然他们的服务条件不错，但最主要的原因就是缺少家的感觉。

于是我俩重新选择养老的方式，我们认为一定要找一个有家的感觉的养老院，于是就来到了颐和苑。住进颐和苑正好一年整，春夏秋冬全经历了，自我感觉很好，不仅环境好，生活轻松，又自由，特别两个管家贴心服务，使我俩更安心。再提一笔，住进七号楼，又回到了大家庭的生活，开门就是“家人”，有事大家主动帮忙，所以我们对目前的生活非常满意、知足。

颐和苑长者乐陶陶

汤茜茜

入住颐和苑近四载，已将其作为自己真正的家。

我们的管家，既是参谋又如自己的儿女，有任何困难或急事，他们都能一一化解。

因患颈椎病，常年脑供血不足和腰部酸痛，小胡医生用理疗的手段为我诊治，缓解了病痛。

本人最大的爱好是喝咖啡，特别在下午往苑里的咖吧一坐，来一杯现磨咖啡，加上小点心，这一餐下午茶就齐活！几乎每天下午在咖吧都能见到我的踪影。小乖乖、甜甜和小朱等都称我为她们的常客，对我的嗜好和要求，了如指掌，真是知己。

我曾经申请了“一分地”。入苑时，体力充沛，耕种的庄稼都是亲力亲为，曾种过甜糯玉米、山芋、生菜、黄瓜、青皮绿肉瓜、白瓜、西瓜、南瓜、香葱、薄荷等。我把所有的收获都与苑内的长者分享，有的（如山芋）还送给食堂，深切体会到丰收的喜悦。

总而言之，在颐和苑中的长者，过着其乐无穷日子，整天乐陶陶！

一个时期一首歌

张泽兴

站在天鹅湖钓鱼台上，我倚栏仰望着无云的夜空，试着像幼年时一样数数天上的星星。星空引导我回到如歌的童年，想起了童年唱的儿歌：“星儿星儿亮晶晶，我唱歌儿给你听……”随着岁数的增长，我懂得了更多的事和唱过更多的歌。

解放前夕，我家小城的进步学生们，纷纷传唱着一首校园歌曲：“你是灯塔，照耀着黎明前的黑暗……”学生们已兴奋异常，因为传说解放军就在城外，国民党军队已不见踪影。

解放军进城后，我们学会的第一首好听的歌曲是“解放区的天是明朗的天，解放区的人民好喜欢……”，那时还不懂得那叫革命歌曲，只觉得它朗朗上口。

小学六年飞也似地闪过。进入初中仿佛进了乐园，什么都和小学不一样。最快乐的是，每年春天的划船，歌声格外嘹亮：“让我们荡起双桨，小船儿推开波浪……”

高中的三年是最紧张的，学生紧张，毕业班老师更紧张。那时的一首《可爱的苹果》，快乐而优美，极好地拉近了我们和老师的感情：“可爱的苹果啊，可爱的苹果啊，你代表我们热烈的心，去慰问我们敬爱的老师……”

斗转星移，我终于步入颐和苑这美妙的地方。我有一个心愿，在老天对我发来调令之前，能听到我们自己的歌曲：《颐和苑之歌》。

游丝般的痕迹

张洪庆

相濡以沫几十年的爱妻离世仅一月，子女为解我愁思，便安排我住进远离市区的颐和苑。

初到此地，心情异常沉重，总感到从此踏上了一条独行路。往日如火豪情顿时化作林中一缕孤烛残光。

尽管这里果木森森、鲜花盛开，但我是心中有苦难平复，思及往事泪涟涟！正所谓：栖栖失群鸟，日暮犹独飞。徘徊无定止，夜夜声转悲。厉响思清远，去来何依依？哀怨虽刻骨，旁人哪得知？

幸而，颐和苑的服务人员从部门领导到管家，甚至清洁工纷纷前来关心我、抚慰我、开导我，让我逐步从悲痛中释怀，自苍凉里解脱。

此后，苑里的一草一木慢慢地进入我的眼帘，融入我的心田。小桥流水、曲径长廊、果园凉亭、鸟语花香，令我心旷神怡；湖中天鹅，自由徜徉，叫我心情豁然开朗！我原本闭塞的心境进入了一个崭新的状态，呼吸也感到从未有过的舒畅！

进苑至今一年有余，交了不少新朋友。他们引导我参加各种兴趣活动，如打桥牌、玩麻将、打斯诺克等。我不仅增进了不少新知识，还添加了一些新爱好。当我有病时，他们陆续来慰问并送饭上门。这也同时激发了我的爱心，我也会主动地关爱其他长者，如陪看病、送饭、聊天。我们互帮互助，抱团取暖，共享天年！

在这样的大家庭里，我感到生活无比精彩！

感恩是一剂不可多得的良药

张凌志

二十年前好友送我一本书，书名叫《魔力》，书的末尾要求读者做 28 天的感恩作业，每天要写出 10 条，我认真做了。

对生我养我的父母，对从小生活在一起、帮助扶持我的兄弟姐妹，我当然感激他们；对生活的这片土地和依存的祖国，这是最重要的依托，我真诚感激；还有喜欢我和帮助过我的亲朋好友，他们对我的情谊，我怎能忘怀！

在工作中曾遇到非常嫉妒我的同事，对我嫉妒已达到肆无忌惮的程度，我对她也要感激吗？要的。因为她提醒我做事要处处小心，争取不犯错误或少犯错误，还要注意克制自己的缺点毛病，少叫她借题发挥。

中国有有恩必报的优良传统。有句俗话说：滴水之恩，当涌泉相报。涌泉之恩要用一生来报，救命之恩要用命来报。一个懂得感恩的人，在黑夜里能看见亮光，在苦难中能品出甘甜，在绝望中能生出盼望，在挫败中能收获恩典。学会感恩的人，才能活出幸福的人生。

完成了 280 条感恩作业后，我的心情特别好，感到人人都是那么可亲可爱。我来到这个世界真的很幸运，世界给我准备了一切我所需要的，我应该好好回报才对。这个作业激励我上进，激励我爱国爱家，激励我与同事与亲朋好友更加团结友爱！因此我认为能凡事感恩真是一剂不可多得的良药！

我一路走来的四点感慨

张宽荣

1978 年党的十一届三中全会后，党和政府高度重视知识分子问题，营造了尊重知识、尊重人才的社会氛围。在三中全会的阳光雨露下，我入了党，提了干，先后在集团公司、大中型骨干企业、中外合资企业、研究所等单位担任领导工作，同时参加了国家重点项目的攻关并获得二等奖。我深知，这是党组织和群众赋予的重任，是责任也是信任，必须尽心尽职。因此这几十年来，我在各个不同岗位，勤勉耕耘，不敢懈怠，为医疗器械行业的发展尽了一点微薄的贡献。

随着时光的流逝，我们逐渐老去。一路走来，感慨万千。

感慨一：人生犹如一本书。一个人的历史就是用自己的生命之笔写成的一本书，只有经历了千锤百炼，才能写好这本书。

感慨二：坦坦荡荡，活得潇洒。庄子说："死生为昼夜。"生生死死是大自然的规律。但要"活得潇洒，死得安详"。

感慨三：人生难得老来伴。少年夫妻老来伴。人的一生，漫漫几十年，能携手共同走完人生旅程的只能是夫妻。执子之手，与子偕老，相伴到明天。

感慨四：人生最美是黄昏。老年人家喻户晓的一首名曲《最美不过夕阳红》歌词说："夕阳是晚开的花，夕阳是陈年的酒……"我在颐和苑美好的大家庭里做到了老有所学，老有所乐，快乐每一天！

不断进取

陈　菁

我是上海交大迁至西安后毕业的。1962 年，我和先生一起调到洛阳农机学院（现河南科技大学）任教。

我一边教学，一边协助先生指导研究生，并进行了很多科研工作。47 岁那年，学院组织英语口语班，我去报名，不脱产的，经常学到深夜，结业考试我荣获第二名。机械部每年给各校一个出国进修指标，由部里承担经费及对外联系。院长支持我走另一条途经出国。我向国外对口的院所发出 12 封自我推荐信，得到了美国名牌大学著名教授的欢迎，并给了我一半资助，另一半费用由学院出，由此我成了学院出国访问的第一位女学者。

在美国的一年零三个月里，我完成了两篇论文，又将原来在国内做的科研成果译成英文投稿，被国际会议录取。回国前，我到加州参加国际会议，并宣读论文，结束时一位华人学者上来和我握手说："我每年都来参加会议，近几年也有来自中国的学者，但没有河南的，这类会议很少有女的发言，而且你的英语讲得很好，祝贺你！"我觉得这是我一生中最有价值的一天，当时我已经过了 50 岁。

回国后，我不满足于与先生的合作，只身前往北京，争取到新的课题与经费，我自己成了课题负责人，同时又在写英文论文上下功夫，使我院在河南省高校外文论文数量排名上列到第二位。

我的人生准则是不断进取。

坚持人生三乐

李 嘉

我是共和国的同龄人，生在新中国，长在红旗下，沐浴着祖国的阳光雨露，茁壮成长。

人生没有十全十美。我曾经历了四个二十年：

第一个二十年。1963 年我考入了向明中学，读大学就是我们的奋斗目标！但是可怕的文化大革命摧毁了我们这一代人的梦想！

第二个二十年。我很幸运，1968 年进入大名鼎鼎的江南造船厂这个百年老厂，成为工人阶级先锋队中的一员。这期间读完了业余大学，成为一名工程师，但也曾经历了生活中各种酸甜苦辣……

第三个二十年。退休了，开始了独立自由的二十年，放松心情周游世界，开阔了眼界，丰富了人生！

第四个二十年。这二十年才刚开始。2018 年来到了金山颐和苑老年服务中心，开始颐养天年。在这里，向长者们学习，天天保持好心情，开始读书学画、弹琴唱歌、打拳练舞、打牌摄影……真正进入了自由人生！

回想 1968 年开始工作到 2018 年入住颐和苑，经历了五十个春秋，半个世纪的峥嵘岁月弹指间匆匆而过……古人云：人生哪能都如意，凡事只求半称心！但愿今后的二十年，是我人生的最高潮，做一个无龄感的人，和长者们一起在颐和苑这个大家庭里抱团养老，安度晚年！

我将继续坚持我的人生格言：知足常乐！自得其乐！助人为乐！我知足！我珍惜！我感恩！

经历过苦难的人生才是完整的人生

周景新

我的青春，在知青岁月中度过。

需要有钱养活自己，21 岁的我背上行囊，告别家乡，去了北大荒。

从此日出而作，日落而息。“完不成任务，收不了工”是那个年代每天所有的念想。

一场恶疾，是死神的疏漏，九死一生，捡回了命……

知青的身份，让“海誓山盟”的爱情在现实面前，不堪一击，物是人非，支离破碎……深秋黑夜，空寂而又寒冷的车站候车室，独自守着行李，等候天亮的火车，那种凄惶……

走上了东北娃学校的讲台，没有背景，没有靠山，独自面对那份艰难……

有一天，你可以离开它了！驻足回望：满是青春足迹的黑土。想起有人说过的一句话：“把你必须经受的苦难，说成是无法承受，那是愚蠢！”

转过身，又回到了生我养我的故土，融入了熙来攘往的人流，人生又仿佛重新启动……

曾经的知青生涯，谈笑间已成风淡云轻；可曾经的苦和难、泪和痛，已在生命中锤实，是劲，是力量！

挫折和坎坷，何时没有？何处没有？

再也没有渡不过的难关，过不去的坎！

艰难困苦铸就的精神与力量：取之不尽，用之不竭！

人生走过暮年，深切感悟到的是：完整的人生，应该有苦难的锤炼。

责任感赋予我破案的智慧与能力

赵自勉

人生弹指一挥间，已是耄耋之年的我，虽经过无数风风雨雨，喜怒哀乐，但大多是烟消云散，不过有一件事却让我久久不能忘怀——

我在化工部工作期间，1976 年 4 月 20 日，接到领导指示，立即前往河北省大城县化肥厂，去处理一件重大伤亡事故。

当夜，我们冒着倾盆大雨，乘车前往。第二天一早赶到事故现场，立即召开厂领导及当班车间主任、技术人员座谈会，了解事故情况。但遗憾的是，一连调查了几天仍无线索。

当时厂领导要求尽快结案，尽快火化受难者遗体。而事故中伤亡的职工家属痛不欲生，不能接受此突发的灾难。

几十个破碎家庭的悲愤和惨烈的现状，深深激发了我们的良知和责任感，我们不仅要查清事故的真相，接受教训，以免后患，也要为伤亡的职工及家属有个明确的交代和说法。

有了明确的使命和责任感，我们一面搜集资料，用专业知识分析现状，一面深入职工内部，摸清事故前的状况，很快就找到了发生事故可能的缘由。为了取得证据，我们报告县、省主管领导，经同意后立即拆卸有关管道及管件阀门以取证。“证据”证实了我们的“推断”。一个损坏的阀门，一次违规的操作，致使了事故的发生。

这一事故真相的查明，让我有所感悟：要做成、做好一件工作，一定要勇于负责、敢于负责。这就是我们平时常说的，要做好一件工作，必定要落实责任。

走出阴霾，奔向阳光

翁研因

人的一辈子许多事是无法预计的。2018 年初，先生突然病故，让我一下子跌入人生低谷。这一重大变故，使我陡然消瘦了 12 斤，患上了严重的焦虑症。

前途何在？家中亲人的无私关爱给了我力量。这时，脑海里浮现出我和先生曾多次拜访过的颐和苑。这原本是我俩的共同选择，现在我虽孤单一人，但我要在这里实现我们共同的愿望，有尊严地老去。我一定要“好好活着”，以告慰先生在天之灵！

为了扫除心中难以挥去的阴霾，我坚持天天参加晨练，认真做好每一个动作；积极报名参加各项活动，从中结识了不少志同道合的朋友，找到了开启一段新生活的乐趣。

这里的长者大多有自己的故事，虽都有“一本难念的经”，但一股盎然生气充满颐和苑。

这里有长期与疾病作顽强斗争的，也有勇敢与生活的艰难搏斗的，更有坦然直面生老病死的。他们中不少人有功于国，却低调养老，历经磨难而笑对人生！

在这样难觅的榜样面前，我只有更加发奋，不断努力！

我下定决心：把过往的一切画上句号，从孤独状态中跳出来，绝不以消极的情绪影响周围；多接触具有正能量的朋友，时时处处寻找快乐，为欢乐环境加分；与年龄逆行，保持一种积极向上的心态，安排好时间，尽可能多地参加娱乐活动，做到年岁渐老，活力犹在；尽己所能，帮助关心周围有困难的长者。如今，我已沉浸在幸福养老之中。

快乐人生

潘道平　徐　颉

我俩生在旧社会，长在红旗下，从戴上红领巾开始，入团、入党到走上工作岗位都是党一手培养的。几十年来，我们听党话，跟党走，哪里需要哪里去，无论是做教师或是当干部，一切听从组织安排。虽然没能创下丰功伟绩，但也都能积极努力，出色并快乐地做好每项工作。那些奋斗不息的岁月，就是我们最美好的人生。

我们有过金色的童年，快乐的少年，艰苦奋进的青壮年，结出硕果的中年，一晃，我俩都已是年过八旬的老人了，子媳孝顺，家庭很幸福。晚辈们越是孝顺，越促使我们下定决心：千万不能在养老的问题上给他们添加压力和负担。

就在即将踏入耄耋之年，有缘来到了颐和苑，这里不仅环境优美，更难得的是有位能全身心地将大爱奉献给养老事业的好当家人周保云理事长和他培育的一支敬老爱老的服务团队。

入苑近三年来，丰富多彩的各类兴趣活动使我们老有所乐，天天开心。尤其在参与苑庆三周年和四周年金婚大典等活动中，又结识了许多善良又睿智的老年朋友，大家相互关心友爱，生活在快乐的大家庭中，不是亲人胜似亲人，真是越活越开心。

一生有幸，没想到在我们人生的最后一程，还能找对如此称心、开心、安心和放心托付颐养天年的福地，知足也。

感恩颐和苑！

上海颐和苑老年服务中心

大事记

上海颐和苑老年服务中心大事记
（2007 年 3 月至 2020 年 6 月）

序号	年 份	纪 事
1	2007 年 3 月 5 日	上海市金山区发改委正式发文《关于上海颐和苑老年社区一期项目建设书的批复》（金发改投〔2007〕58 号），标志颐和苑的历史由此开始。
2	2007 年 12 月 11 日	上海市金山区发改委发文《关于上海颐和苑老年服务中心一期项目可行性研究报告的批复》（金发改投〔2007〕414 号），明确了颐和苑所建面积、规模、范围、投资额等。
3	从 2007 年开始	颐和苑理事长周保云就率领相关人员，先后认真细致地考察了美国、加拿大、日本、丹麦等国和中国台湾地区、中国香港特区的养老工作，为颐和苑的养老事业发展制定规划，确定模式。
4	2008 年 1 月 21 日	上海市金山区民政局发文《关于同意上海颐和苑老年服务中心设置颐和苑养老院的批复》（金民〔2008〕2 号）。
5	2008 年 8 月 18 日	上海市金山区民政局发布《证明》，明确“上海颐和苑老年服务中心系非营利性机构”。
6	2008 年 8 月 28 日	上海市人民政府发文《关于批准金山区人民政府 2008 年第十七批次建设项目农用地转用、征收土地的通知》（沪府土〔2008〕580 号），批准了农民用地转用、征收为颐和苑用地。
7	2012 年 12 月 31 日	上海市金山区民政局发文《关于同意上海颐和苑老年服务中心一期项目设置老年养护院和养老院的批复》（金民〔2012〕72 号）。
8	2013 年 7 月	中共上海市金山区委常委、统战部长李华桂，上海颐和苑老年服务中心理事长周保云等组成代表团，赴丹麦参观学习，并与丹麦著名养老机构丹麦执事家园（简称 DDH）签订合同，双方进行合作管理，使颐和苑成为上海少有的中西合作的养老机构，丹麦副首相兼外交部长克里斯蒂安 · 延森接见了代表团一行。
9	2013 年 11 月 28 日	在上海颐和苑老年服务中心举行了一期开工奠基仪式。

序号	年份	纪事
10	2013 年 12 月 26 日	上海市金山区计生委发文《关于成立上海颐和苑老年医院的答复》（金卫计委医改便函〔2013〕57 号）。
11	2014 年 8 月 5 日 与 8 月 26 日	上海市金山区区长李跃其两次来到颐和苑视察指导工作。
12	2014 年 9 月 11 日	中共上海金山区委书记杨建荣来颐和苑视察指导，参观施工现场，周保云理事长汇报了建苑工作，杨书记对建苑和养老工作提出了要求。
13	2014 年 11 月 19 日	金山区有关领导和颐和苑周保云理事长在苑里接待了丹麦驻沪总领事普励志一行，双方交流了合作办苑的有关情况。
14	2015 年 1 月 12 日	上海金山区建筑联合协会发文《关于发布 2014 年下半年区优质结构工程获奖名单的通知》（金建联〔2015〕01 号），上海颐和苑老年服务中心被评为优秀结构工程。
15	2015 年 5 月	托本总经理、乌拉副总经理来到颐和苑，参与颐和苑管理和培训。
16	2015 年 5 月 15 日	上海颐和苑老年服务中心召开了媒体通气会。丹麦锡尔克堡健康护理学院与上海金山护理学校签订共同办学协议，上海市侨办和颐和苑签订设立上海市华侨养老基地的协议。丹麦驻上海总领事普励志先生和金山区政府副区长吴瑞弟先后讲话。
17	2015 年 8 月 26 日	中共上海市委书记韩正，市委副书记、市长杨雄等市委领导和各区党政负责同志以及市有关委办局负责同志实地考察颐和苑，了解丹麦先进理念和中国传统相结合的幸福养老模式，对颐和苑充满人性关怀的设施与环境给予了高度的肯定。
18	2015 年 10 月 30 日	上海颐和苑老年服务中心正式开业，长者生态种植园开园。
19	2015 年 12 月 15 日	幸福研究院徐景安院长，为颐和苑开展幸福人格培训作动员报告。
20	2016 年 2 月 5 日	颐和苑首次举办 2015 年度员工表彰大会暨新春联欢会。
21	2016 年 3 月 29 日	市侨联在上海颐和苑老年服务中心召开 2016 年侨爱心实事项目工作会议。
22	2016 年 4 月	亨利来到颐和苑接任总经理一职。
23	2016 年 4 月 8 日	上海颐和苑老年服务中心党支部成立，党员 5 名。
24	2016 年 5 月 12 日	颐和苑召开“住养老人委员会”成立大会。
25	2016 年 5 月 24 日	丹麦政府委派该国数位行政官员参观颐和苑。
26	2016 年 7 月 20 日	举办首届颐和苑书画展。
27	2016 年 7 月 28 日	颐和苑二期用地预审批复（沪金规土预〔2016〕第 0022 号）。
28	2016 年 9 月 1 日	迎来第一批侨爱心休养员。

序号	年份	纪事
29	2016年9月8日	举办侨爱心休养中心颐和苑基地启动仪式。
30	2016年10月17日	颐和苑举办第一届“幸福养老深刻含义”研讨会。
31	2016年10月11日	颐和苑召开“第一次住养老人大会”。
32	2016年10月28日	颐和苑举行开业一周年庆。
33	2016年10月31日	颐和苑在多功能厅举行苑刊《上海颐和苑》首发仪式，并为各兴趣小组组长颁发聘书。
34	2016年10月起	布艺画、多媒体、读书写作、钢琴、歌咏、旅游咨询、棋牌、桥牌、摄影、手工、书画、太极拳、舞蹈、形体、英语、种植、桌球和朗读等18个兴趣小组相继成立。
35	2016年10月	选派首批颐和苑优秀员工赴丹麦交流学习。
36	2016年11月18日	颐和苑党支部和工会联合举行“颐和苑第一届职工运动会”。
37	2016年12月	颐和苑首次自制2017年台历赠送给长者。
38	2016年12月	颐和苑被授予“2016年度金山区献血工作考核优秀集体”。
39	2017年2月10日	上海颐和苑二期工程批复（金发改投核〔2017〕2号、3号）。
40	2017年10月28日	颐和苑举行开业二周年庆。
41	2017年12月	颐和苑获“2013－2017年度金山区先进职工之家”荣誉称号。
42	2018年2月8日	颐和苑二期《建设用地批准书》批复（金山区〔2018〕金沪府土书005号）。
43	2018年5月4日	颐和苑创建金山区文明单位动员大会。
44	2018年5月18日	颐和苑为百岁老人蒋宪哲奶奶举办生日会。
45	2018年7月27日	颐和苑举办美国作家比尔·波特著作《一念桃花源》鉴赏座谈会，译者李昕先生到会并介绍此书。
46	2018年9月	颐和苑出版第一本书——《这里夕阳别样红》。
47	2018年10月28日	颐和苑举行开业三周年庆暨颐和苑二期开工奠基仪式。
48	2019年1月4日	颐和苑二期《养护医院设计建议书》获批。
49	2019年1月30日	市发改委领导来颐和苑二期参观考察。
50	2019年3月1日	“爱心时间银行”启动仪式，并现场填写志愿者登记表。
51	2019年3月8日	颐和苑的女职工们被评为“金山区2017—2018三八红旗集体”。

序号	年份	纪事
52	2019 年 3 月 26 日	“甜蜜的欢聚——传递美味”奉献爱心美食义卖活动，共筹得 825 元善款，作为“爱心时间银行”启动资金。
53	2019 年 4 月	颐和苑养护院获“金山区巾帼文明岗”荣誉称号。
54	2019 年 4 月 12 日	颐和苑首次开展果树认养公益活动。
55	2019 年 4 月 30 日	颐和苑召开“第二次住养老人大会”，选举产生“颐和苑第二届住养老人委员会”。
56	2019 年 7 月 8 日	倡导“垃圾分类”动员大会。
57	2019 年 10 月 26 日	颐和苑隆重举行开业四周年庆暨长者金婚大典；上海颐丹护理院与上海市第七人民医院成功举行共建康复医学科合作签约仪式；颐和苑党支部与第七人民医院康复党支部举行党建共建签约仪式。
58	2019 年 12 月 5 日	副市长彭沉雷一行来朱泾镇调研养老服务工作，实地察看颐和苑老年服务中心，了解中心运作情况和老年人的居住生活状况。副区长吴瑞弟，镇党委书记李士权陪同。
59	2019 年 12 月	颐和苑荣获“2019 年度金山区工人先锋号”称号。
60	2019 年 12 月	颐和苑工会被授予“2019 年度金山区活力鑫工会”。
61	2020 年 1 月 23 日	周理事长召开管理层紧急会议，部署新冠肺炎疫情防控工作，颐和苑立即实行封闭式管理，苑内所有活动暂停，各兴趣组进行网上教学活动。
62	2020 年 1 月 28 日	上海颐和苑老年服务中心成立疫情防控领导督查小组，各部门管理层共同参与，全力防疫，各就各位，各司其职。
63	2020 年 1 月 30 日	颐和苑党支部发动党员进行抗击疫情的慈善捐款活动，支持抗疫工作，践行初心使命。
64	2020 年 1 月 31 日	颐和苑联合住养老人委员会发布《颐和苑长者倡议书》，并通过多渠道进行防疫宣传。
65	2020 年 4 月	颐和苑养护院获“2019 年度上海市巾帼文明岗”荣誉称号。
66	2020 年 6 月 8 日	颐和苑举行“《捐赠协议》签字暨胡杨奖励基金启动”仪式。这是颐和苑建立的第一个基金，是住养老人胡冠行阿姨为报答颐和苑恩情，自愿无偿捐赠款项，主要用于奖励为颐和苑住养老人提供亲情服务作出特殊努力和贡献的员工。

后记

金正扬 周景新 田如漪

这本由 120 多位长者和年轻员工参与撰写、采访的书稿——《生命之歌》，自 2020 年 4 月 20 日由苑刊编辑部正式在苑内发出征文海报后，在各方努力下，终于在 7 月 16 日，向出版社交出了一份 40 多万字的完美的“答卷”。

《生命之歌》以其响亮的名称、丰富的内涵、深远的价值，将于金秋十月，在颐和苑开业五周年的庆典前夕，带着颐和人的心愿，与期盼着它的人见面了！

这怎能不令人由衷地感谢、由衷地激奋、由衷地欣喜……这是一本沉甸甸的书，是颐和人自己的书：写的是我们自己的故事；抒发的是我们自己的真情实感；道出的是我们自己的心声。

这里，有创业者的脚步，有耄耋老人的人生，有青年一代的梦想，它一起融会在了这里，奏响了一曲生命的歌。

这曲生命的旋律，起奏于 2019 年的深秋，颐和苑在常州、扬州召开的第三次“苑刊”研讨会上。周保云理事长、苑刊执行主编金正扬老师提出了一个共同的倡议：推进企业文化建设、宏扬颐和人的精神、挖掘颐和苑的文化瑰宝。这得到了与会成员的一致认同。这出自一个共同的心声：因为，在现已入住颐和苑的离、退休人群中，无论是教师、军人，还是医务工作者或政府部门的公务员等，他们都是在与共和国一起奋斗中成长起来的一代人。在那过去的激情岁月里，他们都有着闪光的年华，在各条战线上为新中国作出了应有的贡献，他们中间，不乏社会各领域的文化精英、知识能人，甚至还有多位为新中国的诞生经历过出生入死、枪林弹雨的老革命。他们是祖国七十年风雨沧桑、兴衰崛起的见证人；他们也是为今日强盛了的国家添砖加瓦的奉献者……其感人事迹，崇高的精神境界，不仅是我们这一代人要相互学习，相互鼓励，更是教育下一代的宝贵精神财富，这是一笔不可多得、不可或缺的极其珍贵的文化遗产。因此，金主编在主题发言中响亮地指出，从这个意义上说，颐和苑是座“金矿”，我们有责任把它开采出来，让“夕阳文化”在做好养老服务工作中焕发出它应有的光和热。

一方蓝天静土下，孕含着多少精彩？深藏着多少故事？要发掘、要叙写、要宏扬、要留给后人……

四月底，由苑刊执行主编金正扬老师主持、周保云理事长亲自参加，几十位长者到会的两次动员大会上，一个心声凝成了一个决心、拧成了一股力量：我们要出一本我们自己的书、写出我们颐和人的故事——《生命之歌》。

近三个月的时间，颐和人用心、用情、用笔辛勤地耕耘着……

丹麦合作方丹麦执事家园（DDH）总裁Emil Tang及颐和苑丹麦方管理人员琳恩与波尔夫妇及前任总经理熊亨利先生、乌拉女士分别从重洋远隔的丹麦发来祝贺、转来他们的心语……

在奏响《生命之歌》的那些时日里，点点滴滴都感人至深；

老人们重挥笔墨、回忆人生，写下曾经的岁月、曾经的自己；

年轻员工，经历的人生虽然不长，但入职颐和苑便是不同凡响的开始，他们有太多的感悟；

八九十岁的老人，有着极其丰富的人生，可岁数大了，心力不足，自己动手写文章有了难度。于是，读书写作组的毕文杰、周景新、张石山、姜树林、余君伟、李胜华、王丽民等老师走访在老人中间：听讲述、做记录，用他们的笔替老人写下了精彩纷呈的人生。

《生命之歌》里的故事，需要多种照片与图片的配合，这个夏天，摄影组担负了这个繁重而又锁碎的重任：黄映石、田如漪、赵自勉、陈永乾等几位老师，在烈日里挨家挨户替老人拍照；在烈日的外景地、在会所的摄影室认真专注拍摄着故事中的老人……

朱怡婷，田伟伟等员工打字、打印，三个多月来，工作量俱增，却从无一句怨言、年轻的手指在键盘上神速飞舞……

这是一个使命，这是一份责任；这是一种心声，这是一股力量！

《生命之歌》——

它是企业文化建设的需要，是颐和人精神生活的体现；

它是家园比财富更珍贵的魁宝，是百年颐和苑最厚重的一块基石。

《生命之歌》——

记载的是无数动人的故事；奏响的是激荡人心的生命旋律；凝聚的是几百个生命的心血；传诵的是教人育后的感人篇章，见证的是一代人与共和国的相依！

《生命之歌》是颐和人的歌！

今天，当我们真切地触摸到了《生命之歌》书稿、无比亲切地翻阅着它的篇章时，内心是满满的欣慰与自豪！我们相信，我们捧在手中的不仅仅是一本书，它是一个有力量的象征、一个最美好的愿望：

以《生命之歌》向颐和苑的五周年献礼！

百年梦想在《生命之歌》里诞生！

百年梦想从《生命之歌》里放飞！

2020年8月5日写于上海颐和苑

图书在版编目（CIP）数据

生命之歌 : 上海颐和苑开业五周年纪念 / 周保云主编. — 上海 : 上海社会科学院出版社, 2020
ISBN 978-7-5520-3312-0

Ⅰ. ①生… Ⅱ. ①周… Ⅲ. ①养老－社会服务－概况－上海 Ⅳ. ①D669.6

中国版本图书馆CIP数据核字(2020)第179697号

生命之歌

上海颐和苑开业五周年纪念

主　　编：周保云
责任编辑：陈如江
装帧设计：周清华
出版发行：上海社会科学院出版社
地　　址：上海顺昌路622号　　邮　　编：200025
电话总机：021-63315947　　销售热线：021-53063735
http://www.sassp.cn　　E-mail：sassp@sassp.cn
印　　刷：上海雅昌艺术印刷有限公司
开　　本：710毫米 x 1000毫米　1/16
印　　张：15.5
字　　数：445千字
版　　次：2020年10月第1版　2020年10月第1次印刷

ISBN 978-7-5520-3312-0/D.594　　**定　　价**：298.00元